dtv
Reihe Hanser

Heinrich Heine war einer der großen Stilisten der deutschen Sprache, wobei er mit frappierender Leichtigkeit zu Werke ging. Einige seiner Gedichtzeilen sind poetische Hits geworden, haben sich ins allgemeine Gedächtnis eingeschmuggelt und sind von dort nicht mehr wegzudenken: »Ich weiß nicht, was soll es bedeuten«, »Denk ich an Deutschland in der Nacht, / Dann bin ich um den Schlaf gebracht«.

Von Heine ist indes mehr zu lernen als eine wunderbare Leichtigkeit des Schreibens oder die Kunst, verführerisch eingängige Gedichte aus dem Hut zu zaubern: Er hat auch vorgeführt, was es heißt, sich über Sprache und Literatur selbst zu entwerfen, ohne dabei gesellschaftliche Widersprüche und herrschende Machtverhältnisse außer Acht zu lassen.

Otto A. Böhmer, geboren 1949 in Rothenburg ob der Tauber, studierte Philosophie, Politologie und Literaturwissenschaften und promovierte über Johann Gottlieb Fichte. Heute lebt er als freier Schriftsteller bei Frankfurt a. M. Er schreibt Gedichte, Romane, Essays und Theaterstücke und veröffentlichte mehrere erfolgreiche Sachbücher für Erwachsene. 2001 erhielt er den Erich-Fried-Preis der Republik Österreich und den Kulturpreis für Literatur.

Peter Schössow, geboren 1953, lebt in Hamburg, wo er an der Hochschule für Gestaltung auch studiert hat. Er ist Umschlaggestalter für Bücher und einer der großen deutschen Bilderbuchkünstler. Für die *Reihe Hanser* illustrierte er unter anderem ›Möglichst Schiller. Ein Lesebuch‹ (dtv 62196).

Otto A. Böhmer

Möglichst Heine

Ein Lesebuch

Mit Bildern von Peter Schössow

Deutscher Taschenbuch Verlag

Zur Rechtschreibung in diesem Buch:
Der Autor hält sich an die Regeln der neuen Rechtschreibung.
Die Texte Heinrich Heines und Sonstiger werden nach den verwendeten
Ausgaben zitiert.

Die Bildvorlagen stammen zum überwiegenden Teil aus dem
Heinrich-Heine-Institut, Düsseldorf.
Trotz aller Bemühungen ist es dem Verlag nicht gelungen,
sämtliche Rechteinhaber ausfindig zu machen.
Wir bitten darum, sich mit dem Verlag in Verbindung zu setzen,
damit wir eventuelle Korrekturen vornehmen können.

Für Christel und Mareike

Originalausgabe
Januar 2006
© 2006 Deutscher Taschenbuch Verlag GmbH & Co. KG,
München
Umschlagbild und Illustrationen: © Peter Schössow
www.dtv.de
Zeittafel S. 297: Aus: Jan-Christoph Hauschild/Michael Werner:
Heinrich Heine. dtv-portrait.
© 2002 Deutscher Taschenbuch Verlag, München
Gesamtherstellung: Druckerei C. H. Beck, Nördlingen
Gedruckt auf säurefreiem, chlorfrei gebleichtem Papier
Printed in Germany · ISBN 3-423-62250-4

Inhalt

I.
Solo für Harry
Heinrich Heine –
Leben und Werk

Dichter sind kritische Menschen; meist richtet sich ihre Kritik mehr gegen die Umstände, die Kollegen, die Ignoranz in der Welt als gegen sich selbst. Dass Dichter sich in Einverständigkeit üben, kommt fast gar nicht vor. Eine unterschwellige Unzufriedenheit gehört zum literarischen Geschäft, das man zumachen könnte, wenn die Beteiligten ihr Genügen darin fänden, den bestehenden Verhältnissen zu applaudieren. Der Dichter Heinrich Heine, der eigentlich Harry Heine hieß, war ein Künstler der Kritik, die er, wenn ihm danach war, in Poesie umsetzte. Dabei befeuerte ihn die Gewissheit, in einer Zeitenwende zu leben: »Um meine Wiege spielten die letzten Mondlichter des achtzehnten und das erste Morgenrot des neunzehnten Jahrhunderts.« Die deutsche Klassik, für die vor allem Goethe und Schiller stehen, stellte ihren Betrieb ein, weil ihr der Nachwuchs fehlte; die deutsche Romantik eines Novalis, Brentano, Eichendorff, Tieck, »eine somnambule Periode des Liedes, der stillen Gemüthsblume«, hatte »ein Ende«, weil nichts mehr so romantisch war, wie es einmal gesehen wurde. Heine begreift sich als Dichter des Übergangs: »Das letzte freie Waldlied der Romantik«, das er selbst noch zu schreiben gedachte, ist »verklungen«, nun macht sich »die selbsttrunkenste Subjektivität, die weltentzügelte Individualität, die gottfreie Persönlichkeit mit all ihrer Lebenslust (...) geltend«, ein Prozess, der möglicherweise bis auf den heutigen Tag angehalten hat.

Harry Heine, der sich, nachdem er im Jahr 1825 eher widerstrebend zum Christentum übergetreten ist, Heinrich Heine nennt, kommt am 13. Dezember 1797 als Sohn des jüdischen Kaufmanns Samson Heine und seiner Frau Betty (geb. van Geldern) in Düsseldorf zur Welt. Harry hat drei Geschwister, mit denen er aufwächst: seine Schwester Charlotte (»sie wird so unsäglich von mir geliebt, daß ich ihr mit zärtlichen Gefühlen, wie sie bei Brüdern selten sind, zugetan bin«) und die Brüder Gustav und Maximilian. Düsseldorf ist damals von französischen Truppen besetzt, die, so sieht Heine es später, der Stadt mehr gut tun als ihr schaden. Überhaupt gibt sich der Dichter als Verehrer des französischen Kaisers Napoleon zu erkennen, der zu jener Zeit der mächtigste Mann in Europa ist und die »alten morschen« Monarchien nicht nur wegen seiner militärischen Stärke das Fürchten gelehrt hat. Napoleon sieht sich als Vollender der Französischen Revolution, deren fortschrittlichste Gedanken er übernimmt und für sich reklamiert. Er schafft die Leibeigenschaft ab und verhilft den Juden, die zuvor fast überall diskriminiert worden sind und allenfalls wegen ihrer ökonomischen Tüchtigkeit verschämte Anerkennung erfuhren, zur (vorübergehenden) rechtlichen Gleichstellung. Die Franzosen, meint Heine, haben Schwung in das politische Leben gebracht; wo sie sind, muss man umdenken: »Damals hatten nämlich die Franzosen alle Grenzen verrückt, alle Tage wurden die Länder neu illuminiert, die sonst blau gewesen, wurden jetzt plötzlich grün, manche wurden sogar blutrot (…) die alten Könige bekamen neue Uniformen, neue Königtümer wurden gebacken und hatten Absatz wie frische Semmeln, manche Potentaten hingegen wurden von Haus und Hof gejagt (…)« Dass Napoleon es mit den Idealen der Französischen Revolution nicht so genau nahm, wenn sein eigener Herrschaftsbereich angetastet wurde, hat ihm Heine nicht verübelt, im Gegenteil, er sah die politische Notwendigkeit, die sich immer dann ergibt, wenn Ideal und Wirklichkeit miteinander in Einklang gebracht werden müssen. Für Heine, der über seine Kindheit im französisch geprägten Düsseldorf eines seiner schönsten Prosastücke geschrieben hat (»Ideen. Das Buch Le Grand«, siehe S. 53 ff), war Frankreich die Nation, die der Menschheit ein beispielloses Geschenk gemacht hatte: »Wie ich die Freiheit liebe, liebe ich Frankreich.«

NAMEN DER LYCEISTEN.

Philosophische Classe.

BAASEL, *Joh.* aus An- germund.

BEESEN, *Swib.* aus Kai- serswerth.

BREWER, *Wilhelm*, aus Düsseldorf.

DITGES, *Herrm. Joseph*, idem.

→ HEINE, *Harr.* id.

HEISTER, *Felix*, id.

HEISTER, *Joseph*, id.

HELLINGRATH, *Aug.* aus Gerresheim.

LOTTNER, *August*, aus Düsseldorf.

NOLDEN, *Heinr.* id.

v. SCHORLEMER, *Clemens*, aus Hellinghausen.

v. SCHORLEMER, *Fried.* id.

SOMMERS, *Pet.* aus Düsseldorf.

Erste Classe.

BAUER, *Wilhelm*, aus Düsseldorf.

BENDER, *Wilh.* id.

BOYMANNS, *Ludw.* id.

BOEKEM, *Joh.* id.

BREWER, *Hein.* id.

HAGDORN, *Franz*, aus Düsseldorf.

SCHILMANN, *Joh.* id.

SCHORN, *Joh.* id.

SETHE, *Christ.* aus Cleve.

VOIGT, *Joh.* aus Düsseldorf.

Schülerverzeichnis des Düsseldorfer Lyzeums von 1813.

Nach dem Besuch der Grundschule kommt Heine auf das ebenso angesehene wie gefürchtete Lyzeum, ein Gymnasium, das in einem ehemaligen Franziskanerkloster mit dicken Mauern untergebracht ist, über die nur hinauskommt, wer sich auf Sehnsuchtsträume und begründete Hoffnungen versteht. Harry Heine versteht sich aufs Träumen, das auch schon seine frühen Gedichte trägt (»Traumbilder«).

Die Realität allerdings lässt sich darauf nicht ein, sie erhebt Einspruch schon im Kreis seiner Familie, in der der Vater, der selber gern träumt, den liebenswürdigen Part spielt und die Mutter das Sagen hat: »Meine Mutter hatte (...) große, hochfliegende Dinge mit mir im Sinn, und alle Entwicklungspläne zielten darauf hin. Sie spielte die Hauptrolle in meiner Entwicklungsgeschichte, sie machte die Programme aller meiner Studien (...) Ich folgte gehorsam ihren Wünschen, jedoch gestehe ich, daß sie schuld war an der Unfruchtbarkeit meiner meisten Versuche und Bestrebungen in bürgerlichen Stellen, da dieselben niemals meinem Naturell entsprachen.« Die Zielstrebigkeit der Mutter bekommen auch seine Geschwister zu spüren, die den Karrierewünschen insgesamt besser entsprechen als Harry: Seine Schwester Charlotte heiratet einen wohlhabenden Kaufmann, Gustav und Maximilian machen Karriere im österreichischen und russischen Militärdienst und werden schließlich, was die Mutter besonders freut, in den Adelsstand erhoben. Der älteste Heine-Sohn kann da nicht mithalten, er wird zwar berühmt und umstritten, muss aber ansonsten feststellen: »Es ist nichts aus mir geworden, nichts als ein Dichter.«

Mit sechzehn erlebt Harry Heine seine erste große Liebe, die sich derart anhänglich in seinen Erinnerungen einnistet, dass er sie in seinen (leider nur Fragment gebliebenen) »Memoiren« literarisch würdigt und nachpoliert. Josefa (»Sefchen«) heißt die rothaarige Schöne, in die er sich verguckt; sie ist die Tochter eines Scharfrichters, was die Liebe noch prickelnder macht: »Ihre großen tiefdunklen Augen sahen aus, als hätten sie ein Rätsel aufgegeben und warteten ruhig auf die Lösung, während der Mund mit den schmalen, hochaufgeschürzten Lippen und den kreideweißen, etwas länglichen Zähnen zu sagen schien: du bist zu dumm und wirst vergebens raten. Ihr Haar war rot, ganz blutrot und hing in langen Locken bis über ihre Schultern hinab, so daß sie dasselbe unter dem Kinn zusammenbinden konnte. Das gab ihr das Aussehen, als habe man ihr den Hals abgeschnitten, und in roten Strömen quölle daraus das Blut.«

Harry soll, der Familientradition folgend, Kaufmann werden. Ein Jahr vor dem Abitur verlässt er das Lyzeum und wechselt auf eine Handelsschule. Die Kunst des Geschäftemachens interessiert ihn nicht; dennoch fügt er sich den elterlichen Wünschen. 1816 beginnt er mit einer Lehre in einem Hamburger Bankhaus, die ihm sein schwerreicher

Onkel Salomon vermittelt hat, der als unangefochtenes Oberhaupt und Meinungsführer im Familienclan gilt. Onkel Salomon ist, anders als sein Bruder Samson, dessen Geschäfte immer schlechter laufen, der geborene Erfolgsmensch; was er anfasst, gelingt. Für Literatur und schöne Künste interessiert er sich nicht; dennoch tritt er als Mäzen und Förderer auf und entwickelt einen Hang zur Wohltätigkeit, der ihm in der konservativen Hamburger Bürgerschaft Anerkennung einbringt. Seinem Neffen Harry gegenüber zeigt er sich allerdings nicht so wohltätig wie erhofft (»Er tat weniger für mich, als ein fremder Gönner getan hätte«): Zwischen den beiden entsteht eine Hassliebe, die, befördert von zahllosen Auseinandersetzungen um »Geld, Geld und nochmals Geld«, Bestand hat, solange der Onkel lebt. Von Harrys späterem Beruf als Schriftsteller hält Salomon Heine nichts (»Hätt' er was gelernt, so braucht' er nicht zu schreiben Bücher!«), während sein Neffe ihn, mit dem Abstand der Jahre, differenzierter sieht: »Wir leben zwar in beständigen Differenzen, aber ich liebe ihn außerordentlich, fast mehr, als ich selbst weiß. Wir haben auch in Wesen und Charakter viel Ähnlichkeit. Dieselbe störrische Keckheit, bodenlose Gemütsweichheit und unberechenbare Verrücktheit – nur daß Fortuna ihn zum Millionär und mich zum Gegenteil, d. h. zum Dichter, gemacht, und uns dadurch äußerlich in Gesinnung und Lebensweise höchst verschieden ausgebildet hat.« Onkel Salomon richtet seinem Neffen ein Geschäft ein, das jedoch schon nach zehn Monaten Konkurs anmelden muss. Samson Heine ergeht es nicht besser, auch ihm droht Insolvenz. Vor Kummer über den anhaltenden geschäftlichen Misserfolg ist er krank geworden und wird von rätselhaften epileptischen Anfällen heimgesucht. Sein Bruder möchte ihn zur Geschäftsaufgabe bewegen, er fürchtet um den guten Ruf der Heines. Als Samson sich weigert, droht er, ihn entmündigen zu lassen. Die Drohung zeigt Wirkung: Samson Heine resigniert und zieht mit der Familie nach Hamburg. Er ist, geschäftlich wie gesundheitlich, zum Pflegefall geworden.

Harry Heine hatte es sich in Hamburg (»am Tage eine große Rechenstube und in der Nacht ein großes Bordell«) zunächst ganz gut gehen lassen: In seinem Büro wird er nur selten gesichtet und beteiligt sich lieber am gesellschaftlichen Leben, das in Hamburg-Ottensen, wo der Onkel ein repräsentatives Anwesen bewohnt, allerdings recht steif ausfällt: »Mein Oheim lebt auf dem Lande. Dort geht es sehr geziert und geschwänzelt zu (...) Diplomatisches Federvieh, Millionäre, hochweise Senatoren etc. sind keine Leut für mich (...)« Wohlgefällig registriert er die Aufmerksamkeit, die er als Salomon Heines Neffe findet, bis er merkt, dass man sich weniger für ihn als für den Dunstkreis der Geschäftstüchtigkeit interessiert, dem er zugerechnet wird: »Der Neffe vom großen (???) Heine ist zwar überall gern gesehen und empfangen; schöne Mädchen schielen nach ihm hin, und die Busentücher steigen höher; und die Mütter kalkulieren, aber – aber – bleib allein. Niemand bleibt mir übrig als ich selbst.« Das klingt ein bisschen wehleidig, hat aber auch damit zu tun, dass Harry unglücklich verliebt ist, und zwar in seine Cousine Amalie, die zweitjüngste von vier Töchtern seines Onkels Salomon. Amalie ist hübsch, ein wenig pummelig und hat »zwei große wohlbekannte blaue Augen (...), die habe ich zwar sehr lieb, sind aber glaub' ich nur zu kalt«. Diese Befürchtung bestätigt sich leider: »Sie liebt mich nicht!«, heißt es wenig später in einem Brief; die Liebe ist aus, noch bevor sie begann. Harry Heine lässt sie jedoch weiterleben, indem er sie zu Poesie macht – ein probates Mittel, um sich von einer unglücklichen Liebe zu befreien, das Dichter zu allen Zeiten angewandt haben. Noch ist Harry indes kein Dichter, aber er wird einer, das sagen ihm seine bisherigen Hamburger Erfahrungen: Er ist empfindsam, talentiert und neugierig auf alles, was das Leben zu bieten hat und was zu Literatur werden kann. Und ausgeruht ist Harry Heine, denn als Geschäftsmann wider Willen musste er sich bislang nicht gerade überarbeiten: »Ich dichte viel, denn ich habe Zeit genug, und die ungeheuren Handelsspekulationen machen mir nicht viel zu schaffen: – Ob meine jetzigen Poesien besser sind als die früheren weiß ich nicht; nur das ist gewiß: daß sie viel sanfter sind; wie in Honig getauchter Schmerz.«

Nachdem Onkel Salomon ihm zugesagt hat, sein Studium zu finanzieren, immatrikuliert sich Harry Heine im Wintersemester 1819/20 an der Universität Bonn. Er studiert Jura, weil das von seiner Familie erwartet wird und man als Jurist noch am ehesten die Chance hat, ein solides Auskommen im Staatsdienst zu finden. Dass aus ihm noch ein erfolgreicher Kaufmann werden könnte, glaubt auch sein Onkel nicht mehr; insofern gilt das Studium als eine Art gehobene Schadensbegrenzung. Heine ist ein fleißiger Student, er liest viel, allerdings weniger juristische Fachliteratur, sondern lieber Romane, historische Bücher, Lyrik- und Volksliedsammlungen. Er meint, dass ihm die Lektüre von Nutzen sein kann; ein begabter belesener Schriftsteller ist besser als ein unbegabter unbelesener: »Es ist (...) noch immer die Zeit der Saat bei mir; ich hoffe aber auf eine gute Ernte. Ich suche die verschiedenartigsten Kenntnisse in mir aufzunehmen, und werde mich in der Folge desto vielseitiger und ausgebildeter als Schriftsteller zeigen.«

Heine fühlt sich wohl in Bonn, obwohl die Umstände nicht nur dort eher unerfreulich sind. Das politische Gesamtklima ist gereizt: In deutschen Landen herrscht nach dem Sieg über Frankreich, der die alten Regime noch einmal gestärkt hat, ein diffuser Nationalismus vor, der sich schließlich in einem folgenschweren Gewaltakt entlädt: Nachdem der Burschenschafter Karl Ludwig Sand den erfolgreichen Bühnenautor August von Kotzebue ermordet hatte, wurden »Demagogenverfolgungen« beschlossen. Die

»Karlsbader Beschlüsse« (1819) sahen weitreichende Zensurmaßnahmen vor. So mussten etwa Bücher, die weniger als zwanzig Druckbogen (320 Seiten) umfassten, in vorauseilendem Gehorsam dem zuständigen Zensor vorgelegt werden.

Auch Heine, der sich anfangs von der patriotischen Begeisterung noch anstecken lässt, gerät mit den Behörden in Konflikt: Er wird vorübergehend festgenommen, stellt sich jedoch beim Verhör auf so listige Weise dumm, dass man ihn wieder entlassen muss. Schon bald geht ihm der deutschtümelnde Nationalismus auf die Nerven. Im Rückblick schreibt er: »Der Patriotismus des Franzosen besteht darin, daß sein Herz erwärmt wird, durch diese Wärme sich ausdehnt, sich erweitert, daß es nicht mehr bloß die nächsten Angehörigen, sondern ganz Frankreich, das ganze Land der Zivilisation, mit seiner Liebe umfasst; der Patriotismus des Deutschen hingegen besteht darin, daß sein Herz enger wird, daß es sich zusammenzieht wie Leder in der Kälte, daß er das Fremdländische haßt, daß er nicht mehr Weltbürger, sondern nur ein enger Deutscher sein will.«

In der Literatur gibt die deutsche Romantik den Ton an. Sie ist, in einer ihrer unergiebigen Varianten, das Pendant zum vorherrschenden Nationalismus, wobei man sich weniger mit den unerfreulichen Gegenwartsproblemen befasst, sondern Reisen in märchenhafte Vergangenheiten unternimmt. Heine, der selbst gern »mit den Waffen des Romantikers« dichtet, hat sich mit der deutschen Romantik später kritisch auseinander gesetzt (»Die romantische Schule«, 1836). In Bonn steht er ihr noch wohlwollend gegenüber, möchte die Romantik aber von Kitsch und wabernder Vergangenheitsverklärung befreien: »Die deutsche Muse« soll »wieder ein freies, blühendes, unaffektiertes ehrlich deutsches Mädchen sein, und kein schmachtendes Nönnchen, und kein ahnenstolzes Ritterfräulein ...« Mit feinem Spott bedenkt Heine Professor August Wilhelm Schlegel, einen der bekanntesten Wortführer der deutschen Romantik, der an der Universität Bonn seine Vorlesungen zelebriert: »Noch heute fühle ich den heiligen Schauer, der durch meine Seele zog, wenn ich vor seinem Katheder stand und ihn sprechen hörte. Ich trug damals einen weißen Flauschrock, eine rote Mütze, lange blonde Haare und keine Handschuhe. Herr A. W. Schlegel trug aber Glacéhandschuhe und war noch ganz nach der neuesten Pariser Mode gekleidet; er war noch ganz parfümiert von guter Gesellschaft (...); neben ihm stand sein Bedienter in der freiherrlichst Schlegelschen Hauslivree und putzte die Wachslichter, die auf silbernen Armleuchtern brannten, und nebst einem Glase Zuckerwasser vor dem Wundermanne auf dem Katheder standen (...) Dieser Glanz blendete uns junge Leute nicht wenig, und mich besonders (...)« Schlegel, ein vielleicht nicht hochbegabter, wohl aber sehr kenntnisreicher Autor und Übersetzer, ist freundlich genug, dem jungen Heine einige Tipps in Sachen Dichtkunst zu geben, die dieser auch beherzigt. Die Gedichte, die er in Bonn schreibt (darunter »Belsazar« und »Die Grenadiere«) sind formbewusster als seine früheren Arbeiten. Nach einer Unterredung mit Schlegel, dem »Chef der Romantiker«, meldet er einem Freund: »Über mein Verhältnis mit Schlegel könnte ich Dir viel Erfreuliches schreiben. Mit meinen Poesien war er sehr zufrieden, und über die Originalität derselben fast freudig erstaunt. Ich bin zu eitel, um mich hierüber zu wundern (...)«

Im Herbst 1820 wechselt Heine an die Universität Göttingen, weil er hofft, dort weniger abgelenkt zu sein und sich jener Pflicht zu widmen, die ihm eigentlich verhasst ist, nämlich für das juristische Staatsexamen »zu ochsen«. Göttingen hat damals an die zehntausend Einwohner, von denen knapp zweitausend Studenten sind, die das Stadtbild und das öffentliche Leben prägen. Die Universität gilt als fortschrittlich und modern, ein Urteil, das Heine ganz und gar nicht zu teilen vermag: Er entwickelt eine innige Ab-

Zeichnung Heines auf der Rückseite eines Briefes vom 28. März 1824. Szenen und Fantasien aus dem Göttinger Studentenleben.

neigung gegen den Göttinger Wissenschaftsbetrieb, lästert über dessen »alte Professoren«, die »unerschütterlich fest stehen (...) gleich den Pyramiden Ägyptens«, nur »daß in diesen Universitätspyramiden keine Weisheit verborgen ist«, und ärgert sich über die landsmannschaftlich organisierte Studentenschaft, insbesondere die »Hannöverschen Adligen«, die »hordenweise, und geschieden durch Farben der Mützen (...), sich ewig unter einander herumschlagen, in Sitten und Gebräuchen noch immer wie zur Zeit der Völkerwanderung dahinleben (...)« Heines Verhältnis zu Göttingen gleicht einer kuriosen Privatfehde, die er nicht aufgeben möchte, auch wenn er eines Besseren belehrt wird; zu viel Spaß macht es ihm, ein Feindbild zu haben, das sich, bei nur geringer Gegenwehr des Feindes, immer wieder neu ausmalen lässt. Sein anhaltendes Missvergnügen an Göttingen hat Heine denn auch öffentlich gemacht: In den »Reisebildern« (1826 ff.), dem mehrbändigen Werk, das ihn endgültig in den Rang eines berühmten Schriftstellers befördert, findet sich einer seiner brillantesten Texte, die

»Harzreise« (siehe S. 79 ff.), die von Göttingen, das gleich zu Beginn wunderbar boshaft beschrieben wird, ihren Ausgang nimmt. Heine nutzt seine als unerfreulich empfundene Göttinger Zeit immerhin, um etliche Gedichte in verschiedenen Literaturzeitschriften unterzubringen, was er erfreut zur Kenntnis nimmt, ohne es überzubewerten: »Die Zeitschriften sind (...) nur die Pißecken der Literatur, aber alle Annoncen sind dort angeschlagen.« Als er an der Universität und auch mit einer Göttinger Studentenverbindung unerwartete Schwierigkeiten bekommt, die allerdings weniger mit seinem losen Mundwerk als mit seinem Lebenswandel zu tun haben, der angeblich ständig »gegen die Keuschheit« verstößt, erhält Heine ein einsemestriges Studierverbot. Er fährt nach Hamburg zurück und berät sich mit seiner Familie, die sich weniger schockiert zeigt als befürchtet: Onkel Salomon macht ein paar unfreundliche Bemerkungen, erklärt sich aber bereit, das Studium weiter zu finanzieren. Erschrocken ist Heine über den Zustand seiner Angehörigen: »Mein Vater leidet noch immer an seiner Gemütskrankheit, meine Mutter laboriert an Migräne, meine Schwester hat den Catarrh, und meine beiden Brüder machen schlechte Verse. Dieses letztere zerreißt mir das Herz.«

Im Frühjahr 1821 immatrikuliert sich Heine an der Universität Berlin. Zum ersten Mal ist er in einer »wirklichen Großstadt«: Berlin, preußische Metropole, hat mehr als 200 000 Einwohner und umgeht die offizielle öde Politik, die ihr auferlegt wird, durch ein vergleichsweise munteres Gesellschafts- und Kulturleben. Auch die Universität hat einen guten Ruf und manche bekannte Größe unter ihren Lehrkräften, darunter den Philosophen Georg Wilhelm Friedrich Hegel, der vor vollen Hörsälen liest und mit seiner Philosophie nichts Geringeres beansprucht, als den »Weltgeist« beim Wort genommen und somit das bisherige abendländische Denken auf den Punkt gebracht zu haben. Heine, der sich an der Universität nur selten blicken lässt, hört Hegels Vorlesungen zur Geschichte der Philosophie und zeigt sich beeindruckt. Ansonsten lässt er sich lieber treiben: Er ist Gast in den literarischen Salons, besucht Theateraufführungen, Ausstellungen und Konzerte. Im Dezember 1821 erscheint sein erster Gedichtband, der sich mäßig verkauft, aber häufig besprochen wird. Die Rezensionen sind meist unfreundlich und geben bereits einen Tonfall vor, den die Literaturkritik, bis auf weiteres, beibehält: »In den Gedichten Herrn Heines finden wir (...) ein feindliches Prinzip, eine schneidende Dissonanz, einen wilden Zerstörungsgeist, der alle Blumen aus dem Leben herauswühlt«, schreibt ein Kritiker. »Wir sehen hier: edle Schönheit, die verzerrt wird durch ein kaltes Hohnlächeln.« So falsch liegt der gute Mann nicht mit dieser Wertung, denn Heine geht es in seiner Lyrik tatsächlich um Stil- und Erwartungsbrüche. »Kleine, maliziös-sentimentale Lieder« schreibe er, »mehr nicht«, und bekennt sich zum »Kampf gegen die Konvenienzpoesie« und zum »Streben nach Originalität«. Dass er ein origineller Autor ist, hat er selbst schon immer geglaubt, und zufrieden stellt er fest, dass diese Meinung inzwischen auch von anderen, nicht ganz unmaßgeblichen Leuten geteilt wird. Besonders im bekanntesten literarischen Salon Berlins, den das Ehepaar Rahel und Karl August Varnhagen von Ense führt, ist Heine ein gern gesehener Gast. Die Varnhagens erkennen sein ungewöhnliches Talent, machen ihm Mut und sind so frei, gelegentliche Kritik zu äußern, die der ansonsten recht empfindliche Autor auch annimmt, da er »sich verstanden fühlt«. Das beruht auf Gegenseitigkeit. Was Heine schreibt, so Rahel Varnhagen in einer schönen Formulierung, sei auch der »Text aus meinem alten beleidigten Herzen«, und sie fügt hinzu: »Sind sich doch unsre Gedanken ähnlich wie ein Stern dem andern – besonders meine ich hier die Sterne, die so recht viele Millionen Meilen weit von der Erde entfernt sind.« Varnhagen, der Heines Fähigkeiten kaum weniger schätzt als seine Frau, hält es für richtig, den Dichter zu mehr Ernsthaftigkeit anzuhalten; es genügt nicht, meint er, nur talentiert zu sein und sich an den eigenen spielerischen Möglichkeiten zu berauschen: »Er muß sich tüchtig zusammennehmen, und sich im Leben jedes Schwindeln und Nebeln ernstlich untersagen, sonst läuft er Gefahr, in hohlen Eitelkeiten und Täuschungen zusammenzubrechen. Ich hab' es ihm (...) selbst gesagt, und wenn er deshalb etwas böse ist, so schadet das nicht.«

Heine wird in Berlin zum bekannten Schriftsteller, der sich nebenbei auch als Journalist betätigt. Für den in Hamm erscheinenden »Rheinisch-Westfälischen Anzeiger« schreibt er »Briefe aus Berlin«, die bereits den unverwechselbaren Tonfall haben, den man an Heine bis auf den heutigen Tag schätzt: Seine Prosa ist witzig und genau bis zur Beiläufigkeit, sie macht das Schwere leicht und nähert sich der Wahrheit mit den Mitteln der Ironie. In dieses Konzept passt Heines Vorsatz, alles zu sein, nur nicht ordentlich und systematisch: »Verlangen Sie von mir keine Systematie, das ist der Würgeengel aller Korrespondenz. Ich spreche heute von den Redouten und den Kirchen, morgen von Savigny und den Possenreißern, übermorgen von der Giustianischen Galerie, und dann wieder von Savigny und den Possenreißern. Assoziation der Ideen soll immer vorwalten (...)«, kurzum: »ich will durch die Stadt laufen, und ich bitte Sie, mir Gesellschaft zu leisten.«

Heine gefällt es in Berlin, und er hat Erfolg. Dennoch bleibt ihm nicht verborgen, dass das politische Leben, milde gesprochen, stagniert. Die Zensurmaßnahmen greifen wie eh und je und haben ein Klima geschaffen, das von absurder Ergebenheit, vorschneller Resignation und vorauseilendem Gehorsam bestimmt ist. Die Deutschen, erkennt Heine, sind Meister der Gründlichkeit, auch in der Zensur: »Wir Deutschen sind das klügste und stärkste Volk (...) Wir haben das Pulver erfunden und die Buchdruckerei; – und dennoch, wer bei uns eine Pistole losschießt, bezahlt drei Taler Strafe, und wenn wir in den ›Hamburger Correspondent‹ setzen wollen: ›Meine liebe Gattin ist in Wochen gekommen, mit einem Töchterlein, schön wie die Freiheit!‹, dann greift [der Zensor] Herr Doktor Hoffmann zu seinem Rotstift und streicht uns ›die Freiheit‹.«

Dass Freiheit die andere Seite der Notwendigkeit ist, lehrt in Berlin der bereits erwähnte Philosoph Hegel, dem das Kunststück gelingt, eine Philosophie anzubieten, aus der sich Konservative wie Fortschrittliche gleichermaßen bedient fühlen können. Für die einen ist Hegel der preußische Staatsphilosoph, der das Bestehende rechtfertigt, weil es sich zumindest theoretisch als der Weisheit letzter Schluss zu erkennen gibt. Für die anderen, die Minderheit unter seiner Anhängerschaft, tritt er als listiger Begriffskünstler auf, der die Realität nur scheinbar bejaht, in Wahrheit jedoch mit Hilfe der von ihm ersonnenen Dialektik ihre Schwachstellen aufzeigt und auf Veränderungen »im Bewußtsein der Freiheit« drängt. Heine rechnet sich den fortschrittlichen Hegelianern zu, er glaubt, dass die Wirklichkeit, die ihren »Revolutionsstoff in sich trägt«, noch nicht an ihr vernünftiges Ziel gekommen ist. Auf Dauer lässt sich freiheitliches Denken nicht mit Zwangsanweisungen ruhig stellen, zumal wenn im Nachbarland Frankreich bereits vorgeführt worden ist, dass es auch anders geht. Allerdings ist Heine zu sehr Künstler und Individualist, als dass er der Vorstellung eines Geschichtsverlaufs, in dem der Einzelne keine Rolle mehr spielt, viel abgewinnen könnte: »Ist das Leben des Individuums nicht vielleicht eben so viel wert wie das des ganzen Geschlechtes? Denn jeder einzelne Mensch ist schon eine Welt, die mit ihm geboren wird und mit ihm stirbt, unter jedem Grabstein liegt eine Weltgeschichte.« Der Dichter, wie Heine ihn sieht, sollte mehr zu bieten haben als Vergangenheitsverklärung und Festschreibung der Gegenwart. Sein Metier ist die noch nicht ausgedachte Zukunft: »Ein

wunderliches Sonntagskind ist der Poet; er sieht die Eichen-
wälder, welche noch in der Eichel schlummern, und er hält
Zwiesprache mit den Geschlechtern, die noch nicht ge-
boren sind (...) Friedrich Schlegel nannte den Geschichts-
schreiber einen Propheten, der rückwärts schaue in die
Vergangenheit; – man könnte mit größerem Fug von dem
Dichter sagen, daß er ein Geschichtsschreiber sei, dessen
Auge hinausblicke in die Zukunft.«

Was Heine für die Deutschen veranschlagt, die ihre Revolution – früher oder später und ob sie wollen oder nicht –
nachholen müssen, gilt auch für den Einzelnen: Er muss
sich selbst revolutionieren, was zunächst einmal, bevor es zu
Taten kommt, eine Sache des Kopfes ist. Der seiner selbst
bewusste Mensch steht unter der »Gewalt des fortschreiten-
den Nachdenkens«. Allerdings können beide dabei, der
Mensch und noch mehr die Deutschen, zu spät kommen.
Dann bestraft sie das Leben, was allerdings eine Strafe auf
Bewährung ist, an deren Ende, trotz oder gerade wegen
guter Führung, auf einmal alles ganz anders ist als zuvor:
»Die Deutschen arbeiten an ihrer Nationalität, kommen
damit aber zu spät. Wenn sie dieselbe fertig haben, wird das
Nationalitätswesen in der Welt aufgehört haben, und sie
werden ihre Nationalität gleich wieder aufgeben müssen,
ohne wie Franzosen oder Briten davon Nutzen gezogen zu
haben.«

Im Frühjahr 1823 erscheint Heines zweites Buch »Tragö-
dien, nebst einem lyrischen Intermezzo«, das, wie sein Erst-
ling, wiederum kein Erfolg wird, aber erneut zahlreiche
Besprechungen verbuchen kann. Danach fährt er zu seinen
Eltern, die mittlerweile in Lüneburg wohnen, das ihm im
Vergleich zum pulsierenden Berlin wie »ausgestorben« vor-
kommt. Auch sonst suchen ihn trübe Gedanken heim: Die
Zahlungen, die ihm Onkel Salomon gewährt hat, laufen
aus, und er muss ihn erneut um Geld bitten. Salomon
Heine, der gerne mehrmals gefragt werden will, sagt

schließlich zu, die Unterstützung seines Neffen fortzusetzen. Allerdings verweist er darauf, dass es nun wohl endlich Zeit wird, ein Examen abzulegen.

Im Januar 1824 schreibt sich Heine erneut an der Universität Göttingen ein, die er zwar noch immer nicht mag, die ihm aber, vielleicht gerade deswegen, die Gewähr dafür zu bieten scheint, dass er sein Studium ohne Ablenkungen zu Ende bringt. Im Sommer 1824 ist er an einem Tiefpunkt angelangt: »Jurisprudenz und Kopfschmerz!«, notiert er, was für ihn aufs Gleiche hinausläuft. Zur Erholung gönnt er sich jene Harzreise, die dann zum Gegenstand seines gleichnamigen Buches wird. Der Reiseschriftsteller Heine bekommt mehr Zustimmung als der Lyriker Heine, nicht nur von seinem väterlichen Freund Varnhagen, der sogleich erkennt, dass hier »etwas ganz Neues« vorliegt, ein erstaunlicher »Zusammenhang« nämlich »von reichen, treffenden Naturbildern, feinen Beobachtungen, schalkhaften, witzigen, beißenden Scherzen, persönlichen Feindseligkeiten, weichen Gefühlen, reizenden Liedern, tollen Fratzen, unglaublichen Verwegenheiten«. Als ihm der Harz »zu harzig« wird, unternimmt Heine auch einen Abstecher nach Weimar und sucht dort den berühmtesten deutschen Dichter, Goethe, auf, dem er sich, durchaus selbstbewusst, so ankündigt: »Ich will gar nicht beschwerlich fallen, will nur Ihre Hand küssen und wieder fort gehen (...) Auf dem Brocken ergriff mich das Verlangen zur Verehrung Goethes nach Weimar zu pilgern. Im wahren Sinne des Wortes bin ich nun hergepilgert, nämlich zu Fuße und in verwitterten Kleidern, und erwarte die Gewährung meiner Bitte, und verharre mit Begeisterung und Ergebenheit: H. Heine.«

Goethe, der damals 75 Jahre alt ist und sich mit ironiebegabten, wortflinken Autoren schon immer schwer getan hat, empfängt den 26-jährigen Heinrich Heine zwar, ist bei dieser Audienz jedoch »arg zugeknöpft«. Heine, der sich zu den Verehrern Goethes rechnet, zeigt sich denn auch ent-

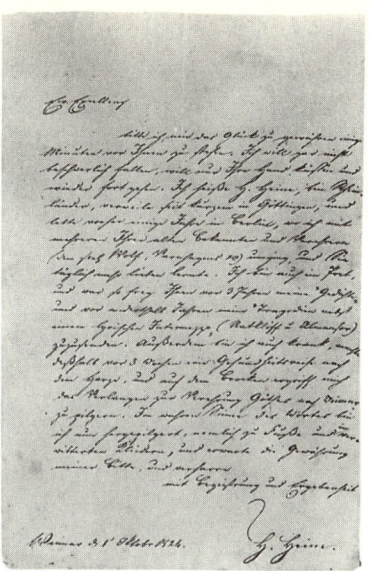

Brief an Goethe vom 1. Oktober 1824.

täuscht darüber, dass »seine Exzellenz ihn (. . .) ungebührlich
kalt empfangen habe«, lässt aber auf seine Hochachtung für
den Weimarer Dichterfürsten nichts kommen, den er ein
»großes Zeitablehnungsgenie« nennt, das sich in seiner
»Kunstbehaglichkeit (. . .) selbst letzter Zweck ist«. Später hat
Heine dann noch nachgelegt; er konstatiert, dass Goethes
Zeit wohl endgültig vorbei sei, was man beklagen oder begrüßen könne, dies ändere aber nichts an der Tatsache, dass die
Epoche sich selbst überlebt habe. Hatte Goethe »mit seinem
klaren Griechenauge« noch »alles« gesehen, »das Dunkle und
das Helle«, ohne dass er »die Dinge« dabei »mit seiner Ge-
mütsstimmung koloriert« hätte, so kommt den Schriftstellern
nach ihm ständig die eigene Befindlichkeit in die Quere:
»Wir sind überall beengt, überall fremd, und überall in der
Fremde.« Die Wahrheit, so sie denn überhaupt noch wahr ist,
kann nur verfremdet dargestellt werden, nicht mehr in zeitlo-
ser Harmonie von Künstler und Werk. Die Dichter nach

Goethe leiden an der Welt und an sich selbst, was manchmal auf das Gleiche hinausläuft; sie sind »zerrissen« und zerstören mutwillig, was eigentlich, so die konservative Kritik, nicht zerstört werden darf. Heine, den man als durchtriebensten unter den zerstörungswütigen neuen Autoren ausgemacht hat, gibt die Vorwürfe zurück; ein Autor könne immer nur so gut und wahrhaftig sein wie die Welt, von der er berichtet: »Ach, teurer Leser, wenn du über jene Zerrissenheit klagen willst, so beklage lieber, daß die Welt selbst mitten entzwei gerissen ist. Denn da das Herz des Dichters der Mittelpunkt der Welt ist, so mußte es wohl in jetziger Zeit jämmerlich zerrissen werden. Wer von seinem Herzen rühmt, es sei ganz geblieben, der gesteht nur, daß er ein prosaisches, weitabgelegenes Winkelherz hat. Durch das meinige ging aber der große Weltriß, und eben deswegen weiß ich, daß die großen Götter mich vor vielen anderen begnadigt und des Dichtermärtyriums würdig geachtet haben.«

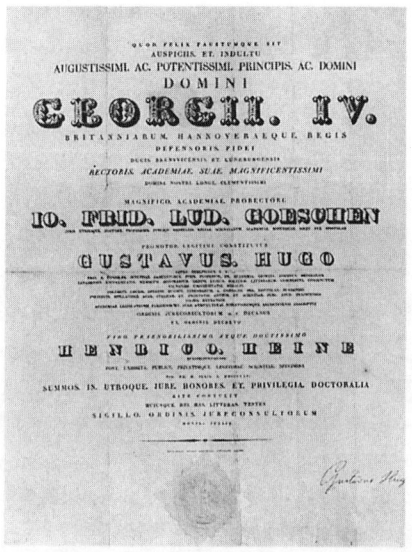

Heines Promotionsurkunde vom 20. Juli 1825.

Am 3. Mai 1825 legt Heine »endlich« sein juristisches Examen ab und promoviert am 20. Juli. Er fühlt sich aber wie ein »Galeerensklave«, den man, als er schon nicht mehr damit rechnet, von seiner Begnadigung in Kenntnis setzt. Kurz zuvor hat er noch einen Entschluss in die Tat umgesetzt, der schon länger in ihm gereift war: Er tritt zum protestantischen Glauben über und heißt mit der Taufe Christian Johann Heinrich Heine. Glücklich ist er nicht mit dieser Entscheidung, die er nicht aus innerer Überzeugung trifft, sondern aus Nützlichkeitserwägungen. Gesetzliche Verfügungen, mit deren Hilfe die Juden zu gleichberechtigten Bürgern erklärt wurden, sind längst wieder aufgehoben worden; nur wer »die Judenhaut abstreift«, kann darauf hoffen, im Staatsdienst unterzukommen. Dabei ist Heine weder ein überzeugter Jude noch ein überzeugter Christ gewesen, eher schon ein gläubiger Atheist. Er bekennt sich zu seiner Herkunft, sieht die »Judenfrage« aber eher als Menschenfrage, da »die Juden erst dann wahrhaftig emanzipiert werden können, wenn auch die Emanzipation der Christen vollständig erkämpft und sichergestellt worden (...)« – »Der Taufzettel ist das Entreebillet zur europäischen Kultur«, notiert er abschließend. Zur europäischen Kultur zieht es Heine tatsächlich; er ist gegen »patriotische Engsinnigkeit« und hofft darauf, »daß täglich mehr und mehr die törichten Nationalvorurteile verschwinden«. Schließlich sollen, und das sehen heutige EU-Politiker genauso, »keine Nationen mehr« sein, nur noch »Menschen«, denen es »ein wundersamer Anblick ist«, wie sie sich »trotz der mannigfaltigen Farben (...) sehr gut erkennen, und trotz der Sprachverschiedenheiten (...) sehr gut verstehen«. Am Ende war »das Nationalgefühl (...) nur Mittel zum Zweck«, es hatte »keine so große Zukunft wie jenes Bewußtsein des Weltbürgertums, das von den edelsten Geistern des 18. Jahrhunderts proklamiert worden und früh oder spät, aber auf immer, auf ewig zur Herrschaft gelangen muß«.

Auszug aus dem Heiligenstädter Taufregister mit dem Eintrag von Heines Taufe am 28. Juni 1825.

Im August 1825 verspürt Heine, vom »elenden« Studium und der Promotion nachhaltig »geschwächt«, den Wunsch nach erneuter Erholung. Onkel Salomon, »über alle Maßen freundlich«, spendiert ihm eine Reise auf die Insel Norderney. Die Nordsee gefällt Heine so gut, dass er sie auch als Schriftsteller würdigt: »Ich liebe das Meer wie meine Seele«, schreibt er. »Oft wird mir sogar zu Mute, als sei das Meer eigentlich meine Seele selbst (...) Das Meer ist mein wahlverwandtes Element, und schon sein Anblick ist mir heilsam (...) Ich bin ein Fisch mit heißem Blute und schwatzendem Maule; auf dem Lande befinde ich mich wie ein Fisch auf dem Lande (...)«

Nach der Promotion beginnt Heine ein unruhiges Wanderleben. Von April bis August 1827 reist er nach England, wo es ihm nicht gefällt; den fortgeschrittensten Industriestaat der damaligen Zeit sieht er vom Geld regiert, das zum »Gott der ganzen Welt« wird, wie er, nicht ganz falsch, prophezeit, »ein allmächtiger Gott, den selbst der verstockteste Atheist keine drei Tage lang verleugnen könnte«. Auch sein persönliches Befinden lässt zu wünschen übrig: »Ich friere und leide fürchterlich (...) Fürchterlich kostspielig ist

28

das hiesige Leben.« Da er noch nie sonderlich sparsam war, löst er einen Kreditbrief ein, den ihm Onkel Salomon für den Notfall (»und nur dafür«) überlassen hatte. Heine sieht diesen Notfall gegeben, obwohl er weder Hunger leiden noch unter einer Brücke nächtigen muss, er möchte nur nicht auf lieb gewordene Bequemlichkeiten verzichten. Sein Onkel ist empört und droht mit Einstellung der bisherigen Unterstützung; nur mühsam kommt man sich danach wieder näher. – Im Oktober 1827 erscheint Heines Gedichtband »Buch der Lieder«, der sich anfänglich nur zögerlich verkauft, dann aber zu einem bemerkenswerten Erfolg wird. Mit diesem Buch, das allein zu Lebzeiten des Autors in dreizehn Auflagen erscheint, entdeckt man den Lyriker Heine, der sich zuvor als Prosaschriftsteller einen Namen gemacht hatte. Nun schwenkt auch die Kritik vorsichtig um; man rühmt den »volksliedhaften Ton« seiner Gedichte, ihre raffinierte Schlichtheit und kunstvolle Verknappung.

Das ruft auch die Kollegen von der Musik auf den Plan. Sie nehmen sich seiner Verse an und vertonen sie geradezu unermüdlich: Bis heute hat man an die 10 000 Kompositionen nach Heine-Texten gezählt, wobei das Gedicht »Du bist wie eine Blume« mit mehr als 380 Vertonungen der Rekordhalter ist. Heines lyrisches Programm: »Aus meinen großen Schmerzen/Mach' ich die kleinen Lieder« mutet simpel an, erweist sich aber bei genauerem Hinsehen als ungemein anspruchsvoll.

Erfreuliche Aussichten werden Heine eröffnet, als ihm der bekannte Verleger Cotta eine Redakteursstelle in München anbietet; er sagt zu. Die journalistische Tagesarbeit, mit der er im November 1827 beginnt, erweist sich jedoch als mühsam, und München, dieses »Bier-Athen«, ist ihm schon bald zu behäbig und beschaulich. Dennoch genießt er, wie er es schon in Berlin getan hatte, das gesellschaftliche Leben: »Meine Verhältnisse hier sind heiter (...) Ich lebe als grand Seigneur und die 5 $^1/_2$ Menschen hier, die lesen

»Allgemeine Zeitung«, Druckbogen mit eigenhändigen Korrekturen Heines.

können, lassen mich auch merken, dass sie mich hochschätzen. Wunderschöne Weiberverhältnisse (...) Am liebsten bin ich unter jungen Malern, die besser aussehen als ihre Bilder (...)«

Heines Versuch, eine Professur für Literaturgeschichte an der Universität München zu bekommen, scheitert. Er bleibt auf die Unterstützung durch Onkel Salomon angewiesen. Im August 1828 reist er nach Italien, wo er unter anderem die Bäder von Lucca aufsucht, denen er wenig später einen satirischen Text widmet (siehe S. 132 ff.), der in Deutschland einen mittleren Skandal auslöst, weil sich daraus eine aus heutiger Sicht etwas seltsam anmutende Privatfehde Heines mit seinem zu antisemitischen Ausfällen neigenden Schriftstellerkollegen August von Platen ergibt. Diese Auseinandersetzung (von Heine abfällig »das Schweinekonzert« genannt) schlägt in der Öffentlichkeit hohe Wellen, und obwohl der Autor Platen seinem Kollegen Heine, der sich einmal mehr als brillanter Stilist erweist, nicht annähernd das Wasser reichen kann, geht er als Punktsieger aus dem Streit hervor. Eine Erfahrung, die Heine verbittert macht, auch weil er befürchten muss, dass man ihm »nicht bloß die geistigen Lebensquellen, sondern auch die materiellen« abzugraben droht.

Heine hat jedoch, auf Dauer gesehen und erfreulicherweise, kein Talent, sich in grämlicher Übellaunigkeit einzuhausen, dafür findet er die Zeit, in der er lebt, viel zu spannend. Inzwischen meint er auch, dass die bisherige dumpfe Epoche von Zensur und Duckmäuserei zu Ende geht; eine untergründige Aufbruchstimmung macht sich breit, die auf große Ziele aus ist: »Die Freiheitssonne wird die Erde glücklicher wärmen als die Aristokratie sämtlicher Sterne; emporblühen wird ein neues Geschlecht, das erzeugt worden in freier Wahlumarmung, nicht im Zwangsbette und unter der Kontrolle geistlicher Zöllner; mit der freien Geburt werden auch in den Menschen freie Gedanken und Gefühle zur Welt kommen, wovon wir geborenen Knechte keine Ahnung haben.«

Im Jahr 1830 scheinen sich Heines Hoffnungen zumindest ansatzweise zu erfüllen. In Frankreich bricht die »Julirevolution« aus, die das alte Regime innerhalb von drei Tagen kapitulieren lässt; Belgien erstreitet seine Unabhängigkeit von den Niederlanden, Italien erhebt sich gegen Österreich, in Polen gibt es Aufstände gegen die russische Oberherrschaft, und sogar in Deutschland, dem Heine zuvor noch, ein ums andere Mal, seine »Friedhofsruhe« vorgehalten hatte, sind Unruhen zu beobachten. Allerdings liegen die Tücken nicht nur der Liebe, sondern auch politischer Umstürze im schnöden Alltag – was kommt, wenn

Enthusiasmus und der Überschwang großer Hoffnungen von nüchternen Zweckmäßigkeitserwägungen eingeholt werden?

Heine, der im Sommer 1830 auf der Insel Helgoland weilt, ist »wie elektrisiert« von den Veränderungen, die sich überall abzeichnen; allerdings entgeht ihm auch nicht, dass das politische Tagesgeschäft viel freudloser ist als die Sonn- und Feiertagsausflüge zu den großen Träumen der Menschheit. Die Opposition, die in Frankreich das alte Regime fortgejagt hat, ist in sich zerstritten und kann sich nur auf den kleinstmöglichen Nenner für einen Neuanfang einigen, den der »Bürgerkönig« Louis Philippe verkörpert, der im August 1830 zum König von Frankreich gekrönt wird. Heine ist derweil in Deutschland immer unfroher geworden, die Zensur lässt ihn nicht in Ruhe, ja, legt sogar noch einmal eine härtere Gangart ein: Der vierte Band seiner »Reisebilder«, den der preußische Oberzensor, mit Blick auf »Die Bäder von Lucca«, »als alles übersteigend, was mir von gotteslästerlichem Frevel je vorgekommen« ansieht, wird kurzerhand verboten. Spätestens da reicht es Heine, und er setzt einen Entschluss in die Tat um, der schon länger in ihm gereift war: Im Mai 1831 siedelt er nach Paris über. Er sieht dies weniger als freie Tat, sondern als Ausweichmanöver, das dem Diktat der Verhältnisse geschuldet ist: »La force des choses! Die Macht der Dinge! Ich habe wahrhaftig nicht die Dinge auf die Spitze gestellt, sondern die Dinge haben mich auf die Spitze gestellt, auf die Spitze der Welt, auf Paris (...), auf wie lang? Es kann mir hier nicht schlechter gehen wie in der Heimat, wo ich nichts als Kampf und Not habe, wo ich nicht sicher schlafen kann, wo man mir alle Lebensquellen vergiftet. Hier freilich ertrinke ich im Strudel der Begebenheiten, der Tageswellen, der brausenden Revolution (...) Trübe Ahnungen beklemmen mich.«

Da aber sieht Heine zu schwarz, sein französisches Exil

lässt sich nämlich erfreulich an, was auch daran liegt, dass er in Frankreich längst kein Unbekannter mehr ist. Heine, der sich als deutscher Schriftsteller einen Namen gemacht hat, gelingt das Kunststück, in Paris auf der Höhe seines Ruhmes zu bleiben und sogar noch zuzulegen. Man kennt ihn, man schätzt ihn; wie selbstverständlich steht er in Kontakt mit berühmten Dichtern, Musikern und Künstler seiner Zeit. Trotzdem wird er kein naturalisierter Franzose, er behält seine »große Vorliebe für Deutschland«, die ihm ab und zu Heimwehanfälle beschert, denen er mit seinen Mitteln antwortet, also als Dichter, der wehmütig davon berichtet, wie es ist, »in der Fremde« zu sein.

In Paris vertieft Heine auch seine Theorie vom unterschiedlichen »Nationalcharakter« der Deutschen und Franzosen: Die Deutschen sind schwerfällig und tiefsinnig, die Franzosen lieben das Leichtfertige und ziehen die unbekümmerte Tat allemal einem langen, unergiebigen Grübeln vor. Heine schreibt: »Man vergleiche nur die Geschichte der französischen Revolution mit der Geschichte der deutschen Philosophie, und man sollte glauben, die Franzosen, denen so viele wirkliche Geschäfte oblagen, wobei sie durchaus wach bleiben mußten, hätten uns Deutsche ersucht, unterdessen für sie zu schlafen und zu träumen, und unsere deutsche Philosophie sei nichts anderes als der Traum der französischen Revolution.«

Heine hat gut zu tun in Paris: Er betätigt er sich als Journalist und Autor, schreibt für die Augsburger »Allgemeine Zeitung« und französische Blätter. Er wird zum Vermittler von deutscher und französischer Kultur, was zumindest mit Blick auf Deutschland, wo seine Schriften 1835 noch einmal ausdrücklich verboten werden, nicht einfach ist. Trotzdem glaubt er daran, dass seine »pacifike Mission, die Völker einander näher zu bringen«, gelingt. Überhaupt könnte mit dem beginnenden Zeitalter der Industrialisierung, von dem er jedoch nicht nur Gutes erwartet, ein alter Menschheitstraum in Erfüllung gehen: »Wir haben die Lande gemessen, die Naturkräfte gewogen, die Mittel der Industrie berechnet, und siehe da, wir haben rausgefunden, daß diese Erde groß genug; daß sie jedem hinlänglich Raum bietet, die Hütte seines Glücks darauf zu bauen; daß diese Erde uns alle anständig ernähren kann, wenn wir alle arbeiten und nicht einer auf Kosten des anderen leben will; und daß wir nicht nötig haben, die größere und ärmere Klasse an den Himmel zu verweisen.«

War Heine zuvor noch als freiheitsliebender Liberaler aufgetreten, so nähert er sich in Paris der Linken an. Er lernt Karl Marx kennen, wird mit der Gedankenwelt der Frühsozialisten vertraut. Freiheit, die er zuvor als »neue Religion, als Religion unserer Zeit« begrüßt hatte, erscheint ihm nur dann noch »sehr heilsam (...) und notwendig«, »solange der größte Teil der Menschen in Elend lebt und sich mit der himmlischen Seligkeit vertrösten muß«. Im Zeitalter der einsetzenden Industriellen Revolution bekommt Freiheit einen anderen Inhalt: Sie zielt nicht mehr auf abstrakte oder jenseitige Rechte, sondern soll zur Lebenssicherung des Volkes beitragen, da es »durch die Fortschritte der Industrie und der Ökonomie (...) möglich geworden« ist, »die Menschen aus ihrem materiellen Elende herauszuziehen und auf Erden zu beseligen«. Heines Freiheitsverständnis ist konkreter geworden, bezieht sich auf die tatsächlichen Existenzbedingungen der Menschen, die sich allerdings, womöglich sogar unabhängig von den jeweiligen politischen Bedingungen, die ihnen auferlegt werden, immer wieder neu entwerfen und zur Selbstbestimmung anhalten müssen: »Das Leben ist weder Zweck noch Mittel; das Leben ist ein Recht. Das Leben will dieses Recht geltend machen gegen den erstarrenden Tod, gegen die Vergangenheit, und dieses Geltendmachen ist die Revolution.«

In der Theorie ist Heine ein großer Volksfreund gewesen, in der Praxis hält er lieber Abstand. Vielleicht hat das auch mit seiner Krankheit zu tun, die ihn zunehmend quält: Seit 1832 leidet er, der seit Jahren schon von heftigen Migräneanfällen heimgesucht wird, an einer rätselhaften Rückenmarkserkrankung, die ihm erst Sehstörungen und Bewegungsausfälle, dann fortschreitende Lähmung bringt. Von 1848 an ist er ans Bett gefesselt, er bezieht seine »Matratzengruft«, in die er sich jedoch nicht ohne Gegenwehr begibt. Heine präsentiert sich als Widerstandskünstler, der seine Krankheit mit Geist und Ironie bekämpft, den einzigen Waffen, die ihm geblieben sind. Seinem erklärten Bestreben, zur Verständigung von Deutschen und Franzosen beizutragen, dienen auch zwei bedeutende theoretische Schriften, die Mitte der dreißiger Jahre erscheinen: »Die romantische Schule« und »Zur Geschichte der Religion und Philosophie in Deutschland«. In ihnen erläutert er den deutschen Sonderweg in die Freiheit, der gewundener, auch mit mehr Schlaglöchern gespickt ist als die geraden Straßen, auf denen andere Nationen vorangekommen sind. Der Deutsche, so scheint es, braucht erst die Theorie, um sich für eine Praxis entscheiden zu können, die ihm als begründet erscheint: »Ein methodisches Volk wie wir mußte mit der Reformation beginnen, konnte erst hierauf sich mit der Philosophie beschäftigen, und durfte nur nach deren Vollendung zur politischen Revolution übergehen. Diese Ordnung ist ganz vernünftig (...) Lächelt nicht über den Phantasten, der im Reiche der Erscheinungen dieselbe Revolution erwartet, die im Gebiete des Geistes stattgefunden. Der Gedanke geht der Tat voraus, wie der Blitz dem Donner.«

Dass Heine größtenteils frohgemut gegen die schleichende Krankheit angeht, die ihn plagt, hat auch mit der Liebe zu tun: Er, der schon immer ein »großer Frauenfreund« war, hat »sich bis an den Hals in eine Liebesgeschichte« verstrickt, aus der nicht mehr herauskann, auch gar nicht herauswill. Augustine Crescence Mirat heißt seine Freundin, ist gerade mal 20 Jahre jung, stammt aus einfachen Verhältnissen und möchte das Leben genießen, mehr nicht. »Mathilde«, so nennt Heine sie, »weil der Name Crescence (...) mir immer in der Kehle wehe tat«, ist unbelesen und an Literatur nicht interessiert, was Heine nicht etwa schmerzt, sondern erfreut, da er durch ihr Temperament und die »Unbeständigkeit ihrer Laune (...) erheitert« wird: »Nur höchst selten noch denke ich daran, mich nebst sie zu vergiften.«

Wie man sich das Zusammenleben des so ungleichen Paares, das in »wilder Ehe« zusammenlebt und erst 1841 heiratet, vorstellen kann, hat Heines Schriftstellerkollege Heinrich Laube beschrieben, der ihn 1839 besucht: »Er stellte ein junges, stattliches Mädchen als seine junge Frau vor. Sie war eine volle Figur mit heiterem rundem Antlitz und von angenehmem Wesen. Heine hatte die größte Freude an ihrem naiven fröhlichen Naturell (...), und er selbst hatte immer etwas Naives und Kindliches, wenn er von ihr erzählte (...) Daß sie nichts von seinen Schriften verstand, war für ihn ein Triumph. ›Sie liebt mich persönlichst, und die Kritik hat dabei gar nichts zu tun!‹ rief er vergnügt. In der Tat war das sehr drollig, wenn sie fragte, ob es denn wahr wäre, daß ihr Henri ein berühmter Dichter sei (...)« Nicht nur naiv und leidenschaftlich ist Heines Mathilde, die er auch schon mal seinen »Hausvesuv« nennt, sondern auch sehr begabt darin, »ständig Geld auszugeben«. So muss Heine verstärkt darauf sehen, was ihm »die Schreiberei« einbringt. Eine Zeit lang erhält er eine Pension der französischen Regierung, was die Vorurteile, die man in Deutschland gegen ihn hegt, nur noch verstärkt. Heine ist insgesamt recht geschäftstüchtig. Er spekuliert an der Börse, anfangs mit Verlusten, später erfolgreicher, und handelt seinem Hamburger Verleger Campe einen vorteilhaften Verlagsvertrag für eine Gesamtausgabe ab, von dem auch Mathilde nach seinem Tod noch profitieren soll.

Ein Buch, das, nach Meinung seiner Freunde und Feinde, »besser nicht geschrieben worden wäre«, ist Heines Denkschrift über Ludwig Börne, das 1840 erscheint. In ihm setzt er sich mit dem bekanntesten politischen Schriftsteller Deutschlands auseinander, der 1837 gestorben war. Heine, der sich anfangs noch gut mit Börne verstanden hatte, wollte mit seinem Buch »keine Biographie« vorlegen, »sondern nur Selbsterlebnisse wiedergeben«, die »Schilderung persönlicher Berührungen in Sturm- und Notzeiten«. Die Kritik, die insgesamt vernichtend war, ging darauf nicht ein, sondern beklagte Heines »Charakterlosigkeit«, die nicht davor zurückschrecke, »sich an einem verdienstvollen Toten zu vergreifen«. Die heutige Heine-Forschung hat das umstrittene Börne-Buch, das schon Thomas Mann als »genialste deutsche Prosa bis Nietzsche« rühmte, inzwischen rehabilitiert und nachträglich zu einem Meisterwerk ausgerufen.

Nicht nur auf die massive Kritiker-Schelte, die ihm aus Deutschland zur Kenntnis gebracht wird, reagiert Heine ungnädig; auch die neuere politische Lyrik (»Tendenzpoesie«) vermag ihn nicht zu erfreuen: Er beklagt ihren »prosaisch bombastischen« Ton und »vage unfruchtbares Pathos«, der nichts weiter hervorbringe als »nutzlosen Enthusiasmusdunst«, von dem aus man sich »in einen Ozean aus Allgemeinheiten stürze«. Das poetische Gesetz, das er dagegensetzt und dem auch sein 1843 erscheinendes Versepos »Atta Troll« (»das letzte freie Waldlied der Romantik«) entsprechen soll, ist allgemein gültig: »Was ist in der Kunst das Höchste? Das, was auch in allen anderen Manifestationen des Lebens das Höchste ist: die selbstbewußte Freiheit des Geistes«, die sich als »Selbstbewußtsein der Freiheit in der Kunst (...) ganz besonders durch die Behandlung, durch die Form, in keinem Falle durch den Stoff (...) offenbart (...) Die wahrhaft großen Dichter haben immer die großen Interessen ihrer Zeit anders aufgefaßt als in gereimten Zeitungsartikeln (...)«

1844 erscheint Heines wohl bekannteste Dichtung

»Deutschland. Ein Wintermärchen« (siehe S. 200 ff.), das er seinem Verleger vorab schon sehr selbstsicher ankündigt: »Es ist ein gereimtes Gedicht, welches (...) die ganze Gärung unserer deutschen Gegenwart in der kecksten, persönlichsten Weise ausspricht. Es ist politisch romantisch, und (...) ich bin diesmal sicher, daß ich ein Werkchen gegeben habe, das mehr Furore machen wird als die populärste Broschüre, und das dennoch den bleibenden Wert einer klassischen Dichtung haben wird. Der Titel des Buches ist: ›Deutschland, ein Wintermährchen‹.«

Im Oktober 1843 war Heine zum ersten Mal nach Deutschland zurückgekehrt, eine Reise »mit gemischten Gefühlen«, die insgesamt eher enttäuschend verlaufen war. Ein Jahr später will er es noch einmal wissen: Wieder fährt er nach Hamburg und hat Mathilde mit dabei, die sich in Deutschland jedoch gar nicht wohl fühlt und vorzeitig die Heimreise antritt. Onkel Salomon ist todkrank und entsprechend übellaunig; als er sich zum wiederholten Mal mit seinem Neffen streitet, wobei es meistens um Geld und Heines nicht gerade staatstragende Gesinnung geht, versetzt er ihm einen Schlag mit dem Stock. Dabei hat Heine genug mit seiner eigenen Krankheit zu tun; »halb blind« sei er, der Kopf drohe ihm zu »zerspringen«.

Der deprimierende Gesamtzustand, unter dem er zu leiden hat, macht sich auch in seiner Weltsicht bemerkbar, die zunehmend gereizter und desillusionierter wird. Das bekommen auch die Linken zu spüren, mit deren herausragendem Kopf, Karl Marx, er befreundet ist, was ihn nicht daran hindert, den aufkommenden Kommunismus, durch den er seine persönliche Freiheit gefährdet sieht, mit deutlichen Worten zu bedenken. »Der unzeitige Triumph der Proletarier«, schreibt er, »wäre ein Unglück für die Menschheit (...), indem sie, in ihrem blödsinnigen Gleichheitstaumel, alles was schön und erhaben auf dieser Erde ist, zerstören« würden, bis es »vielleicht alsdann nur« noch »Einen

Hirten und Eine Herde« gibt, »ein freier Hirte mit einem eisernen Hirtenstabe und eine gleichgeschorene, gleichblökende Menschenherde (...)« Und er setzt noch eins drauf, befürchtet sogar, »daß der Atheismus« bereits »ein mehr oder minder geheimes Bündnis (...) mit dem schauderhaft nacktesten, ganz feigenblattlosen, kommunen Kommunismus [geschlossen]« hat, was fatale Folgen hätte: »Wir können uns nimmermehr verhehlen, wessen wir uns zu gewärtigen haben, sobald die große rohe Masse, welche die einen das Volk, die andern den Pöbel nennen, und deren legitime Souveränität bereits längst proklamiert worden, zur wirklichen Herrschaft käme.« Heines eigener Berufsstand hätte dann »ganz besonders« zu leiden, denn gerade »der Dichter [empfindet] ein unheimliches Grauen vor dem Regierungsantritt dieses täppischen Souveräns (...) Die reinliche, sensitive Natur des Dichters sträubt sich gegen jede persönlich nahe Berührung mit dem Volke, und noch mehr schrecken wir zusammen bei dem Gedanken an seine Liebkosungen, vor denen uns Gott bewahre! Ein großer Demokrat sagte einst, er würde, hätte ein König ihm die Hand gedrückt, sogleich seine Hand ins Feuer halten, um sie zu reinigen. Ich möchte in derselben Weise sagen: ich würde meine Hand waschen, wenn mich das souveräne Volk mit seinem Händedruck beehrt hätte.«

Es lässt sich nicht mehr verheimlichen: Heine ist müde und mürbe geworden. Wenn er zurückblickt auf das Erreichte, sieht er sich als »wandelnden Traumjäger«, der zwar, krankheitsbedingt, kaum noch wandeln kann, seinen abgelebten Träumen jedoch immer noch einen wesentlichen Beitrag zur Wahrheitsfindung zutraut: »Mein großer Lehrer, der selige Hegel, sagte mir einst: ›Wenn man die Träume aufgeschrieben hätte, welche die Menschen während einer bestimmten Epoche geträumt haben, so würde einem aus der Lektüre dieser gesammelten Träume ein ganz richtiges Bild vom Geiste jener Periode aufsteigen.‹« Aber nicht nur für sich selbst hegt Heine ungute Erwartungen, er stellt auch der Menschheit insgesamt eine düstere Prognose aus: »Die Zukunft riecht nach Juchten, nach Blut, nach Gottlosigkeit und sehr vielen Prügeln. Ich rate unsern Enkeln, mit einer sehr dicken Rückenhaut zur Welt zu kommen.«

Am 23. Dezember 1844 stirbt Onkel Salomon. Heine, der sich so oft und so innig mit ihm gestritten hat, ist »tief erschüttert«: »Welch ein Herz, welch ein Kopf!«, schreibt er und weiß auch, dass dieser Mann, der »eine so große Rolle in meiner Lebensgeschichte« spielte, zugleich »der furchtbare Tyrann« war, »vor dem ich zitterte«. Heines Hoffnungen, von Onkel Salomons millionenschwerem Erbe ein Gutteil abzubekommen, erfüllen sich nicht, ja, er muss sogar eine jahrelange Auseinandersetzung um die Pension führen, die er bislang bekommen hat. Heines Cousin Carl, der als Haupterbe eingesetzt wurde und auch wie ein solcher auftritt, möchte von der einmal getroffenen Vereinbarung zurücktreten; er bietet stattdessen, in herablassendem Tonfall, eine deutlich reduzierte, einmalige Zahlung an, die zudem an Bedingungen geknüpft ist. Erst als Heine 1846 in einen »Ermattungsfrieden« einwilligt und seinem Cousin zusagt, »kein Wort [zu] schreiben, das dem Gedächtnis, der Erinnerung an meinen seligen Vater schaden kann«, erhält er die Zusage, dass die Pension, von der Mathilde nach seinem Tod immerhin noch die Hälfte bekommen soll, ohne Kürzungen weiter bezahlt wird. Nach diesem Kompromiss, der schwer erkämpft worden war, ist Heines Vertrauen in seine Familie dahin: »Was ich schreibe, überliefere ich um keinen Preis einer Verwandtenzensur«, resümiert er, »aber ich will gerne meinen Privatgroll verschlucken und gar nichts über das Lumpenpack schreiben, das sich alsdann seines obskuren Daseins ruhig erfreuen mag und seiner blöden Vergessenheit nach dem Tode sicher sein wird (...)«

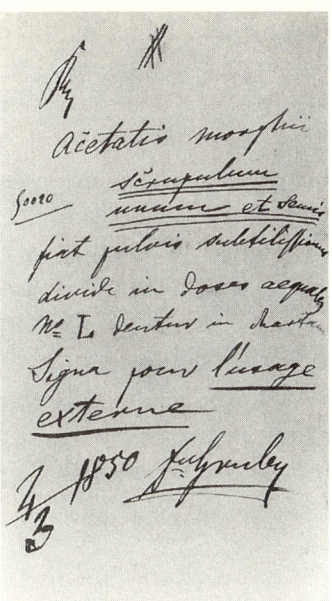

Morphiumrezept für Heine, von seinem Arzt Dr. David Gruby.

Heines letzte Jahre sind, vorsichtig gesagt, nicht sehr erfreulich. Die Krankheit schreitet unerbittlich voran, sein Ende ist abzusehen. Zwar gibt er sich, unter größten Mühen, immer noch als Kämpfer und Spaßvogel (»das alte Ungetüm lebt noch immer, es zögert noch immer, den großen Todessprung zu machen«), aber in Wirklichkeit geht es ihm erbärmlich: »Ich kann fast gar nichts mehr sehen, und meine Lippen sind so gelähmt, daß mir das Küssen verleidet wird, das noch unentbehrlicher als das Sprechen (...) Ich kann nicht mehr essen, bin abgemagert, der Druck auf der Brust bringt mich in jedem Augenblick dem Ersticken nah, mein Hintern fragt mich gar nicht mehr um Erlaubnis, was er tun soll – enfin, sehr schlechte Symptome, und ich pfeife vielleicht auf dem letzten Loche.« Dennoch arbeitet er weiter. Ein Besucher berichtet: »Neben seinem Bett liegt ein Päckchen loser Blätter im Oktavformat, und

41

etwa zwanzig zugespitzte Fabersche Bleistifte. Wenn sich Heine aufgelegt und stark genug zum Arbeiten fühlt, beschreibt er die Blätter mit dicken, halbzollgroßen Buchstaben, und wechselt die Bleistifte, wenn sie stumpf geworden sind.« Die wichtigste Ablenkung bringt ihm nach wie vor seine Frau, die mit den Jahren deutlich dicker geworden ist und somit auch von der Statur her ein echtes Kontrastprogramm zu ihrem »armen Henri« darstellt: »Meine Frau führt sich sehr gut auf, erheitert mich, so gut es geht, und hat eine so laute Stimme, daß ich kaum mein eigenes Wort in diesem Augenblick höre. Sie hat das ganze Kapital ihrer Ersparnisse, die sie bei mir hatte, 600 Fr., zu einem Kaschemir verwendet; dieser Schawl kleidet sie ganz vortrefflich und gibt ihrem dicken Hintern einen sehr imposanten Anblick.«

Und eine andere Liebe ist ihm noch vergönnt: Else Krinitz heißt sie und besucht ihn erstmals im Frühjahr 1855. Sie gibt sich als Verehrerin und Kennerin seiner Werke zu erkennen, was dem todkranken Heine nicht nur schmeichelt, sondern auch, so als hätte er nur darauf gewartet, dazu bringt, sich ein letztes Mal zu verlieben – ein Abschiedsgeschenk für den großen Lebens- und Liebeskünstler, der er immer sein wollte. »Mouche« (Fliege) nennt er die 30-jährige Elise, sie ist die »letzte Blume« seines »larmoyanten Herbstes«, sitzt an seinem Bett, liest ihm vor, geht ihm bei seinen letzten Arbeiten zur Hand. »Ich liebe sie mit todkranker, innigster Zärtlichkeit«, bekennt er und weiß, dass er in seinem Zustand nur noch »sentimental« sein kann »wie ein Mops, der zum erstenmale liebt«. Sogar Mathilde, die Heine früher manchen Eifersuchtsanfall hingelegt hatte, wobei auch schon mal Geschirr zu Bruch ging, weiß, dass sie von dieser Frau nichts zu befürchten hat; es gibt eine Form der Liebe, die auf Erfüllung nicht (mehr) angewiesen ist.

Von den Zeitumständen möchte Heine immer weniger wissen, er hat resigniert. Als die Februarrevolution 1848

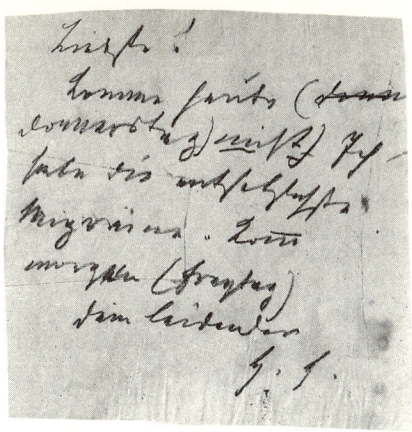

»Liebste! Komme heute (Donnerstag) <u>nicht</u>. Ich habe die entsetzlichste Migraine. Komm morgen (Freytag). Dein leidender H. H.«
Heines letzte Nachricht für die Mouche vom 14. Februar 1856.

König Louis Philippe aus dem Amt treibt und die Republik ausgerufen wird, ist das für ihn nur eine Art Etiketten-schwindel: »Die Republik ist nichts weiter als ein Namens-wechsel (...) Wie könnte sich diese korrupte, weichliche Gesellschaft so schnell verwandeln? Geld machen, Ämter erhaschen, vierspännig fahren, eine Theaterloge besitzen, aus einem Vergnügen ins andere jagen, war bisher ihr Ideal. Wo hätten diese Menschen ihren Vorrat von bürgerlichen Tugenden bisher so sorgfältig versteckt?« Auf »die Republik« kann man seiner Meinung nach getrost verzichten, »denn es gibt keine Republikaner«. Als in Paris schließlich »an drei schrecklichen Tagen« (23.–25. Juni 1855) ein Arbei-teraufstand blutig niedergeschlagen wird, kommt das für Heine einer Bankrotterklärung der (göttlichen) Vernunft gleich: »Das ist Universalanarchie, Weltkuddelmuddel, sicht-bar gewordener Gotteswahnsinn. Der Alte muß eingesperrt werden, wenn das so weitergeht!«

Mag der alte Gott auch derart finster und mitleidlos sein, dass man ihn eigentlich einsperren müsste, so gibt es zu ihm doch keine Alternative. Am Ende seines Lebens verabschie-

43

det Heine den »Hegelschen Gott oder vielmehr die Hegelsche Gottlosigkeit«, um sich »an dessen Stelle« wieder »einem wirklichen, persönlichen Gotte, der außerhalb der Natur und des Menschen Gemütes ist«, zuzuwenden. Diese Kehrtwendung, betont er, sei aus persönlichen Gründen erfolgt, und nicht etwa, weil ihn die »Phosphordünste der Glaubenspisse« benebelt hätten oder er durch seine Krankheit »ein Betbruder geworden« wäre: »In der Theologie (...) muß ich mich des Rückschreitens beschuldigen, indem ich (...) zu dem alten Aberglauben, zu einem persönlichen Gott, zurückkehrte. Das läßt sich nun einmal nicht vertuschen, wie es mancher aufgeklärte und wohlmeinende Freund versuchte. Ausdrücklich widersprechen muß ich jedoch dem Gerücht, als hätten mich meine Rückschritte bis zur Schwelle irgendeiner Kirche oder gar in ihren Schoß geführt. Nein, meine religiösen Überzeugungen und Ansichten sind frei geblieben von jeder Kirchlichkeit; kein Glockenklang hat mich verlockt, keine Altarkerze hat mich geblendet.«

Heinrich Heine stirbt am 17. Februar 1856 an »tuberkulöser Meningitis« (Tuberkulose »mit Multiorganbeteiligung«). Begraben liegt er auf dem Pariser Friedhof Montmartre. Vielleicht hat Heine, von höherer Warte aus, noch mitbekommen, dass seine Beerdigung so erfolgte, wie er sie haben wollte, nämlich schlicht, ohne nachrühmende Reden und Beteiligung eines Priesters. Getröstet ist er vermutlich dennoch nicht abgegangen, denn er glaubte zu wissen, dass es im Leben nicht leicht ist, auch wenn man es sich leicht macht; was danach kommt, bleibt, aus hiesiger Sicht, leider arg ungewiss. Mit Blick auf die Totenmasken, die man den Verstorbenen abnahm, um ein Stück Erinnerung an die Lebenden zu haben, schrieb Heine: »Solche Masken verleiden uns die Erinnerung an unsere Lieben! Wir glauben, in diesem Gips sei noch etwas von ihrem Leben erhalten, und was wir darin aufbewahrt haben, ist doch ganz eigentlich der Tod selbst. Regelmäßige schöne Gesichtszüge bekommen hier etwas grauenhaft Starres, Verhöhnendes, Fatales, wodurch sie uns mehr erschrecken als erfreuen. Wahre Karikaturen aber sind die Gipsabgüsse von Gesichtern, deren Reiz mehr von geistiger Art war, deren Züge weniger regelmäßig als interessant gewesen, denn sobald die Grazien des Lebens darin erloschen sind, werden die wirklichen Abweichungen von den idealen Schönheitslinien nicht mehr durch geistige Reize ausgeglichen. Gemeinsam ist aber allen diesen Gipsgesichtern ein gewisser rätselhafter Zug, der uns, bei längerer Betrachtung, aufs unleidlichste die Seel durchfröstelt; sie sehen alle aus wie Menschen, die im Begriffe sind einen schweren Gang zu tun.«

Unter den deutschen Dichtern, zu deren bekanntesten er unangefochten zählt, gehört Heine zu den Stilisten, den Umgangskünstlern der Sprache, die das Schwerfällige nur vom Hörensagen kennen. Seine Poesie ließ er nicht hinterfragen, ihr Prinzip ist freie Verspieltheit: »Traum der Sommernacht! Phantastisch/Zwecklos ist mein Lied. Ja, zwecklos/Wie die Liebe, wie das Leben;/Wie der Schöpfer samt der Schöpfung!« Einige seiner Gedichtzeilen haben sich ins allgemeine Gedächtnis eingegraben und sind von dort nicht mehr wegzudenken: »Ich weiß nicht, was soll es bedeuten«, »Denk ich an Deutschland in der Nacht,/Dann bin ich um den Schlaf gebracht«, »Im wunderschönen Monat Mai« oder »O, wie ist es kalt geworden«.

Er selbst dachte nicht gering von sich: »Was mich aufrecht hält, ist der Stolz der geistigen Obermacht, der mir angeboren ist, und das Bewußtsein, daß kein Mensch in der Welt mit wenigen Federstrichen sich gewaltiger rächen könnte als ich, für alle offene und geheime Unbill, die man mir zufügt.« Mit seinem Witz, seinem Sarkasmus, mit der Lust, sich auch an Gegnern zu reiben, von denen er wusste, dass sie ihm nicht gewachsen waren, machte er sich nicht nur Freunde: »Ich gestehe, ich habe manchen gekratzt, manchen gebissen, und war kein Lamm. Aber glaubt mir, jene gepriesenen Lämmer der Sanftmut würden sich minder frömmig gebärden, besäßen sie die Zähne und die Tatzen des Tigers.«

Dass man über den Dichter Heine durchaus geteilter Meinung sein kann, daran hat sich bis heute nichts geändert. Für den Schriftsteller Karl Kraus, den selbst ernannten Sicherheitschef der deutschen Sprache, galt Heine als Erfinder des Feuilletonismus, jener Variante journalistischer Ernsthaftigkeit, die ihre Ernsthaftigkeit bestenfalls simuliert. Heine habe, so Kraus, »der deutschen Sprache so sehr das Mieder gelockert (...), daß heute alle ... an ihren Brüsten fingern können«. Der Philosoph Friedrich Nietzsche, auch er ein empfindsamer und kritischer Mensch, war da ganz anderer Meinung: »Den höchsten Begriff vom Lyriker hat mir Heinrich Heine gegeben. Ich suche umsonst in allen Reichen der Jahrtausende nach einer gleich süßen und leidenschaftlichen Musik. Er besaß jene göttliche Bosheit, ohne die ich mir das Vollkommene nicht zu denken vermag (...)« Nicht nur Heines feine Bosheit (»Der dramatische Dichter, der es versteht, Tränen zu entlocken: Dieses Talent hat auch die kümmerlichste Zwiebel, mit dieser teilt er seinen Ruhm«) bleibt zu rühmen, auch der Realismus, mit dem er den Literaturbetrieb sah: »Die Autoren sterben und ihre Bücher altern. Es ist ein schlechtes Geschäft, das wir treiben; unsere Schriften, unser Geisteserwerbnis, verschlechtert sich jedes Jahr, während bei jedem anderen Gewerbe das Kapital sich jährlich verbessert durch Kumulation der Zinsen.«

An Heinrich Heine scheiden sich die Geister, das war so und wird sich nicht mehr ändern. Allein die Geschichte seines Nachruhms, dem man in Deutschland unter peinlichsten Verdrehungen und Windungen ein Dichter-Denkmal setzte, das seine Gegner nicht haben oder aber gleich wieder abreißen wollten, gleicht einer Realsatire, zu der selbst Heine, der den Deutschen ja (fast) alles zutraute, nicht mehr viel eingefallen wäre.

Heine hat die Gemüter bewegt, weil er sich selbst bewegen ließ von den Ereignissen seiner Zeit. »Was die Zeit fühlt und denkt und bedarf und weiß, wird ausgesprochen, und das ist der Stoff der modernen Literatur«, heißt es in einer Heine-Biographie, die auf schmalem Raum informativ und kenntnisreich über den Dichter berichtet. »Dafür fand er [Heine] neue Formen und brachte frischen Wind in die deutsche Literatur, die in der Nachfolge Goethes zu erstarren drohte, während die politischen und gesellschaftlichen Verhältnisse sich rapide veränderten (...) Heine setzte an die Stelle allumfassender Objektivität, die das Ideal der klassischen Dichtung gewesen war, das Prinzip radikaler Subjektivität. Für ihn war ›das Herz des Dichters der Mittelpunkt der Welt‹; was die Welt bewegte, das bewegte auch ihn, und er beschrieb die Zeitereignisse wie ein Seismograph, der das Beben der Erde durch seine eigene Erschütterung anzeigt. Heine gab seinen Arbeiten den Charakter offener persönlicher Mitteilungen, die das Publikum unmittelbar ansprachen. ›Das Volk verlangt, daß die Schriftsteller seine Tagesleidenschaften mitfühlen, daß sie die Empfindungen seiner eigenen Brust entweder angenehm anregen oder verletzen; das Volk will bewegt werden‹«, schreibt Christian Liedtke.

Heine, kein Freund literarischer Trennkost und unnützer Berührungsängste, hat vorgeführt, dass die deutsche Sprache zusammenführen kann, was zusammengehört: Witz und Ernst, Glück und Trauer, Hoffnung und Hinfälligkeit, Vergessen und Erinnern, Begeisterung und Melancholie. »Charakteristisch für Heine ist die Kombination von geistvoller Tiefe und befreiendem Gelächter«, schreiben seine Biographen Jan-Christoph Hauschild und Michael Werner: »Genau damit lassen sich selbst heikelste Fragen besser angehen als mit einschichtig-linearen Zuordnungen oder plakativer

Schwarzweißmalerei. Wie kein anderer deutscher Autor steht er für die Verbindung von Kunst und Courage (...), künstlerischer Autonomie und gesellschaftlichem Engagement; für Aufklärung, Toleranz und forschende Neugier auf das Fremde, für Weltbürgertum und Menschenrechte; für Romantik und die ›Partei der Rosen und Nachtigallen‹. Vielleicht wird der Düsseldorfer Europäer deswegen tatsächlich, wie Georg Weerth 1849 mutmaßte, als ›einer der wenigen Poeten alle Revolutionen der Welt überleben‹.«

2.

DAS MÄRCHEN MEINES LEBENS
AUTOBIOGRAPHISCHE SCHRIFTEN

Eines der ungewöhnlichsten Selbstzeugnisse Heines ist »Ideen. Das Buch Le Grand«, ein freies »Erinnerungsstück«, das im Winter 1826/27 niedergeschrieben wurde und 1827 im zweiten Band der »Reisebilder« erschien. Heine hat, wie er bekundet, viel Spaß bei der Abfassung des Prosatextes gehabt, den er »ein Fragment aus meinem Leben« nennt, »im kecksten Humor geschrieben«. Der Spaß an der Sache rührt auch daher, dass Heine, formale und inhaltliche Vorgaben souverän missachtend, seine neu entdeckten Möglichkeiten als Schriftsteller ausprobiert: Er schlüpft in wechselnde Identitäten, jongliert mit Zeiten und Zeitgenossen, schafft eine Fülle von skurrilen Charakteren, die zwar alle reale Vorbilder haben, aber, sehr zum Vergnügen des Autors, bis zur Kenntlichkeit unkenntlich gemacht werden. Heine steht über den Dingen, aber er erzählt auch als Zeitzeuge, der seiner Erinnerung, die kein verlässlicher Chronist ist, mehr zutraut als andere. Ihr Zuspruch lässt eine eigene Wirklichkeit aufblitzen, die durchaus beim Wort zu nehmen ist. Im Mittelpunkt seines Erinnerns steht Heines Kindheit im französisch besetzten Düsseldorf, die er keineswegs als bedrückend, sondern, zumindest in wesentlichen Anklängen, als vorweggenommene Befreiung ansah. Le Grand, Trommler Napoleons, gibt den neuen Takt der Weltgeschichte vor, und der achtjährige Harry Heine sieht es und hört es mit großen Augen. Schon das Kind scheint zu begreifen, was der erwachsene Heine später zu seinem Glaubensbekenntnis macht: Die Idee der Freiheit ist von der Französischen Revolution erst vorgegeben und dann verraten worden, so dass es eines Mannes wie Napoleon bedurfte, um sie im Sinne des Ideals zu bewahren. Heines Napoleon-Verehrung, die er übrigens mit seinem philosophischen Lehrer Hegel und auch wohl mit Goethe teilte,

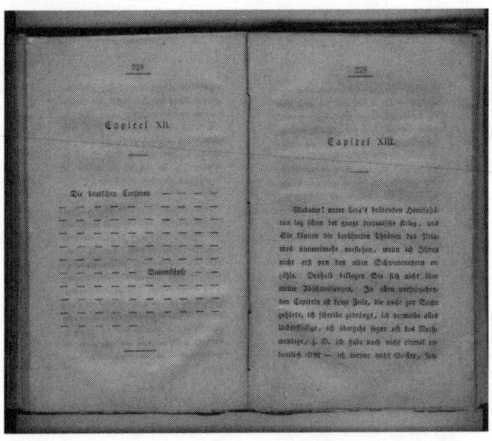

»Die deutschen Censoren Dummköpfe« – Parodie auf die Zensur im Kapitel XII von »Ideen. Das Buch Le Grand« aus dem 2. Teil der »Reisebilder«.

brachte ihm in Deutschland heftige Kritik ein; er ließ sich davon nicht beirren, glaubte er doch zu wissen, dass der französische Kaiser, dem es zu verdanken war, dass »das vielköpfige Ungeheuer der Anarchie gebändigt und der Völkerzweikampf geordnet« wurde, »im Herzen der Menschen lesen« konnte.

Heine wäre nicht Heine, wenn in »Ideen. Das Buch Le Grand« nicht auch die Liebe eine große Rolle spielen würde: Sie bleibt, dem Konzept des Textes entsprechend, schwebend leicht und ist nicht auf Verwirklichung angewiesen. Die »Madame«, an die sich der Erzähler wendet, ist von der Heine-Forschung als Friederike Robert, Schwägerin seiner Förderin und mütterlichen Freundin Rahel Varnhagen, »enttarnt« worden, was indes nichts zur Sache tut, denn Madame braucht keinen Namen und keine Lebensgeschichte, die mit der des Autors verwoben wäre. Sie steht für das Weibliche schlechthin, das, auch wenn es in die Jahre kommt, seinen Liebreiz behält und sich sogar in jene Reminiszenzen einnistet, die einer konkreten Person gelten mögen. Eine solche konkrete Person ist Heines Cousine Amalie gewesen, in die er sich ebenso aufwändig wie unglücklich verliebt hatte, was Nachwirkungen zeitigte, die letztlich für jede Liebe gelten, der kein Glück beschieden ist: »Sie war liebenswürdig, und Er liebte Sie; Er aber/war nicht liebenswürdig, und Sie liebte Ihn nicht.«

Ideen
Das Buch Le Grand

Kapitel V

Madame! ich habe Sie belogen. Ich bin nicht der Graf vom Ganges. Niemals im Leben sah ich den heiligen Strom, niemals die Lotosblumen, die sich in seinen frommen Wellen bespiegeln. Niemals lag ich träumend unter indischen Palmen, niemals lag ich betend vor dem Diamantengott zu Jagernaut, durch den mir doch leicht geholfen wäre. Ich war eben so wenig jemals in Kalkutta wie der Kalkuttenbraten, den ich gestern Mittag gegessen.

(. . .)

Nein, ich bin nicht geboren in Indien; das Licht der Welt erblickte ich an den Ufern jenes schönen Stromes, wo auf grünen Bergen die Torheit wächst und im Herbste gepflückt, gekeltert, in Fässer gegossen und ins Ausland geschickt wird – Wahrhaftig, gestern bei Tische hörte ich jemanden eine Torheit sprechen, die Anno 1811 in einer Weintraube gesessen, welche ich damals selbst auf dem Johannisberge wachsen sah. – Viel Torheit wird aber auch im Lande selbst konsumiert, und die Menschen dort sind wie überall: – sie werden geboren, essen, trinken, schlafen, lachen, weinen, verleumden, sind ängstlich besorgt um die Fortpflanzung ihrer Gattung, suchen zu scheinen, was sie nicht sind, und zu tun, was sie nicht können, lassen sich nicht eher rasieren, als bis sie einen Bart haben, und haben oft einen Bart, ehe sie verständig sind, und wenn sie verständig sind, berauschen sie sich wieder mit weißer und roter Torheit.

Mon dieu! wenn ich doch so viel Glauben in mir hätte, daß ich Berge versetzen könnte – der Johannisberg wäre just derjenige Berg, den ich mir überall nachkommen ließe. Aber da mein Glaube nicht so stark ist, muß mir die Phantasie helfen und sie versetzt mich selbst nach dem schönen Rhein.

O, da ist ein schönes Land, voll Lieblichkeit und Sonnenschein. Im blauen Strome spiegeln sich die Bergesufer mit ihren Burgruinen und Waldungen und altertümlichen Städten – Dort vor der Haustür sitzen die Bürgersleute des Sommerabends, und trinken aus großen Kannen, und schwatzen vertraulich: wie der Wein, Gottlob! gedeiht, und wie die Gerichte durchaus öffentlich sein müssen, und wie die Maria Antoinette so mir nichts dir nichts guillotiniert worden, und wie die Tabaksregie den Tabak verteuert, und wie alle Menschen gleich sind, und wie der Görres ein Hauptkerl ist.

Ich habe mich nie um dergleichen Gespräche bekümmert, und saß lieber bei den Mädchen am gewölbten Fenster, und lachte über ihr Lachen, und ließ mich mit Blumen ins Gesicht schlagen, und stellte mich böse, bis sie mir ihre Geheimnisse oder irgend eine andre wichtige Geschichte erzählten.

(...)

Die schöne Johanna war die Base der drei Schwestern, und ich setzte mich gern zu ihr. Sie wußte die schönsten Sagen, und wenn sie mit der weißen Hand zum Fenster hinauszeigte, nach den Bergen, wo alles passiert war, was sie erzählte, so wurde mir ordentlich verzaubert zu Mute, die alten Ritter stiegen sichtbar aus den Burgruinen und zerhackten sich die eisernen Kleider, die Lore-Ley stand wieder auf der Bergesspitze und sang hinab ihr süß verderbliches Lied, und der Rhein rauschte so vernünftig, beruhigend und doch zugleich neckend schauerlich – und die schöne Johanne sah mich an so seltsam, so heimlich, so rätselhaft traulich, als gehörte sie selbst zu den Märchen, wovon sie eben erzählte. Sie war ein schlankes, blasses Mädchen, sie war todkrank und sinnend, ihre Augen waren klar wie die Wahrheit selbst, ihre Lippen fromm gewölbt, in den Zügen ihres Antlitzes lag eine große Geschichte, aber es war eine heilige Geschichte – Etwa eine Liebeslegende? Ich weiß nicht, und ich hatte auch nie den Mut, sie zu fragen. Wenn ich sie lange ansah, wurde ich ruhig und heiter, es ward mir, als sei stiller Sonntag in meinem Herzen und die Engel darin hielten Gottesdienst.

(...)

Jetzt (...) will mir auch die früheste Kindheit wieder im Gedächtnisse hervorblühen, und ich bin wieder ein Kind und spiele mit andern Kindern auf dem Schloßplatze zu Düsseldorf am Rhein.

Ja, Madame, dort bin ich geboren, und ich bemerke dieses ausdrücklich für den Fall, daß etwa, nach meinem Tode, sieben
Städte – Schilda, Krähwinkel, Polkwitz, Bockum, Dülken, Göttingen und Schöppenstädt – sich um die Ehre streiten, meine
Vaterstadt zu sein. Düsseldorf ist eine Stadt am Rhein, es leben da
16 000 Menschen, und viele hunderttausend Menschen liegen
noch außerdem da begraben. Und darunter sind manche, von
denen meine Mutter sagt, es wäre besser, sie lebten noch, z. B.
mein Großvater und mein Oheim, der alte Herr v. Geldern und
der junge Herr v. Geldern, die beide so berühmte Doktoren
waren, und so viele Menschen vom Tode kuriert, und doch selber
sterben mußten. Und die fromme Ursula, die mich als Kind auf
den Armen getragen, liegt auch dort begraben, und es wächst ein
Rosenstrauch auf ihrem Grab – Rosenduft liebte sie so sehr im
Leben und ihr Herz war lauter Rosenduft und Güte. Auch der
alte kluge Kanonikus liegt dort begraben. Gott, wie elend sah er
aus, als ich ihn zuletzt sah! Er bestand nur noch aus Geist und
Pflastern, und studierte dennoch Tag und Nacht, als wenn er
besorgte, die Würmer möchten einige Ideen zu wenig in seinem
Kopfe finden. Auch der kleine Wilhelm liegt dort, und daran bin
ich Schuld. Wir waren Schulkameraden im Franziskanerkloster
und spielten auf jener Seite desselben, wo zwischen steinernen
Mauern die Düssel fließt, und ich sagte: »Wilhelm, hol doch das
Kätzchen, das eben hineingefallen« – und lustig stieg er hinab auf
das Brett, das über dem Bach lag, riß das Kätzchen aus dem
Wasser, fiel aber selbst hinein, und als man ihn herauszog, war er
naß und tot. Das Kätzchen hat noch lange Zeit gelebt.
    Die Stadt Düsseldorf ist sehr schön, und wenn man in der
Ferne an sie denkt und zufällig dort geboren ist, wird einem
wunderlich zu Mute. Ich bin dort geboren, und es ist mir, als
müßte ich gleich nach Hause gehn. Und wenn ich sage nach
Hause gehn, so meine ich die Bolkerstraße und das Haus, worin
ich geboren bin. Dieses Haus wird einst sehr merkwürdig sein,
und der alten Frau, die es besitzt, habe ich sagen lassen, daß sie bei
Leibe das Haus nicht verkaufen solle. Für das ganze Haus bekäme
sie jetzt doch kaum so viel wie schon allein das Trinkgeld betragen wird, das einst die grünverschleierten, vornehmen Engländer-
rinnen dem Dienstmädchen geben, wenn es ihnen die Stube
zeigt, worin ich das Licht der Welt erblickt, und den Hühnerwin-

kel, worin mich Vater gewöhnlich einsperrte, wenn ich Trauben genascht, und auch die braune Türe, worauf Mutter mich die Buchstaben mit Kreide schreiben lehrte – ach Gott! Madame, wenn ich ein berühmter Schriftsteller werde, so hat das meiner armen Mutter genug Mühe gekostet.

Aber mein Ruhm schläft jetzt noch in den Marmorbrüchen von Carrara, der Makulatur-Lorbeer, womit man meine Stirne geschmückt, hat seinen Duft noch nicht durch die ganze Welt verbreitet, und wenn jetzt die grünverschleierten, vornehmen Engländerinnen nach Düsseldorf kommen, so lassen sie das berühmte Haus noch unbesichtigt und gehen direkt nach dem Marktplatz und betrachten die dort in der Mitte stehende, schwarze, kolossale Reuterstatue. Diese soll den Kurfürsten Jan Wilhelm vorstellen. Er trägt einen schwarzen Harnisch, eine tief herabhängende Allongeperücke – Als Knabe hörte ich die Sage, der Künstler, der diese Statue gegossen, habe während des Gießens mit Schrecken bemerkt, daß sein Metall nicht dazu ausreiche, und da wären die Bürger der Stadt herbeigelaufen, und hätten ihm ihre silbernen Löffel gebracht, um den Guß zu vollenden – und nun stand ich stundenlang vor dem Reuterbilde, und zerbrach mir den Kopf: wie viel silberne Löffel wohl darin stecken mögen, und wie viel Apfeltörtchen man wohl für all das Silber bekommen könnte? Apfeltörtchen waren nämlich damals meine Passion – jetzt ist es Liebe, Wahrheit, Freiheit und Krebssuppe – und eben unweit des Kurfürstenbildes, an der Theaterecke, stand gewöhnlich der wunderlich gebackene, säbelbeinige Kerl, mit der weißen Schürze und dem umgehängten Korbe voll lieblich dampfender Apfeltörtchen, die er mit einer unwiderstehlichen Diskantstimme anzupreisen wußte: »Die Apfeltörtchen sind ganz frisch, eben aus dem Ofen, riechen so delikat« – Wahrlich, wenn in meinen späteren Jahren der Versucher mir beikommen wollte, so sprach er mit solcher lockenden Diskantstimme, und bei Signora Giulietta wäre ich keine volle zwölf Stunden geblieben, wenn sie nicht den süßen, duftenden Apfeltörtchenton angeschlagen hätte. Und wahrlich, nie würden Apfeltörtchen mich so sehr angereizt haben, hätte der krumme Hermann sie nicht so geheimnisvoll mit seiner weißen Schürze bedeckt – und die Schürzen sind es, welche – doch sie bringen mich ganz aus dem Kontext, ich sprach ja von der Reuterstatue, die so viel silberne Löffel im Leibe hat, und keine Suppe, und den Kurfürsten Jan Wilhelm darstellt.

Er soll ein braver Herr gewesen sein, und sehr kunstliebend, und selbst sehr geschickt. Er stiftete die Gemäldegalerie in Düsseldorf, und auf dem dortigen Observatorium zeigt man noch einen überaus künstlichen Einschachtelungsbecher von Holz, den er selbst in seinen Freistunden – er hatte deren täglich vierundzwanzig – geschnitzelt hat.

Damals waren die Fürsten noch keine geplagte Leute wie jetzt, und die Krone war ihnen am Kopfe festgewachsen, und des Nachts zogen sie noch eine Schlafmütze darüber, und schliefen ruhig, und ruhig zu ihren Füßen schliefen die Völker, und wenn diese des Morgens erwachten, so sagten sie: »Guten Morgen, Vater!« – und jene antworteten: »Guten Morgen, liebe Kinder!«

Aber es wurde plötzlich anders; als wir eines Morgens zu Düsseldorf erwachten, und »Guten Morgen, Vater!« sagen wollten, da war der Vater abgereist, und in der ganzen Stadt war nichts als stumpfe Beklemmung, es war überall eine Art Begräbnisstimmung, und die Leute schlichen schweigend nach dem Markte, und lasen den langen papiernen Anschlag auf der Türe des Rathauses. Es war ein trübes Wetter, und der dünne Schneider Kilian stand dennoch in seiner Nanquinjacke, die er sonst nur im Hause trug, und die blauwollnen Strümpfe hingen ihm herab, daß die nackten Beinchen betrübt hervorguckten, und seine schmalen Lippen bebten, während er das angeschlagene Plakat vor sich hinmurmelte. Ein alter pfälzischer Invalide las etwas lauter, und bei manchem Worte träufelte ihm eine klare Träne in den weißen, ehrlichen Schnauzbart. Ich stand neben ihm und weinte mit, und frug ihn: warum wir weinten? Und da antwortete er: »Der Kurfürst läßt sich bedanken.« Und dann las er wieder, und bei den Worten: »für die bewährte Untertanstreue« »und entbinden Euch Eurer Pflichten«, da weinte er noch stärker – Es ist wunderlich anzusehen, wenn so ein alter Mann mit verblichener Uniform und vernarbtem Soldatengesicht, plötzlich so stark weint. Während wir lasen, wurde auch das kurfürstliche Wappen vom Rathause heruntergenommen, alles gestaltete sich so beängstigend öde, es war, als ob man eine Sonnenfinsternis erwarte, die Herren Ratsherren gingen so abgedankt und langsam umher, sogar der allgewaltige Gassenvogt sah aus, als wenn er nichts mehr zu befehlen hätte, und stand da so friedlich-gleichgültig, obgleich der tolle Alouisius sich wieder auf ein Bein stellte und mit närrischer Grimasse die Namen der französischen Generale herschnatterte, während der besoffene, krumme Gumpertz sich in der Gosse herumwälzte und »Ça ira, ça ira!« sang.

Ich aber ging nach Hause, und weinte und klagte: »Der Kurfürst läßt sich bedanken.« Meine Mutter hatte ihre liebe Not, ich wußte was ich wußte, ich ließ mir nichts ausreden, ich ging weinend zu Bette, und in der Nacht träumte mir: die Welt habe ein Ende – die schönen Blumengärten und grünen Wiesen wurden wie Teppiche vom Boden aufgenommen und zusammengerollt, der Gassenvogt stieg auf eine hohe Leiter und nahm die Sonne vom Himmel herab, der Schneider Kilian stand dabei und sprach zu sich selber: »Ich muß nach Hause gehn und mich hübsch anziehn, denn ich bin tot, und soll noch heute begraben werden« – und es wurde immer dunkler, spärlich schimmerten oben einige Sterne und auch diese fielen herab wie gelbe Blätter im Herbste, allmählig verschwanden die Menschen, ich armes Kind irrte ängstlich umher, stand endlich vor der Weidenhecke eines wüsten Bauerhofes und sah dort einen Mann, der mit dem Spaten die Erde aufwühlte, und neben ihm ein häßlich hämisches Weib, das etwas wie einen abgeschnittenen Menschenkopf in der Schürze hielt, und das war der Mond, und sie legte ihn ängstlich sorgsam in die offne Grube – und hinter mir stand der pfälzische Invalide und schluchzte und buchstabierte: »Der Kurfürst läßt sich bedanken.«

Als ich erwachte, schien die Sonne wieder wie gewöhnlich durch das Fenster, auf der Straße ging die Trommel, und als ich in unsre Wohnstube trat und meinem Vater, der im weißen Pudermantel saß, einen guten Morgen bot, hörte ich, wie der leichtfüßige Friseur ihm während des Frisierens haarklein erzählte: daß heute auf dem Rathause dem neuen Großherzog Joachim gehuldigt werde, und daß dieser von der besten Familie sei, und die Schwester des Kaisers Napoleon zur Frau bekommen, und auch wirklich viel Anstand besitze, und sein schönes schwarzes Haar in Locken trage, und nächstens seinen Einzug halten und sicher allen Frauenzimmern gefallen müsse. Unterdessen ging das Getrommel, draußen auf den Straße, immer fort, und ich trat vor die Haustür und besah die einmarschierenden französischen Truppen, das freudige Volk des Ruhmes, das singend und klingend die Welt durchzog, die heiter-ernsten Grenadiergesichter, die Bärenmützen, die dreifarbigen Kokarden, die blinkenden Bajonette, die Voltigeurs voll Lustigkeit und Point d'honneur, und den allmächtig großen, silbergestickten Tambour-Major, der seinen Stock mit dem vergoldeten Knopf bis an die erste Etage werfen konnte und seine Augen sogar bis zur zweiten Etage – wo ebenfalls schöne Mädchen am Fenster saßen. Ich freute mich, daß wir Einquartierung bekämen – meine Mutter freute sich nicht – und ich eilte nach dem Marktplatz. Da sah es jetzt ganz anders aus, es war, als ob die Welt neu angestrichen worden, ein neues Wappen hing am Rathause, das Eisengeländer an dessen Balkon war mit gestickten Sammetdecken überhängt, französische Grenadiere standen Schildwache, die alten Herren Ratsherren hatten neue Gesichter angezogen und trugen ihre Sonntagsröcke, und sahen sich an auf französisch und sprachen bon jour, aus allen Fenstern guckten Damen, neugierige Bürgersleute und blanke Soldaten füllten den Platz, und ich nebst andern Knaben, wir kletterten auf das große Kurfürstenpferd und schauten davon herab in das bunte Marktgewimmel.

Nachbars-Pitter und der lange Kurz hätten bei dieser Gelegenheit beinah den Hals gebrochen, und das wäre gut gewesen; denn der eine entlief nachher seinen Eltern, ging unter die Soldaten, desertierte, und wurde in Mainz totgeschossen, der andre aber machte späterhin geographische Untersuchungen in fremden Taschen, wurde deshalb wirkendes Mitglied einer öffentlichen Spinnanstalt, zerriß die eisernen Bande, die ihn an diese und an das Vaterland fesselten, kam glücklich über das Wasser, und starb in London durch eine allzuenge Krawatte, die sich von selbst zugezogen, als ihm ein königlicher Beamter das Brett unter den Beinen wegriß.

Der lange Kurz sagte uns, daß heute keine Schule sei, wegen der Huldigung. Wir mußten lange warten, bis diese losgelassen wurde. Endlich füllte sich der Balkon des Rathauses mit bunten Herren, Fahnen und Trompeten, und der Herr Bürgermeister, in seinem berühmten roten Rock, hielt eine Rede, die sich etwas in die Länge zog, wie Gummi-Elastikum oder wie eine gestrickte Schlafmütze, in die man einen Stein geworfen – nur nicht den Stein der Weisen – und manche Redensarten konnte ich ganz deutlich vernehmen, z. B. daß man uns glücklich machen wolle – und beim letzten Worte wurden die Trompeten geblasen, und die Fahnen geschwenkt, und die Trommel gerührt, und Vivat gerufen – und während ich selber Vivat rief, hielt ich mich fest an den alten Kurfürsten. Und das tat Not, denn mir wurde ordentlich schwindlig, ich glaubte schon, die Leute ständen auf den Köpfen, weil sich die Welt herumgedreht, das Kurfürstenhaupt mit der Allongeperücke nickte und flüsterte: »Halt fest an mir!« – und erst durch das Kanonieren, das jetzt auf dem Walle losging, ernüchterte ich mich, und stieg vom Kurfürstenpferd langsam wieder herab.

Als ich nach Hause ging, sah ich wieder, wie der tolle Alouisius auf einem Beine tanzte, während er die Namen der französischen Generale schnarrte, und wie sich der krumme Gumpertz besoffen in der Gosse herumwälzte und »Ça ira, ça ira« brüllte, und zu meiner Mutter sagte ich: »Man will uns glücklich machen und deshalb ist heute keine Schule.«

Kapitel VII

Den andern Tag war die Welt wieder ganz in Ordnung und es war wieder Schule, nach wie vor, und es wurde wieder auswendig gelernt, nach wie vor – die römischen Könige, die Jahreszahlen, die nomina auf *im,* die verba irregularia, Griechisch, Hebräisch, Geographie, deutsche Sprache, Kopfrechnen, – Gott! der Kopf schwindelt mir noch davon – alles mußte auswendig gelernt werden. Und manches davon kam mir in der Folge zustatten. Denn hätte ich nicht die römischen Könige auswendig gewußt, so wäre es mir ja späterhin ganz gleichgültig gewesen, ob Niebuhr bewiesen oder nicht bewiesen hat, daß sie niemals wirklich existiert haben. Und wußte ich nicht jene Jahrszahlen, wie hätte ich mich späterhin zurechtfinden wollen in dem großen Berlin, wo ein Haus dem andern gleicht, wie ein Tropfen Wasser oder wie ein Grenadier dem andern, und wo man seine Bekannten nicht zu finden vermag, wenn man nicht ihre Hausnummer im Kopfe hat; ich dachte mir damals bei jedem Bekannten zugleich eine historische Begebenheit, deren Jahrszahl mit seiner Hausnummer übereinstimmte, so daß ich mich dieser leicht erinnern konnte, wenn ich jener gedachte, und daher kam mir auch immer eine historische Begebenheit in den Sinn, sobald ich einen Bekannten erblickte. So z. B. wenn mir mein Schneider begegnete, dachte ich gleich an die Schlacht bei Marathon, begegnete mir der wohl-geputzte Bankier Christian Gumpel, so dachte ich gleich an die Zerstörung Jerusalems, erblickte ich einen stark verschuldeten portugiesischen Freund, so dachte ich gleich an die Flucht Maho-mets, sah ich den Universitätsrichter, einen Mann, dessen strenge Rechtlichkeit bekannt ist, so dachte ich gleich an den Tod Ha-mans, sobald ich Wadzeck sah, dachte ich gleich an die Kleopatra – Ach, lieber Himmel, das arme Vieh ist jetzt tot, die Tränensäck-chen sind vertrocknet, und man kann mit Hamlet sagen: nehmt alles in allem, es war ein altes Weib, wir werden noch oft seines Gleichen haben! Wie gesagt, die Jahrszahlen sind durchaus nötig, ich kenne Menschen, die gar nichts als ein paar Jahrszahlen im Kopfe hatten, und damit in Berlin die rechten Häuser zu finden wußten, und jetzt schon ordentliche Professoren sind. Ich aber hatte in der Schule meine Not mit den vielen Zahlen! Mit dem eigentlichen Rechnen ging es noch schlechter. Am besten begriff ich das Subtrahieren, und da gibt es eine sehr praktische Hauptregel: »Vier von drei geht nicht, da muß ich eins borgen« – ich rate aber jedem, in solchen Fällen immer einige Groschen mehr zu borgen; denn man kann nicht wissen.

Was aber das Lateinische betrifft, so haben Sie gar keine Idee davon, Madame, wie das verwickelt ist. Den Römern würde gewiß nicht Zeit genug übrig geblieben sein, die Welt zu erobern, wenn sie das Latein erst hätten lernen sollen. Diese glücklichen Leute wußten schon in der Wiege, welche Nomina den Akkusativ auf *im* haben. Ich hingegen mußte sie im Schweiße meines Angesichts auswendig lernen; aber es ist doch immer gut, daß ich sie weiß. Denn hätte ich z. B. den 20sten Juli 1825, als ich öffentlich in der Aula zu Göttingen lateinisch disputierte – Madame, es war der Mühe wert zuzuhören – hätte ich da *sinapem* statt *sinapim* gesagt, so würden es vielleicht die anwesenden Füchse gemerkt haben, und das wäre für mich eine ewige Schande gewesen. *Vis, buris, sitis, tussis, cucumis, amussis, cannabis, sinapis* – Diese Wörter, die so viel Aufsehen in der Welt gemacht haben, bewirkten dieses, indem sie sich zu einer bestimmten Klasse schlugen und dennoch eine Ausnahme blieben; deshalb achte ich sie sehr, und daß ich sie bei der Hand habe, wenn ich sie etwa plötzlich brauchen sollte, das gibt mir in manchen trüben Stunden des Lebens viel innere Beruhigung und Trost. Aber, Madame, die verba irregularia – sie unterscheiden sich von den verbis regularibus dadurch, daß man bei ihnen noch mehr Prügel bekömmt – sie sind gar entsetzlich schwer. In den dumpfen Bogengängen des Franziskanerklosters, unfern der Schulstube, hing damals ein großer, gekreuzigter Christus von grauem Holze, ein wüstes Bild, das noch jetzt zuweilen des Nachts durch meine Träume schreitet, und mich traurig ansieht mit starren, blutigen Augen – vor diesem Bilde stand ich oft und betete: O du armer, ebenfalls gequälter Gott, wenn es dir nur irgend möglich ist, so sieh doch zu, daß ich die verba irregularia im Kopfe behalte.

Vom Griechischen will ich gar nicht sprechen; ich ärgere mich sonst zu viel. Die Mönche im Mittelalter hatten so ganz Unrecht nicht, wenn sie behaupteten, daß das Griechische eine Erfindung des Teufels sei. Gott kennt die Leiden, die ich dabei ausgestanden. Mit dem Hebräischen ging es besser, denn ich hatte immer eine große Vorliebe für die Juden, obgleich sie, bis auf diese Stunde, meinen guten Namen kreuzigen; aber ich konnte es doch im Hebräischen nicht so weit bringen wie meine Taschenuhr, die viel intimen Umgang mit Pfänderverleihern hatte, und dadurch manche jüdische Sitte annahm – z. B. des Sonnabends ging sie nicht – und die heilige Sprache lernte, und sie auch späterhin grammatisch trieb; wie ich denn oft, in schlaflosen Nächten, mit Erstaunen hörte, daß sie beständig vor sich hin pickerte: *katal, katalta, katalti – kittel, kittalta, kittalti – – pokat, pokadeti – pikat – pik – pik – –*

Indessen von der deutschen Sprache begriff ich viel mehr, und die ist doch nicht so gar kinderleicht. Denn wir armen Deutschen, die wir schon mit Einquartierungen, Militärpflichten, Kopfsteuern und tausenderlei Abgaben genug geplagt sind, wir haben uns noch obendrein den Adelung aufgesackt und quälen uns einander mit dem Akkusativ und Dativ. Viel deutsche Sprache lernte ich vom alten Rektor Schallmeyer, einem braven geistlichen Herrn, der sich meiner von kindauf annahm. Aber ich lernte auch etwas der Art von dem Professor Schramm, einem Manne, der ein Buch über den ewigen Frieden geschrieben hat, und in dessen Klasse sich meine Mitbuben am meisten rauften.

Während ich in einem Zuge fort schrieb und allerlei dabei dachte, habe ich mich unversehens in die alten Schulgeschichten hineingeschwatzt, und ich ergreife diese Gelegenheit, um Ihnen zu zeigen, Madame, wie es nicht meine Schuld war, wenn ich von der Geographie so wenig lernte, daß ich mich späterhin nicht in der Welt zurecht zu finden wußte. Damals hatten nämlich die Franzosen alle Grenzen verrückt, alle Tage wurden die Länder neu illuminiert, die sonst blau gewesen, wurden jetzt plötzlich grün, manche wurden sogar blutrot, die bestimmten Lehrbuchseelen wurden so sehr vertauscht und vermischt, daß kein Teufel sie mehr erkennen konnte, die Landesprodukte änderten sich ebenfalls, Zichorien und Runkelrüben wuchsen jetzt, wo sonst nur Hasen und hinterherlaufende Landjunker zu sehen waren, auch die Charaktere der Völker änderten sich, die Deutschen wurden gelenkig, die Franzosen machten keine Komplimente mehr, die Engländer warfen das Geld nicht mehr zum Fenster hinaus, und die Venezianer waren nicht schlau genug, unter den Fürsten gab es viel Avancement, die alten Könige bekamen neue Uniformen, neue Königtümer wurden gebacken und hatten Ab-

satz wie frische Semmel, manche Potentaten hingegen wurden
von Haus und Hof gejagt, und mußten auf andre Art ihr Brot zu
verdienen suchen, und einige legten sich daher früh auf ein
Handwerk und machten z. B. Siegellack oder – Madame, diese
Periode hat endlich ein Ende, der Atem wollte mir ausgehen –
kurz und gut, in solchen Zeiten kann man es in der Geographie
nicht weit bringen.

Da hat man es doch besser in der Naturgeschichte, da können
nicht so viele Veränderungen vorgehen, und da gibt es bestimmte
Kupferstiche von Affen, Kinguruhs, Zebras, Nashornen usw. Weil
mir solche Bilder im Gedächtnisse blieben, geschah es in der
Folge sehr oft, daß mir manche Menschen beim ersten Anblick
gleich wie alte Bekannte vorkamen.

Auch in der Mythologie ging es gut. Ich hatte meine liebe
Freude an dem Göttergesindel, das so lustig nackt die Welt regier-
te. Ich glaube nicht, daß jemals ein Schulknabe im alten Rom die
Hauptartikel seines Katechismus, z. B. die Liebschaften der Venus,
besser auswendig gelernt hat, als ich. Aufrichtig gestanden, da wir
doch einmal die alten Götter auswendig lernen mußten, so hätten
wir sie auch behalten sollen, und wir haben vielleicht nicht viel
Vorteil bei unserer neurömischen Dreigötterei, oder gar bei unserem jüdischen Eingötzentum. Vielleicht war jene Mythologie im
Grunde nicht so unmoralisch, wie man sie verschrieen hat; es ist
z. B. ein sehr anständiger Gedanke des Homers, daß er jener
vielbeliebten Venus einen Gemahl zur Seite gab.

Am allerbesten aber erging es mir in der französischen Klasse
des Abbé d'Aulnoi, eines emigrierten Franzosen, der eine Menge
Grammatiken geschrieben und eine rote Perücke trug, und gar
pfiffig umhersprang, wenn er seine Art poétique und seine His-
toire allemande vortrug – Er war im ganzen Gymnasium der
einzige, welcher deutsche Geschichte lehrte. Indessen auch das
Französische hat seine Schwierigkeiten, und zur Erlernung desselben gehört viel Einquartierung, viel Getrommel, viel apprendre
par cœur, und vor allem darf man keine Bête allemande sein. Da
gab es manches saure Wort, ich erinnere mich noch so gut, als
wäre es erst gestern geschehen, daß ich durch la religion viel
Unannehmlichkeiten erfahren. Wohl sechsmal erging an mich die
Frage: »Henri, wie heißt der Glaube auf französisch?« Und sechsmal, und immer weinerlicher antwortete ich: »Das heißt le crédit.«
Und beim siebenten Male, kirschbraun im Gesichte, rief der
wütende Examinator: »Er heißt la religion« – und es regnete

Prügel, und alle Kameraden lachten. Madame! seit der Zeit kann ich das Wort religion nicht erwähnen hören, ohne daß mein Rücken blaß vor Schrecken, und meine Wange rot vor Scham wird. Und ehrlich gestanden, le crédit hat mir im Leben mehr genützt als la religion – In diesem Augenblick fällt mir ein, daß ich dem Löwenwirt in Bologna noch fünf Taler schuldig bin – Und wahrhaftig, ich mache mich anheischig, dem Löwenwirt noch fünf Taler extra schuldig zu sein, wenn ich nur das unglückselige Wort la religion in diesem Leben nimmermehr zu hören brauche.

Parbleu Madame! ich habe es im Französischen weit gebracht! Ich verstehe nicht nur Patois, sondern sogar adeliges Bonnenfranzösisch. Noch unlängst, in einer noblen Gesellschaft, verstand ich fast die Hälfte von dem Diskurs zweier deutschen Komtessen, wovon jede über vierundsechzig Jahr und eben so viele Ahnen zählte. Ja, im Café Royal zu Berlin hörte ich einmal den Monsieur Hans Michel Martens französisch parlieren, und verstand jedes Wort, obschon kein Verstand darin war. Man muß den Geist der Sprache kennen, und diesen lernt man am besten durch Trommeln. Parbleu! wie viel verdanke ich nicht dem französischen Tambour, der so lange bei uns in Quartier lag, und wie ein Teufel aussah, und doch von Herzen so engelgut war, und so ganz vorzüglich trommelte.

Es war eine kleine, bewegliche Figur mit einem fürchterlichen, schwarzen Schnurrbarte, worunter sich die roten Lippen trotzig hervorbäumten, während die feurigen Augen hin und her schossen.

Ich kleiner Junge hing an ihm wie eine Klette, und half ihm seine Knöpfe spiegelblank putzen und seine Weste mit Kreide weißen – denn Monsieur Le Grand wollte gerne gefallen – und ich folgte ihm auch auf die Wache, nach dem Appell, nach der Parade – da war nichts als Waffenglanz und Lustigkeit – les jours de fête sont passés! Monsieur Le Grand wußte nur wenig gebrochenes Deutsch, nur die Hauptausdrücke – Brot, Kuß, Ehre – doch konnte er sich auf der Trommel sehr gut verständlich machen, z. B. wenn ich nicht wußte, was das Wort »liberté« bedeute, so trommelte er den Marseiller Marsch – und ich verstand ihn. Wußte ich nicht die Bedeutung des Wortes »égalité«, so trommelte er den Marsch »Ça ira, ça ira – – – les aristocrates à la lanterne!« – und ich verstand ihn. Wußte ich nicht, was »bêtise« sei, so trommelte er den Dessauer Marsch, den wir Deutschen, wie auch Goethe berichtet, in der Champagne getrommelt – und ich verstand ihn. Er wollte mir mal das Wort »l'Allemagne« erklären, und er trommelte jene allzueinfache Urmelodie, die man oft an Markttagen bei tanzenden Hunden hört, nämlich Dum – Dum – Dum – ich ärgerte mich, aber ich verstand ihn doch.

Auf ähnliche Weise lehrte er mich auch die neuere Geschichte. Ich verstand zwar nicht die Worte, die er sprach, aber da er während des Sprechens beständig trommelte, so wußte ich doch, was er sagen wollte. Im Grunde ist das die beste Lehrmethode. Die Geschichte von der Bestürmung der Bastille, der Tuilerien usw. begreift man erst recht, wenn man weiß, wie bei solchen Gelegenheiten getrommelt wurde. In unseren Schulkompendien liest man bloß: »Ihre Exz. die Baronen und Grafen und hochdero Gemahlinnen wurden geköpft – Ihre Altessen die Herzöge und Prinzen und höchstdero Gemahlinnen wurden geköpft – Ihre Majestät der König und allerhöchstdero Gemahlin wurden geköpft –« aber wenn man den roten Guillotinenmarsch trommeln hört, so begreift man dieses erst recht, und man erfährt das Warum und das Wie. Madame, das ist ein gar wunderlicher Marsch! Er durchschauerte mir Mark und Bein, als ich ihn zuerst hörte, und ich war froh, daß ich ihn vergaß – Man vergißt so etwas, wenn man älter wird, ein junger Mann hat jetzt so viel anderes Wissen im Kopf zu behalten – Whist, Boston, genealogische Tabellen, Bundestagsbeschlüsse, Dramaturgie, Liturgie, Vorschneiden – und wirklich, trotz allem Stirnreiben konnte ich mich lange Zeit nicht mehr auf jene gewaltige Melodie besinnen. Aber denken Sie sich, Madame! unlängst sitze ich an der Tafel mit einer ganzen Menagerie von Grafen, Prinzen, Prinzessinnen, Kammerherren, Hofmarschallinnen, Hofschenken, Oberhofmeisterinnen, Hofsilberbewahrern, Hofjägermeisterinnen, und wie diese vornehmen Domestiken noch außerdem heißen mögen, und ihre Unterdomestiken liefen hinter ihren Stühlen und schoben ihnen die gefüllten Teller vors Maul – ich aber, der übergangen und übersehen wurde, saß müßig, ohne die mindeste Kinnbackenbeschäftigung, und ich knetete Brotkügelchen, und trommelte vor Langerweile mit den Fingern, und zu meinem Entsetzen trommelte ich plötzlich den roten, längstvergessenen Guillotinenmarsch.

»Und was geschah?« Madame, diese Leute lassen sich im Essen nicht stören, und wissen nicht, daß andere Leute, wenn sie nichts zu essen haben, plötzlich anfangen zu trommeln, und zwar gar kuriose Märsche, die man längst vergessen glaubte.

Ist nun das Trommeln ein angeborenes Talent, oder hab ich es frühzeitig ausgebildet, genug, es liegt mir in den Gliedern, in Händen und Füßen, und äußert sich oft unwillkürlich. Unwillkürlich. Zu Berlin saß ich einst im Kollegium des Geheimerats Schmalz, eines Mannes, der den Staat gerettet durch sein Buch über die Schwarzmäntel- und Rotmäntelgefahr – Sie erinnern sich, Madame, aus dem Pausanias, daß einst durch das Geschrei eines Esels ein eben so gefährliches Komplott entdeckt wurde, auch wissen Sie aus dem Livius, oder aus Beckers Weltgeschichte, daß die Gänse das Kapitol gerettet, und aus dem Sallust wissen Sie ganz genau, daß durch eine geschwätzige Pütaine, die Frau Fulvia, jene fürchterliche Verschwörung des Catilina an den Tag kam – Doch um wieder auf besagten Hammel zu kommen, im Kollegium des Herrn Geheimerats Schmalz hörte ich das Völkerrecht, und es war ein langweiliger Sommernachmittag, und ich saß auf der Bank und hörte immer weniger – der Kopf war mir eingeschlafen – doch plötzlich ward ich aufgeweckt durch das Geräusch meiner eigenen Füße, die wach geblieben waren, und wahrscheinlich zugehört hatten, daß just das Gegenteil vom Völkerrecht vorgetragen und auf Konstitutionsgesinnung geschimpft wurde, und meine Füße, die mit ihren kleinen Hühneraugen das Treiben der Welt besser durchschauen, als der Geheimerat mit seinen großen Juno-Augen, diese armen, stummen Füße, unfähig, durch Worte ihre unmaßgebliche Meinung auszusprechen, wollten sich durch Trommeln verständlich machen, und trommelten so stark, daß ich dadurch schier ins Malheur kam.

Verdammte, unbesonnene Füße! sie spielten mir einen ähnlichen Streich, als ich einmal in Göttingen bei Professor Saalfeld hospitierte, und dieser mit seiner steifen Beweglichkeit auf dem Katheder hin und her sprang, und sich echauffierte, um auf den Kaiser Napoleon recht ordentlich schimpfen zu können – nein, arme Füße, ich kann es euch nicht verdenken, daß ihr damals getrommelt, ja ich würde es euch nicht mal verdacht haben, wenn ihr, in eurer stummen Naivetät, euch noch fußtrittdeutlicher ausgesprochen hättet. Wie darf ich, der Schüler Le Grands, den Kaiser schmähen hören? Den Kaiser! den Kaiser! den großen Kaiser!

Denke ich an den großen Kaiser, so wird es in meinem Gedächtnisse wieder recht sommergrün und goldig, eine lange Lindenallee taucht blühend empor, auf den laubigen Zweigen sitzen singende Nachtigallen, der Wasserfall rauscht, auf runden Beeten stehen Blumen und bewegen traumhaft ihre schönen Häupter –

ich stand mit ihnen im wunderlichen Verkehr, die geschminkten Tulpen grüßten mich bettelstolz herablassend, die nervenkranken Lilien nickten wehmütig zärtlich, die trunkenroten Rosen lachten mir schon von weitem entgegen, die Nachtviolen seufzten – mit den Myrten und Lorbeeren hatte ich damals noch keine Bekanntschaft, denn sie lockten nicht durch schimmernde Blüte, aber mit den Reseden, womit ich jetzt so schlecht stehe, war ich ganz besonders intim – Ich spreche vom Hofgarten zu Düsseldorf, wo ich oft auf dem Rasen lag, und andächtig zuhörte, wenn mir Monsieur Le Grand von den Kriegstaten des großen Kaisers erzählte, und dabei die Märsche schlug, die während jener Taten getrommelt wurden, so daß ich alles lebendig sah und hörte. Ich sah den Zug über den Simplon – der Kaiser voran und hinterdrein klimmend die braven Grenadiere, während aufgescheuchtes Gevögel sein Krächzen erhebt und die Gletscher in der Ferne donnern – ich sah den Kaiser, die Fahne im Arm, auf der Brücke von Lodi – ich sah den Kaiser im grauen Mantel bei Marengo – ich sah den Kaiser zu Roß in der Schlacht bei den Pyramiden – nichts als Pulverdampf und Mamelucken – ich sah den Kaiser in der Schlacht bei Austerlitz – hui! wie pfiffen die Kugeln über die glatte Eisbahn! – ich sah, ich hörte die Schlacht bei Jena – dum, dum, dum – ich sah, ich hörte die Schlacht bei Eylau, Wagram – – – – – nein, kaum konnt ich es aushalten! Monsieur Le Grand trommelte, daß fast mein eigenes Trommelfell dadurch zerrissen wurde.

Kapitel VIII

Aber wie ward mir erst, als ich ihn selber sah, mit hochbegnadigten, eignen Augen, ihn selber, Hosiannah! den Kaiser.

Es war eben in der Allee des Hofgartens zu Düsseldorf. Als ich mich durch das gaffende Volk drängte, dachte ich an die Taten und Schlachten, die mir Monsieur Le Grand vorgetrommelt hatte, mein Herz schlug den Generalmarsch – und dennoch dachte ich zu gleicher Zeit an die Polizeiverordnung, daß man bei fünf Taler Strafe nicht mitten durch die Allee reiten dürfe. Und der Kaiser mit seinem Gefolge ritt mitten durch die Allee, die schauernden Bäume beugten sich vorwärts, wo er vorbeikam, die Sonnenstrahlen zitterten furchtsam neugierig durch das grüne Laub, und am blauen Himmel oben schwamm sichtbar ein goldner Stern. Der Kaiser trug seine scheinlose grüne Uniform und das kleine, welthistorische Hütchen. Er ritt ein weißes Rößlein, und das ging so ruhig stolz, so sicher, so ausgezeichnet – wär ich damals Kronprinz von Preußen gewesen, ich hätte dieses Rößlein beneidet. Nachlässig, fast hängend, saß der Kaiser, die eine Hand hielt hoch den Zaum, die andere klopfte gutmütig den Hals des Pferdchens – Es war eine sonnigmarmorne Hand, eine mächtige Hand, eine von den beiden Händen, die das vielköpfige Ungeheuer der Anarchie gebändigt und den Völkerzweikampf geordnet hatten – und sie klopfte gutmütig den Hals des Pferdes. Auch das Gesicht hatte jene Farbe, die wir bei marmornen Griechen- und Römerköpfen finden, die Züge desselben waren ebenfalls edel gemessen, wie die der Antiken, und auf diesem Gesichte stand geschrieben: Du sollst keine Götter haben außer mir. Ein Lächeln, das jedes Herz erwärmte und beruhigte, schwebte um die Lippen – und doch wußte man, diese Lippen brauchten nur zu pfeifen, – et la Prusse n'existait plus – diese Lippen brauchten nur zu pfeifen – und die ganze Klerisei hatte ausgeklingelt – diese Lippen brauchten nur zu pfeifen – und das ganze heilige römische Reich tanzte. Und diese Lippen lächelten und auch das Auge lächelte – Es war ein Auge klar wie der Himmel, es konnte lesen im Herzen der Menschen, es sah rasch auf einmal alle Dinge dieser Welt, während wir anderen sie nur nach einander und nur ihre gefärbten Schatten sehen. Die Stirne war nicht so klar, es nisteten darauf die Geister zukünftiger Schlachten, und es zuckte bisweilen über dieser Stirn, und das waren die schaffenden Gedanken, die großen Siebenmeilenstiefel-Gedanken, womit der Geist des Kaisers unsichtbar über die Welt hinschritt – und ich glaube, jeder dieser Gedanken hätte einem deutschen Schriftsteller, Zeit seines Lebens, vollauf Stoff zum Schreiben gegeben.

Der Kaiser ritt ruhig mitten durch die Allee, kein Polizeidiener widersetzte sich ihm, hinter ihm, stolz auf schnaubenden Rossen, und belastet mit Gold und Geschmeide, ritt sein Gefolge, die Trommeln wirbelten, die Trompeten erklangen, neben mir drehte sich der tolle Alouisius und schnarrte die Namen seiner Generale, unferne brüllte der besoffene Gumpertz, und das Volk rief tausendstimmig: es lebe der Kaiser!

Der Kaiser ist tot. Auf einer öden Insel des indischen Meeres ist sein einsames Grab, und Er, dem die Erde zu eng war, liegt ruhig unter dem kleinen Hügel, wo fünf Trauerweiden gramvoll ihre grünen Haare herabhängen lassen und ein frommes Bächlein wehmütig klagend vorbeirieselt. Es steht keine Inschrift auf seinem Leichensteine; aber Klio, mit dem gerechten Griffel, schrieb unsichtbare Worte darauf, die wie Geistertöne durch die Jahrtausende klingen werden.

Britannia! dir gehört das Meer. Doch das Meer hat nicht Wasser genug, um von dir abzuwaschen die Schande, die der große Tote dir sterbend vermacht hat. Nicht dein windiger Sir Hudson, nein, du selbst warst der sizilianische Häscher, den die verschworenen Könige gedungen, um an dem Manne des Volkes heimlich abzurächen, was das Volk einst öffentlich an einem der Ihrigen verübt hatte – Und er war dein Gast und hatte sich gesetzt an deinen Herd –

Bis in die spätesten Zeiten werden die Knaben Frankreichs singen und sagen von der schrecklichen Gastfreundschaft des Bellerophon, und wenn diese Spott- und Tränenlieder den Kanal hinüberklingen, so erröten die Wangen aller ehrsamen Briten. Einst aber wird dieses Lied hinüberklingen, und es gibt kein Britannien mehr, zu Boden geworfen ist das Volk des Stolzes, Westminsters Grabmäler liegen zertrümmert, vergessen ist der königliche Staub, den sie verschlossen – Und Sankt Helena ist das heilige Grab, wohin die Völker des Orients und Okzidents wallfahrten in buntbewimpelten Schiffen, und ihr Herz stärken durch große Erinnerung an die Taten des weltlichen Heilands, der gelitten unter Hudson Lowe, wie es geschrieben steht in den Evangelien Las Cases, O'Meara und Antommarchi.

Seltsam! die drei größten Widersacher des Kaisers hat schon ein schreckliches Schicksal getroffen: Londonderry hat sich die Kehle abgeschnitten, Ludwig XVIII. ist auf seinem Throne verfault, und Professor Saalfeld ist noch immer Professor in Göttingen.

Kapitel X

Es war ein klarer, fröstelnder Herbsttag, als ein junger Mensch von studentischem Ansehen, durch die Allee des Düsseldorfer Hofgartens langsam wanderte, manchmal, wie aus kindischer Lust, das raschelnde Laub, das den Boden bedeckte, mit den Füßen aufwarf, manchmal aber auch wehmütig hinaufblickte nach den dürren Bäumen, woran nur noch wenige Goldblätter hingen. Wenn er so hinaufsah, dachte er an die Worte des Glaukos:

>>Gleich wie Blätter im Walde, so sind die Geschlechter der
Menschen;
Blätter verweht zur Erde der Wind nun, andere treibt dann
Wieder der knospende Wald, wenn neu auflebet der Frühling;
So der Menschen Geschlecht, dies wächst, und jenes
verschwindet.<<

In frühern Tagen hatte der junge Mensch mit ganz andern Gedanken an eben dieselben Bäume hinaufgesehen, und er war damals ein Knabe, und suchte Vogelnester oder Sommerkäfer, die ihn gar sehr ergötzten, wenn sie lustig dahinsummten, und sich der hübschen Welt erfreuten, und zufrieden waren mit einem saftiggrünen Blättchen, mit einem Tröpfchen Tau, mit einem warmen Sonnenstrahl, und mit dem süßen Kräuterduft. Damals war des Knaben Herz eben so vergnügt wie die flatternden Tierchen. Jetzt aber war sein Herz älter geworden, die kleinen Sonnenstrahlen waren darin erloschen, alle Blumen waren darin abgestorben, sogar der schöne Traum der Liebe war darin verblichen, im armen Herzen war nichts als Mut und Gram, und damit ich das Schmerzlichste sage – es war mein Herz.

(...)

Während ich aber, auf der alten Bank des Hofgartens sitzend, in die Vergangenheit zurückträumte, hörte ich hinter mir verworrene Menschenstimmen, welche das Schicksal der armen Franzosen beklagten, die, im russischen Kriege als Gefangene nach Sibirien geschleppt, dort mehre lange Jahre, obgleich schon Frieden war, zurückgehalten worden und jetzt erst heimkehrten. Als ich aufsah, erblickte ich wirklich diese Waisenkinder des Ruhmes; durch die Risse ihrer zerlumpten Uniformen lauschte das nackte Elend, in ihren verwitterten Gesichtern lagen tiefe, klagende Augen, und obgleich verstümmelt, ermattet und meistens hinkend, blieben sie doch noch immer in einer Art militärischen Schrittes, und seltsam genug! ein Tambour mit einer Trommel schwankte voran; und mit innerem Grauen ergriff mich die Erinnerung an die Sage von den Soldaten, die des Tags in der Schlacht gefallen und des Nachts wieder vom Schlachtfelde aufstehen und mit dem Tambour an der Spitze nach ihrer Vaterstadt marschieren, und wovon das alte Volkslied singt:

»Er schlug die Trommel auf und nieder,
Sie sind vorm Nachtquartier schon wieder,
Ins Gäßlein hell hinaus,
Trallerie, Trallerei, Trallera,
Sie ziehn vor Schätzels Haus.

Da stehen Morgens die Gebeine
In Reih und Glied, wie Leichensteine,
Die Trommel geht voran,
Trallerie, Trallerei, Trallera,
Daß Sie ihn sehen kann.«

Wahrlich, der arme französische Tambour schien halb verwest aus dem Grabe gestiegen zu sein, es war nur ein kleiner Schatten in einer schmutzig zerfetzten grauen Capotte, ein verstorben gelbes Gesicht, mit einem großen Schnurrbarte, der wehmütig herabhing über die verblichenen Lippen, die Augen waren wie verbrannter Zunder, worin nur noch wenige Fünkchen glimmen, und dennoch, an einem einzigen dieser Fünkchen, erkannte ich Monsieur Le Grand.

Er erkannte auch mich und zog mich nieder auf den Rasen, und da saßen wir wieder wie sonst, als er mir auf der Trommel die französische Sprache und die neuere Geschichte dozierte. Es war noch immer die wohlbekannte, alte Trommel, und ich konnte mich nicht genug wundern, wie er sie vor russischer Habsucht geschützt hatte. Er trommelte jetzt wieder wie sonst, jedoch ohne dabei zu sprechen. Waren aber die Lippen unheimlich zusammengekniffen, so sprachen desto mehr seine Augen, die sieghaft aufleuchteten, indem er die alten Märsche trommelte. Die Pappeln neben uns erzitterten, als er wieder den roten Guillotinenmarsch erdröhnen ließ. Auch die alten Freiheitskämpfe, die alten Schlachten, die Taten des Kaisers, trommelte er wie sonst, und es schien, als sei die Trommel selber ein lebendiges Wesen, das sich freute, seine innere Lust aussprechen zu können. Ich hörte wieder den Kanonendonner, das Pfeifen der Kugeln, den Lärm der Schlacht, ich sah wieder den Todesmut der Garde, ich sah wieder die flatternden Fahnen, ich sah wieder den Kaiser zu Roß – aber allmählig schlich sich ein trüber Ton in jene freudigsten Wirbel, aus der Trommel drangen Laute, worin das wildeste Jauchzen und das entsetzlichste Trauern unheimlich gemischt waren, es schien ein Siegesmarsch und zugleich ein Totenmarsch, die Augen Le Grands öffneten sich geisterhaft weit, und ich sah darin nichts als ein weites, weißes Eisfeld bedeckt mit Leichen – es war die Schlacht bei Moskwa.

Ich hätte nie gedacht, daß die alte, harte Trommel so schmerzliche Laute von sich geben könnte, wie jetzt Monsieur Le Grand daraus hervor zu locken wußte. Es waren getrommelte Tränen, und sie tönten immer leiser, und wie ein trübes Echo brachen tiefe Seufzer aus der Brust Le Grands. Und dieser wurde immer matter und gespenstischer, seine dürren Hände zitterten vor Frost, er saß wie im Traume, und bewegte mit seinen Trommelstöcken nur die Luft, und horchte wie auf ferne Stimmen, und endlich schaute er mich an, mit einem tiefen abgrundtiefen, flehenden Blick – ich verstand ihn – und dann sank sein Haupt herab auf die Trommel.

Monsieur Le Grand hat in diesem Leben nie mehr getrommelt. Auch seine Trommel hat nie mehr einen Ton von sich gegeben, sie sollte keinem Feinde der Freiheit zu einem servilen Zapfenstreich dienen, ich hatte den letzten, flehenden Blick Le Grands sehr gut verstanden, und zog sogleich den Degen aus meinem Stock und zerstach die Trommel.

(. . .)

Heine hätte, wäre ihm Gelegenheit dazu gegeben worden, sicher eine wunderbare Autobiographie geschrieben – schließlich konnte er wie kein Zweiter von sich selbst erzählen, mit Witz und Ironie und einem Selbstbewusstsein, das, trotz gelegentlicher Hochmutsbekundungen, die Schattenseiten der menschlichen Existenz sehr wohl kannte. Leider aber hat er keine Autobiographie hinterlassen, nur diverse Bruchstücke davon, wie die späten »Geständnisse« (1854) und seine »Memoiren«, die ebenfalls Fragment geblieben sind, was, folgt man Heines Selbstauskunft, vor allem daran lag, dass er sich im Erbstreit mit seinem Cousin der »Familienzensur« unterworfen hatte, um wenigstens einen Teil seines Erbes zu bekommen. So legte er den Mantel des Schweigens (den er dann doch ab und zu hob) über das, was spannend gewesen wäre: seine Auseinandersetzungen mit Onkel Salomon, die missratene Liebe zu Amalie H.

und die sonstigen Betriebsgeheimnisse des verzweigten Familienclans. Andererseits wollte Heine auch wohl schweigen: Er, der gern Spielchen mit der eigenen Person inszenierte, die er in den verschiedensten Posen darstellte, fand es ab einem bestimmten Zeitpunkt nützlich, als Geheimnisträger zu gelten, der ein Enthüllungsbuch in der Hinterhand hatte, das den Betroffenen auch dann, wenn es gar nicht geschrieben wurde, Unbehagen bereitete. Zudem verstand er sich darauf, Niederlagen in ihr Gegenteil zu verkehren; so ging er aus dem leidigen Erbstreit zwar nur als zweiter Sieger hervor, aber er umgab sich mit dem Nimbus eines Gegners, der nie zu unterschätzen war und jederzeit wieder losschlagen konnte.

Heines »Memoiren« sind ein Stück Prosa, das man gern fortgeführt und vollendet wüsste: Er erzählt von seiner Kindheit in Düsseldorf, macht Abstecher in die Studentenzeit, wo er »drei blühend schöne Lebensjahre« durch das Studium der Rechtswissenschaft »vergeudete«, und teilt, überraschenderweise, kleinere Bosheiten gegen die französische Poesie aus (»der französische Hexameter, dieses gereimte Rülpsen«). Vater und Mutter werden liebevoll porträtiert, wobei Samson Heine ausführlicher beschrieben wird, die Mutter jedoch – »sie machte die Programme aller meiner Studien, und schon vor meiner Geburt begannen ihre Erziehungsversuche« – eindeutig das Sagen hat. Auch von seiner ersten Liebe, dem Scharfrichtertöchterlein Josefa (»das rote Sefchen«), erzählt Heine, der ein Autor ohne Motivationsprobleme ist – gerät er einmal in Schwung, ist er kaum zu bremsen. Wären Heines »Memoiren« ein großes Buch geworden, hätte es vermutlich ein Fazit enthalten, das er zuvor schon an anderer Stelle gezogen hatte: »Wie in der weltlichen, so auch in der geistlichen Hierarchie habe ich weder Amt noch Würden errungen. Ich habe es, wie die Leute sagen, auf dieser schönen Erde zu nichts gebracht. Es ist nichts aus mir geworden, nichts als ein Dichter. Nein, ich will keiner heuchlerischen Demut mich hingebend diesen Namen geringschätzen. Man ist viel, wenn man ein Dichter ist (...)« Die »friedliche Gesinnung«, auf die ein Dichter wie Heine Wert legte, kannte nur wenige »Wünsche«: »Bescheidene Hütte, Strohdach, aber gutes Bett, gutes Essen, Milch und Butter, sehr frisch, vor dem Fenster Blumen, vor der Türe einige schöne Bäume, und wenn der liebe Gott mich ganz glücklich machen will, läßt er mich die Freude erleben, daß an diesen Bäumen etwa sechs bis sieben meiner Feinde aufgehängt werden. – Mit gerührtem Herzen werde ich ihnen vor ihrem Tode alle Unbill verzeihen, die sie mir im Leben zugefügt. – Ja, man muß seinen Feinden verzeihen, aber nicht früher, bis sie gehenkt worden.«

3.
WAS ICH AUS DEN DINGEN
NICHT HINAUSSEHE, SEHE ICH HINEIN
REISEBILDER (I)

Wer gern reist und sich zur Neugier auf fremde Menschen und Orte anhält, gelangt früher oder später zu einer etwas heiklen Erkenntnis: Egal wo man ist, man hat sich selbst mit dabei. Diese Erkenntnis, die andere Reisende vorübergehend deprimiert, hat Heine nur fröhlich gestimmt: Für ihn war es ja gerade das Gute, dass er den verlässlichsten und witzigsten Partner, den er kannte, nämlich sich selbst, mit dabeihatte; so konnte jede Reise zunächst nur gelingen. Der Reiseschriftsteller Heine, der den Ruhm des Schriftstellers Heine begründete, war auch deshalb erfolgreich, weil er nicht nur vom Neuen und Anderen berichtete, das ihm begegnete, sondern von sich selbst. Dabei tritt er als Erzähler auf, der sein Publikum unterwegs auf Sicht- und Hörweite an sich heranlässt: Heine ist sein eigener Reiseleiter, der großzügig und fast immer gut gelaunt weitergibt, was er für mitteilenswert hält. Auf die Gepflogenheiten der bisherigen Reiseliteratur kann und will er keine Rücksicht nehmen. Er reist als Poet, der alles in einem ist: Witzbold und Fahrensmann, Erinnerungskünstler, Glückskind und Träumer der Zukunft. In seinen »Reisebildern«, die von 1826 an in mehreren Bänden erscheinen, kommt Heine, ohne bewusst darauf geachtet zu haben, einer Forderung der deutschen Romantik nach, die sich, nicht immer überzeugend, an einer »progressiven Universalpoesie« versuchte, um alle »getrennten Gattungen wieder vereinigen«, also »Poesie und Prosa, Genialität und Kritik, Kunstpoesie und Naturpoesie bald mischen, bald verschmelzen« zu können. Heine ist dies anscheinend mühelos gelungen, wofür bereits der wohl bekannteste Text seiner »Reisebilder« steht, die »Harzreise«.

Sie berichtet – in einer »Mischung von Naturschilderung, Witz, Poesie und (...) Beobachtung« und »bunten

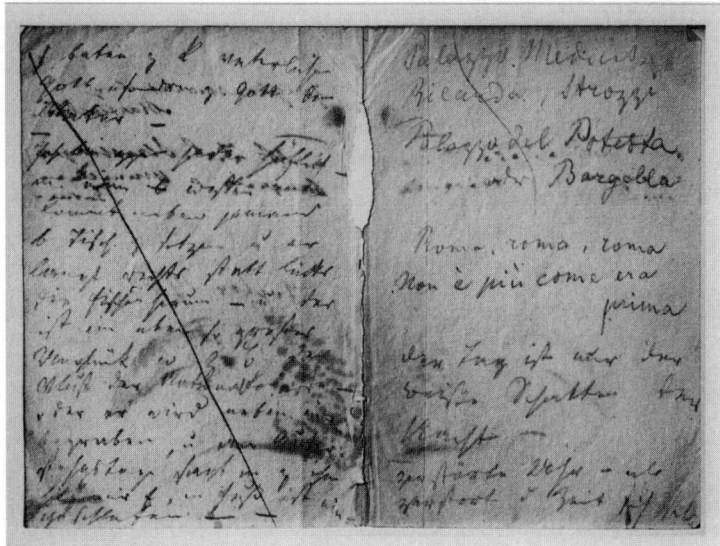

Reisenotizbuch

Fäden, die so hübsch hineingesponnen sind, um sich im Ganzen harmonisch zu verschlingen« – von einer Wanderung durch das damals beliebteste deutsche Mittelgebirge, die der Student Heinrich Heine in den Herbstferien 1824 unternimmt. Von Göttingen wandert er nach Osterode, Clausthal bis nach Goslar und besteigt schließlich die höchste Erhebung des Harzes, den sagenumwobenen Brocken (Blocksberg). »Erscheinungs-« und »Gemütswelt« fließen ihm auf seiner Wanderung wie selbstverständlich ineinander, er ist »unendlich froh«, dass er den »gelehrten Kuhstall Göttingen« hinter sich lassen durfte. Von seiner guten Stimmung lässt er sich nichts mehr abhandeln; entsprechend fällt sein Resümee der Harzreise aus: »Sie war mir sehr heilsam, und ich fühle mich (...) sehr gestärkt. Ich habe zu Fuß und meistens allein den ganzen Harz durchwandert, über schöne Berge, durch schöne Wälder und Täler bin ich gekommen und habe wieder mal frei geatmet (...)«

Die Harzreise

Nichts ist dauernd, als der Wechsel; nichts beständig, als der Tod. Jeder Schlag des Herzens schlägt uns eine Wunde, und das Leben wäre ein ewiges Verbluten, wenn nicht die Dichtkunst wäre. Sie gewährt uns, was uns die Natur versagt: eine goldene Zeit, die nicht rostet, einen Frühling, der nicht abblüht, wolkenloses Glück und ewige Jugend.

Börne

Schwarze Röcke, seidne Strümpfe,
Weiße, höfliche Manschetten,
Sanfte Reden, Embrassieren –
Ach, wenn sie nur Herzen hätten!

Herzen in der Brust, und Liebe,
Warme Liebe in dem Herzen –
Ach, mich tötet ihr Gesinge
Von erlognen Liebesschmerzen.

Auf die Berge will ich steigen,
Wo die frommen Hütten stehen,
Wo die Brust sich frei erschließet,
Und die freien Lüfte wehen.

Auf die Berge will ich steigen,
Wo die dunkeln Tannen ragen,
Bäche rauschen, Vögel singen,
Und die stolzen Wolken jagen.

Lebet wohl, ihr glatten Säle,
Glatte Herren! Glatte Frauen!
Auf die Berge will ich steigen,
Lachend auf Euch niederschauen.

Die Stadt Göttingen, berühmt durch ihre Würste und Universität, gehört dem Könige von Hannover, und enthält 999 Feuerstellen, diverse Kirchen, eine Entbindungsanstalt, eine Sternwarte, einen Karzer, eine Bibliothek und einen Ratskeller, wo das Bier sehr gut ist. Der vorbeifließende Bach heißt »die Leine« und dient des Sommers zum Baden; das Wasser ist sehr kalt und an einigen Orten so breit, daß Lüder wirklich einen großen Anlauf nehmen mußte, als er hinüber sprang. Die Stadt selbst ist schön, und gefällt einem am besten, wenn man sie mit dem Rücken ansieht. Sie muß schon sehr lange stehen; denn ich erinnere mich, als ich vor fünf Jahren dort immatrikuliert und bald darauf konsiliiert wurde, hatte sie schon dasselbe graue, altkluge Ansehen, und war schon vollständig eingerichtet mit Schnurren, Pudeln, Dissertationen, Teedansants, Wäscherinnen, Kompendien, Taubenbraten, Guelfenorden, Promotionskutschen, Pfeifenköpfen, Hofräten, Justizräten, Relegationsräten, Profaxen und anderen Faxen. Einige behaupten sogar, die Stadt sei zur Zeit der Völkerwanderung erbaut worden, jeder deutsche Stamm habe damals ein ungebundenes Exemplar seiner Mitglieder darin zurückgelassen, und davon stammten all die Vandalen, Friesen, Schwaben, Teutonen, Sachsen, Thüringer usw., die noch heut zu Tage in Göttingen, hordenweis, und geschieden durch Farben der Mützen und der Pfeifenquäste, über die Weenderstraße einherziehen, auf den blutigen Walstätten der Rasenmühle, des Ritschenkrugs und Bovdens sich ewig unter einander herumschlagen, in Sitten und Gebräuchen noch immer wie zur Zeit der Völkerwanderung dahinleben, und teils durch ihre Duces, welche Haupthähne heißen, teils durch ihr uraltes Gesetzbuch, welches Comment heißt und in den legibus barbarorum eine Stelle verdient, regiert werden.

Im allgemeinen werden die Bewohner Göttingens eingeteilt in Studenten, Professoren, Philister und Vieh; welche vier Stände doch nichts weniger als streng geschieden sind. Der Viehstand ist der bedeutendste. Die Namen aller Studenten und aller ordentlichen und unordentlichen Professoren hier herzuzählen, wäre zu weitläufig; auch sind mir in diesem Augenblick nicht alle Studentennamen im Gedächtnisse, und unter den Professoren sind manche, die noch gar keinen Namen haben. Die Zahl der Göttinger Philister muß sehr groß sein, wie Sand, oder besser gesagt, wie Kot am Meer; wahrlich, wenn ich sie des Morgens, mit ihren schmutzigen Gesichtern und weißen Rechnungen, vor den Pforten des akademischen Gerichtes aufgepflanzt sah, so mochte ich kaum begreifen, wie Gott nur so viel Lumpenpack erschaffen konnte.

(...)

Es war noch sehr früh, als ich Göttingen verließ, und der gelehrte ** lag gewiß noch im Bette und träumte wie gewöhnlich: er wandle in einem schönen Garten, auf dessen Beeten lauter weiße, mit Zitaten beschriebene Papierchen wachsen, die im

Sonnenlichte lieblich glänzen, und von denen er hier und da mehrere pflückt, und mühsam in ein neues Beet verpflanzt, während die Nachtigallen mit ihren süßesten Tönen sein altes Herz erfreuen.

Vor dem Weender Tore begegneten mir zwei eingeborne kleine Schulknaben, wovon der eine zum andern sagte: »Mit dem Theodor will ich gar nicht mehr umgehen, er ist ein Lumpenkerl, denn gestern wußte er nicht mal, wie der Genitiv von Mensa heißt.« So unbedeutend diese Worte klingen, so muß ich sie doch wieder erzählen, ja, ich möchte sie als Stadt-Motto gleich auf das Tor schreiben lassen; denn die Jungen piepsen, wie die Alten pfeifen, und jene Worte bezeichnen ganz den engen, trocknen Notizenstolz der hochgelahrten Georgia Augusta.

Auf der Chaussee wehte frische Morgenluft, und die Vögel sangen gar freudig, und auch mir wurde allmählig wieder frisch und freudig zu Mute. Eine solche Erquickung tat Not. Ich war die letzte Zeit nicht aus dem Pandektenstall herausgekommen, römische Kasuisten hatten mir den Geist wie mit einem grauen Spinnweb überzogen, mein Herz war wie eingeklemmt zwischen den eisernen Paragraphen selbstsüchtiger Rechtssysteme, beständig klang es mir noch in den Ohren wie »Tribonian, Justinian, Hermogenian und Dummerjahn«, und ein zärtliches Liebespaar, das unter einem Baum saß, hielt ich gar für eine Corpusjuris-Ausgabe mit verschlungenen Händen. Auf der Landstraße fing es an, lebendig zu werden. Milchmädchen zogen vorüber; auch Eseltreiber mit ihren grauen Zöglingen. Hinter Weende begegneten mir der Schäfer und Doris. Dieses ist nicht das idyllische Paar, wovon Geßner singt, sondern es sind wohlbestallte Universitätspedelle, die wachsam aufpassen müssen, daß sich keine Studenten in Bovden duellieren, und daß keine neuen Ideen, die noch immer einige Dezennien vor Göttingen Quarantäne halten müssen, von einem spekulierenden Privatdozenten eingeschmuggelt werden. Schäfer grüßte mich sehr kollegialisch; denn er ist ebenfalls Schriftsteller, und hat meiner in seinen halbjährigen Schriften oft erwähnt; wie er mich denn auch außerdem oft zitiert hat, und, wenn er mich nicht zu Hause fand, immer so gütig war, die Zitation mit Kreide auf meine Stubentür zu schreiben. Dann und wann rollte auch ein Einspänner vorüber, wohlbepackt mit Studenten, die für die Ferienzeit, oder auch für immer wegreisten. In solch einer Universitätsstadt ist ein beständiges Kommen und Abgehen, alle drei Jahre findet man dort eine neue Studentengeneration, das ist ein ewiger Menschenstrom, wo eine Semesterwelle die andere fortdrängt, und nur die alten Professoren bleiben stehen in dieser allgemeinen Bewegung, unerschütterlich fest, gleich den Pyramiden Ägyptens – nur daß in diesen Universitätspyramiden keine Weisheit verborgen ist.

Aus den Myrtenlauben bei Rauschenwasser sah ich zwei hoffnungsvolle Jünglinge hervorreiten. Ein Weibsbild, das dort sein horizontales Handwerk treibt, gab ihnen bis auf die Landstraße das Geleit, klätschelte mit geübter Hand die mageren Schenkel der Pferde, lachte laut auf, als der eine Reuter ihr hinten, auf die breite Spontaneität einige Galanterien mit der Peitsche überlangte, und schob sich alsdann gen Bovden. Die Jünglinge aber jagten nach Nörten, und johlten gar geistreich, und sangen gar lieblich das Rossinische Lied: »Trink Bier, liebe, liebe Liese!« Diese Töne hörte ich noch lange in der Ferne; doch die holden Sänger selbst verlor ich bald völlig aus dem Gesichte, sintemal sie ihre Pferde, die im Grunde einen deutsch langsamen Charakter zu haben schienen, gar entsetzlich anspornten und vorwärtspeitschten. Nirgends wird die Pferdeschinderei stärker getrieben als in Göttingen, und oft, wenn ich sah, wie solch eine schweißtriefende, lahme Kracke, für das bißchen Lebensfutter, von unsern Rauschenwasserrittern abgequält ward, oder wohl gar einen ganzen Wagen voll Studenten fortziehen mußte, so dachte ich auch: »O du armes Tier, gewiß haben deine Voreltern im Paradiese verbotenen Hafer gefressen!«

Im Wirtshause zu Nörten traf ich die beiden Jünglinge wieder. Der eine verzehrte einen Heringsalat, und der andere unterhielt sich mit der gelbledernen Magd, Fusia Canina, auch Trittvogel genannt. Er sagte ihr einige Anständigkeiten, und am Ende wurden sie Hand-gemein. Um meinen Ranzen zu erleichtern, nahm ich die eingepackten blauen Hosen, die in geschichtlicher Hinsicht sehr merkwürdig sind, wieder heraus und schenkte sie dem kleinen Kellner, den man Kolibri nennt. Die Bussenia, die alte Wirtin, brachte mir unterdessen ein Butterbrot, und beklagte sich, daß ich sie jetzt so selten besuche; denn sie liebt mich sehr.

Hinter Nörten stand die Sonne hoch und glänzend am Himmel. Sie meinte es recht ehrlich mit mir und erwärmte mein Haupt, daß alle unreife Gedanken darin zur Vollreife kamen. Die liebe Wirtshaussonne in Nordheim ist auch nicht zu verachten; ich kehrte hier ein, und fand das Mittagessen schon fertig. Alle Gerichte waren schmackhaft zubereitet, und wollten mir besser behagen, als die abgeschmackten akademischen Gerichte, die salzlosen, ledernen Stockfische mit ihrem alten Kohl, die mir in Göttingen vorgesetzt wurden.

Nachdem ich meinen Magen etwas beschwichtigt hatte, bemerkte ich in derselben Wirtsstube einen Herrn mit zwei Damen, die im Begriff waren abzureisen. Dieser Herr war ganz grün gekleidet, trug sogar eine grüne Brille, die auf seine rote Kupfernase einen Schein wie Grünspan warf, und sah aus wie der König Nebukadnezar in seinen spätern Jahren ausgesehen hat, als er, der Sage nach, gleich einem Tiere des Waldes, nichts als Salat aß. Der Grüne wünschte, daß ich ihm ein Hotel in Göttingen empfehlen möchte, und ich riet ihm, dort von dem ersten besten Studenten das Hotel de Brühbach zu erfragen. Die eine Dame war die Frau Gemahlin, eine gar große, weitläuftige Dame, ein rotes Quadratmeilen-Gesicht mit Grübchen in den Wangen, die wie Spucknäpfe für Liebesgötter aussahen, ein langfleischig herabhängendes Unterkinn, das eine schlechte Fortsetzung des Gesichtes zu sein schien, und ein hochaufgestapelter Busen, der mit steifen Spitzen und vielzackig festonierten Krägen, wie mit Türmchen und Bastionen umbaut war. Die andere Dame, die Frau Schwester, bildete ganz den Gegensatz der eben beschriebenen. Stammte jene von Pharaos fetten Kühen, so stammte diese von den magern. Das Gesicht nur ein Mund zwischen zwei Ohren, die Brust trostlos öde, wie die Lüneburger Heide; die ganze ausgekochte Gestalt glich einem Freitisch für arme Theologen. Beide Damen fragten mich zu gleicher Zeit: ob im Hotel de Brühbach auch ordentliche Leute logierten. Ich bejahte es mit gutem Gewissen, und als das holde Kleeblatt abfuhr, grüßte ich nochmals zum Fenster hinaus. Der Sonnenwirt lächelte gar schlau und mochte wohl wissen, daß der Karzer von den Studenten in Göttingen Hotel de Brühbach genannt wird.

(...)

Nachdem ich eine Strecke gewandert, traf ich zusammen mit einem reisenden Handwerksburschen, der von Braunschweig kam und mir als ein dortiges Gerücht erzählte: der junge Herzog sei auf dem Wege nach dem gelobten Lande von den Türken gefangen worden, und könne nur gegen ein großes Lösegeld frei kommen. Die große Reise des Herzogs mag diese Sage veranlaßt haben. Das Volk hat noch immer den traditionell fabelhaften Ideengang, der sich so lieblich ausspricht in seinem »Herzog Ernst«. Der Erzähler jener Neuigkeit war ein Schneidergesell, ein niedlicher, kleiner junger Mensch, so dünn, daß die Sterne durchschimmern konnten, wie durch Ossians Nebelgeister, und im Ganzen eine volkstümlich barocke Mischung von Laune und Wehmut. Dieses äußerte sich besonders in der drollig rührenden Weise, womit er das wunderbare Volkslied sang: »Ein Käfer auf dem Zaune saß; summ, summ!« Das ist schön bei uns Deutschen; keiner ist so verrückt, daß er nicht einen noch Verrückteren fände, der ihn versteht. Nur ein Deutscher kann jenes Lied nachempfinden, und sich dabei totlachen und totweinen. Wie tief das Goethesche Wort ins Leben des Volks gedrungen, bemerkte ich auch hier. Mein dünner Weggenosse trillerte ebenfalls zuweilen vor sich hin: »Leidvoll und freudvoll, Gedanken sind frei!« Solche Korruption des Textes ist beim Volke etwas Gewöhnliches. Er sang auch ein Lied, wo »Lottchen bei dem Grabe ihres Werthers« trauert. Der Schneider zerfloß vor Sentimentalität bei den Worten: »Einsam wein ich an der Rosenstelle, wo uns oft der späte Mond belauscht! Jammernd irr ich an der Silberquelle, die uns lieblich Wonne zugerauscht.« Aber bald darauf ging er in Mutwillen über, und erzählte mir: »Wir haben einen Preußen in der Herberge zu Kassel, der eben solche Lieder selbst macht; er kann keinen seligen Stich nähen; hat er einen Groschen in der Tasche, so hat er für zwei Groschen Durst, und wenn er im Tran ist, hält er den Himmel für ein blaues Kamisol, und weint wie eine Dachtraufe, und singt ein Lied mit der doppelten Poesie!« Von letzterem Ausdruck wünschte ich eine Erklärung, aber mein Schneiderlein, mit seinen Ziegenhainer Beinchen, hüpfte hin und her und rief beständig: »Die doppelte Poesie ist die doppelte Poesie!« Endlich brachte ich es heraus, daß er doppelt gereimte Gedichte, namentlich Stanzen, im Sinne hatte. – Unterdes, durch die große Bewegung und durch den konträren Wind, war der Ritter von der Nadel sehr müde geworden. Er machte freilich noch einige große Anstalten zum Gehen und bramarbasierte: »Jetzt will ich den Weg zwischen die Beine nehmen!« Doch bald klagte er, daß er sich Blasen unter die Füße gegangen, und die Welt viel zu weitläufig sei; und endlich, bei einem Baumstamme, ließ er sich sachte niedersinken, bewegte sein zartes Häuptlein wie ein betrübtes Lämmerschwänzchen, und wehmütig lächelnd rief er: »Da bin ich armes Schindluderchen schon wieder marode!«

(...)

Ein kleiner Junge, der für seinen kranken Oheim im Walde Reisig suchte, zeigte mir das Dorf Lerbach, dessen kleine Hütten, mit grauen Dächern, sich über eine halbe Stunde durch das Tal hinziehen. »Dort«, sagte er, »wohnen dumme Kropfleute und weiße Mohren«, – mit letzterem Namen werden die Albinos vom Volke benannt. Der kleine Junge stand mit den Bäumen in gar eigenem Einverständnis; er grüßte sie wie gute Bekannte, und sie schienen rauschend seinen Gruß zu erwidern. Er pfiff wie ein Zeisig, ringsum antworteten zwitschernd die andern Vögel, und ehe ich mich dessen versah, war er mit seinen nackten Füßchen und seinem Bündel Reisig ins Walddickicht fortgesprungen. Die Kinder, dacht ich, sind jünger als wir, können sich noch erinnern, wie sie ebenfalls Bäume oder Vögel waren, und sind also noch im Stande, dieselben zu verstehen; unsereins aber ist schon alt und hat zu viel Sorgen, Jurisprudenz und schlechte Verse im Kopf. Jene Zeit, wo es anders war, trat mir bei meinem Eintritt in Klausthal wieder recht lebhaft ins Gedächtnis. In dieses nette Bergstädtchen, welches man nicht früher erblickt, als bis man davor steht, gelangte ich, als eben die Glocke zwölf schlug und die Kinder jubelnd aus der Schule kamen. Die lieben Knaben, fast alle rotbäckig, blauäugig und flachshaarig, sprangen und jauchzten, und weckten in mir die wehmütig heitere Erinnerung, wie ich einst selbst, als ein kleines Bübchen, in einer dumpf-katholischen Klosterschule zu Düsseldorf den ganzen lieben Vormittag von der hölzernen Bank nicht aufstehen durfte, und so viel Latein, Prügel und Geographie ausstehen mußte, und dann ebenfalls unmäßig jauchzte und jubelte, wenn die alte Franziskanerglocke endlich zwölf schlug. Die Kinder sahen an meinem Ranzen, daß ich ein Fremder sei, und grüßten mich recht gastfreundlich. Einer der Knaben erzählte mir, sie hätten eben Religionsunterricht gehabt, und er zeigte mir den Königl. Hannöv. Katechismus, nach welchem man ihnen das Christentum abfragt. Dieses Büchlein war sehr schlecht gedruckt, und ich fürchte, die Glaubenslehren machen dadurch schon gleich einen unerfreulich löschpapierigen Eindruck auf die Gemüter der Kinder; wie es mir denn auch erschrecklich mißfiel, daß das Einmaleins, welches doch mit der heiligen Dreiheitslehre bedenklich kollidiert, im Katechismus selbst, und zwar auf dem letzten Blatte desselben, abgedruckt ist, und die Kinder dadurch schon frühzeitig zu sündhaften Zweifeln verleitet werden können. Da sind wir im Preußischen viel klüger, und bei unserem Eifer zur Bekehrung jener Leute, die sich so gut aufs Rechnen verstehen, hüten wir uns wohl, das Einmaleins hinter dem Katechismus abdrucken zu lassen.

In der »Krone« zu Klausthal hielt ich Mittag. Ich bekam frühlingsgrüne Petersiliensuppe, veilchenblauen Kohl, einen Kalbsbraten, groß wie der Chimborasso in Miniatur, so wie auch eine Art geräucherter Heringe, die Bückinge heißen, nach dem Namen ihres Erfinders, Wilhelm Bücking, der 1447 gestorben, und um jener Erfindung willen von Karl V. so verehrt wurde, daß derselbe anno 1556 von Middelburg nach Bievlied in Seeland reiste, bloß um dort das Grab dieses großen Mannes zu sehen. Wie herrlich schmeckt doch solch ein Gericht, wenn man die historischen Notizen dazu weiß und es selbst verzehrt! Nur der Kaffee nach Tische wurde mir verleidet, indem sich ein junger Mensch diskursierend zu mir setzte und so entsetzlich schwadronierte, daß die Milch auf dem Tische sauer wurde. Es war ein junger Handlungsbeflissener mit fünfundzwanzig bunten Westen und eben so viel goldenen Petschaften, Ringen, Brustnadeln usw. Er sah aus wie ein Affe, der eine rote Jacke angezogen hat und nun zu sich selber sagt: Kleider machen Leute. Eine ganze Menge Charaden wußte er auswendig, so wie auch Anekdoten, die er immer da anbrachte, wo sie am wenigsten paßten. Er fragte mich, was es in Göttingen Neues gäbe, und ich erzählte ihm: daß vor meiner Abreise von dort ein Dekret des akademischen Senats erschienen, worin bei drei Taler Strafe verboten wird, den Hunden die Schwänze abzuschneiden, indem die tollen Hunde in den Hundstagen die Schwänze zwischen den Beinen tragen, und man sie dadurch von den Nichttollen unterscheidet, was doch nicht geschehen könnte, wenn sie gar keine Schwänze haben.

(...)

Der Name Goslar klingt so erfreulich, und es knüpfen sich daran so viele uralte Kaisererinnerungen, daß ich eine imposante, stattliche Stadt erwartete. Aber so geht es, wenn man die Berühmten in der Nähe besieht! Ich fand ein Nest mit meistens schmalen, labyrinthisch krummen Straßen, allwo mittendurch ein kleines Wasser, wahrscheinlich die Gose, fließt, verfallen und dumpfig, und ein Pflaster, so holprig wie Berliner Hexameter. Nur die Altertümlichkeiten der Einfassung, nämlich Reste von Mauern, Türmen und Zinnen, geben der Stadt etwas Pikantes. Einer dieser Türme, der Zwinger genannt, hat so dicke Mauern, daß ganze Gemächer darin ausgehauen sind. Der Platz vor der Stadt, wo der weitberühmte Schützenhof gehalten wird, ist eine schöne große Wiese, ringsum hohe Berge. Der Markt ist klein, in der Mitte steht ein Springbrunnen, dessen Wasser sich in ein großes Metallbecken ergießt. Bei Feuersbrünsten wird einige Mal daran geschlagen; es gibt dann einen weitschallenden Ton. Man weiß nichts vom Ursprunge dieses Beckens. Einige sagen, der Teufel habe es einst, zur Nachtzeit, dort auf den Markt hingestellt. Damals waren die Leute noch dumm, und der Teufel war auch dumm, und sie machten sich wechselseitig Geschenke.

Das Rathaus zu Goslar ist eine weißangestrichene Wachtstube. Das daneben stehende Gildenhaus hat schon ein besseres Ansehen. Ungefähr von der Erde und vom Dach gleich weit entfernt stehen da die Standbilder deutscher Kaiser, räucherig schwarz und zum Teil vergoldet, in der einen Hand das Szepter, in der andern die Weltkugel; sehen aus wie gebratene Universitätspedelle. Einer dieser Kaiser hält ein Schwert, statt des Szepters. Ich konnte nicht erraten, was dieser Unterschied sagen soll; und es hat doch gewiß seine Bedeutung, da die Deutschen die merkwürdige Gewohnheit haben, daß sie bei allem, was sie tun, sich auch etwas denken.

In Gottschalks »Handbuch« hatte ich von dem uralten Dom und von dem berühmten Kaiserstuhl zu Goslar viel gelesen. Als ich aber beides besehen wollte, sagte man mir: der Dom sei niedergerissen und der Kaiserstuhl nach Berlin gebracht worden. Wir leben in einer bedeutungschweren Zeit: tausendjährige Dome werden abgebrochen, und Kaiserstühle in die Rumpelkammer geworfen.

Einige Merkwürdigkeiten des seligen Doms sind jetzt in der Stephanskirche aufgestellt. Glasmalereien, die wunderschön sind, einige schlechte Gemälde, worunter auch ein Lukas Cranach sein soll, ferner ein hölzerner Christus am Kreuz, und ein heidnischer Opferaltar aus unbekanntem Metall; er hat die Gestalt einer länglich viereckigen Lade, und wird von vier Karyatiden getragen, die, in geduckter Stellung, die Hände stützend über dem Kopfe halten, und unerfreulich häßliche Gesichter schneiden. Indessen noch unerfreulicher ist das dabeistehende, schon erwähnte große hölzerne Kruzifix. Dieser Christuskopf, mit natürlichen Haaren und Dornen und blutbeschmiertem Gesichte, zeigt freilich höchst meisterhaft das Hinsterben eines Menschen, aber nicht eines gottgebornen Heilands. Nur das materielle Leiden ist in dieses Gesicht hinein geschnitzt, nicht die Poesie des Schmerzes. Solch Bild gehört eher in einen anatomischen Lehrsaal als in ein Gotteshaus.

Ich logierte in einem Gasthofe nahe dem Markte, wo mir das Mittagessen noch besser geschmeckt haben würde, hätte sich nur nicht der Herr Wirt mit seinem langen, überflüssigen Gesichte und seinen langweiligen Fragen zu mir hin gesetzt; glücklicher Weise ward ich bald erlöst durch die Ankunft eines andern Reisenden, der dieselben Fragen in derselben Ordnung aushalten mußte: quis? quid? ubi? quibus auxiliis? cur? quomodo? quando? Dieser Fremde war ein alter, müder, abgetragener Mann, der, wie aus seinen Reden hervorging, die ganze Welt durchwandert, besonders lang auf Batavia gelebt, viel Geld erworben und wieder alles verloren hatte, und jetzt, nach dreißigjähriger Abwesenheit, nach Quedlinburg, seiner Vaterstadt, zurückkehrte, – »denn«, setzte er hinzu, »unsere Familie hat dort ihr Erbbegräbnis«. Der Herr Wirt machte die sehr aufgeklärte Bemerkung: daß es doch für die Seele gleichgültig sei, wo unser Leib begraben wird. »Haben Sie es schriftlich?« antwortete der Fremde, und dabei zogen sich unheimlich schlaue Ringe um seine kümmerlichen Lippen und verblichenen Äugelein. »Aber«, setzte er ängstlich begütigend hinzu, »ich will darum über fremde Gräber doch nichts Böses gesagt haben; – die Türken begraben ihre Toten noch weit schöner als wir, ihre Kirchhöfe sind ordentlich Gärten, und da sitzen sie auf ihren weißen, beturbanten Grabsteinen, unter dem Schatten einer Zypresse, und streichen ihre ernsthaften Bärte, und rauchen ruhig ihren türkischen Tabak, aus ihren langen türkischen Pfeifen; – und bei den Chinesen gar ist es eine ordentliche Lust zuzusehen, wie sie auf den Ruhestätten ihrer Toten manierlich herumtänzeln, und beten, und Tee trinken, und die Geige spielen, und die geliebten Gräber gar hübsch zu verzieren wissen mit allerlei vergoldetem Lattenwerk, Porzellanfigürchen, Fetzen von buntem Seidenzeug, künstlichen Blumen, und farbigen Laternchen – alles sehr hübsch – wie weit hab ich noch bis Quedlinburg?«

Der Kirchhof in Goslar hat mich nicht sehr angesprochen. Desto mehr aber jenes wunderschöne Lockenköpfchen, das bei meiner Ankunft in der Stadt aus einem etwas hohen Parterrefenster lächelnd heraus schaute. Nach Tische suchte ich wieder das liebe Fenster; aber jetzt stand dort nur ein Wasserglas mit weißen Glockenblümchen. Ich kletterte hinauf, nahm die artigen Blümchen aus dem Glase, steckte sie ruhig auf meine Mütze, und kümmerte mich wenig um die aufgesperrten Mäuler, versteinerten Nasen und Glotzaugen, womit die Leute auf der Straße, besonders die alten Weiber, diesem qualifizierten Diebstahle zusahen. Als ich eine Stunde später an demselben Hause vorbei ging, stand die Holde am Fenster, und wie sie die Glockenblümchen auf meiner Mütze gewahrte, wurde sie blutrot und stürzte zurück. Ich hatte jetzt das schöne Antlitz noch genauer gesehen; es war eine süße, durchsichtige Verkörperung von Sommerabendhauch, Mondschein, Nachtigallenlaut und Rosenduft. – Später, als es ganz dunkel geworden, trat sie vor die Türe. Ich kam – ich näherte mich – sie zieht sich langsam zurück in den dunkeln Hausflur – ich fasse sie bei der Hand und sage: ich bin ein Liebhaber von schönen Blumen und Küssen, und was man mir nicht freiwillig gibt, das stehle ich – und ich küßte sie rasch – und wie sie entfliehen will, flüstere ich beschwichtigend: morgen reis ich fort und komme wohl nie wieder – und ich fühle den geheimen Widerdruck der lieblichen Lippen und der kleinen Hände – und lachend eile ich von hinnen. Ja, ich muß lachen, wenn ich bedenke, daß ich unbewußt jene Zauberformel ausgesprochen, wodurch unsere Rot- und Blauröcke, öfter als durch ihre schnurrbärtige Liebenswürdigkeit, die Herzen der Frauen bezwingen: »Ich reise morgen fort und komme wohl nie wieder!«

(...)

In jener Nacht, die ich in Goslar zubrachte, ist mir etwas höchst Seltsames begegnet. Noch immer kann ich nicht ohne Angst daran zurück denken. Ich bin von Natur nicht ängstlich, aber vor Geistern fürchte ich mich fast so sehr wie der Östreichische Beobachter. Was ist Furcht? Kommt sie aus dem Verstande oder aus dem Gemüt? Über diese Frage disputierte ich so oft mit dem Doktor Saul Ascher, wenn wir zu Berlin, im Café royal, wo ich lange Zeit meinen Mittagstisch hatte, zufällig zusammen trafen. Er behauptete immer: wir fürchten etwas, weil wir es durch Vernunftschlüsse für furchtbar erkennen. Nur die Vernunft sei eine Kraft, nicht das Gemüt. Während ich gut aß und gut trank, demonstrierte er mir fortwährend die Vorzüge der Vernunft. Gegen das Ende seiner Demonstration pflegte er oft nach seiner Uhr zu sehen, und immer schloß er damit: »Die Vernunft ist das höchste Prinzip!« – Vernunft! Wenn ich jetzt dieses Wort höre, so sehe ich noch immer den Doktor Saul Ascher mit seinen abstrakten Beinen, mit seinem engen, transzendentalgrauen Leibrock, und mit seinem schroffen, frierend kalten Gesichte, das einem Lehrbuche der Geometrie als Kupfertafel dienen konnte.

Dieser Mann, tief in den Funfzigern, war eine personifizierte grade Linie. In seinem Streben nach dem Positiven hatte der arme Mann sich alles Herrliche aus dem Leben heraus philosophiert, alle Sonnenstrahlen, allen Glauben und alle Blumen, und es blieb ihm nichts übrig, als das kalte, positive Grab. Auf den Apoll von Belvedere und auf das Christentum hatte er eine spezielle Malice. Gegen letzteres schrieb er sogar eine Broschüre, worin er dessen Unvernünftigkeit und Unhaltbarkeit bewies. Er hat überhaupt eine ganze Menge Bücher geschrieben, worin immer die Vernunft von ihrer eigenen Vortrefflichkeit renommiert, und wobei es der arme Doktor gewiß ernsthaft genug meinte, und also in dieser Hinsicht alle Achtung verdiente. Darin aber bestand ja eben der Hauptspaß, daß er ein so ernsthaft närrisches Gesicht schnitt, wenn er dasjenige nicht begreifen konnte, was jedes Kind begreift, eben weil es ein Kind ist. Einige Mal besuchte ich auch den Vernunftdoktor in seinem eigenen Hause, wo ich schöne Mädchen bei ihm fand; denn die Vernunft verbietet nicht die Sinnlichkeit. Als ich ihn einst ebenfalls besuchen wollte, sagte mir sein Bedienter: der Herr Doktor ist eben gestorben. Ich fühlte nicht viel mehr dabei, als wenn er gesagt hätte: der Herr Doktor ist ausgezogen.

Doch zurück nach Goslar. »Das höchste Prinzip ist die Vernunft!« sagte ich beschwichtigend zu mir selbst, als ich ins Bett stieg. Indessen, es half nicht. Ich hatte eben in Varnhagen von Enses »Deutsche Erzählungen«, die ich von Klausthal mitgenommen hatte, jene entsetzliche Geschichte gelesen, wie der Sohn, den sein eigener Vater ermorden wollte, in der Nacht von dem Geiste seiner toten Mutter gewarnt wird. Die wunderbare Darstellung dieser Geschichte bewirkte, daß mich während des Lesens ein inneres Grauen durchfröstelte. Auch erregen Gespenstererzählungen ein noch schauerlicheres Gefühl, wenn man sie auf der Reise liest, und zumal des Nachts, in einer Stadt, in einem Hause, in einem Zimmer, wo man noch nie gewesen. Wie viel Gräßliches mag sich schon zugetragen haben auf diesem Flecke, wo du eben liegst? so denkt man unwillkürlich. Überdies schien jetzt der Mond so zweideutig ins Zimmer herein, an der Wand bewegten sich allerlei unberufene Schatten, und als ich mich im Bett aufrichtete, um hin zu sehen, erblickte ich –

Es gibt nichts Unheimlicheres, als wenn man, bei Mondschein, das eigene Gesicht zufällig im Spiegel sieht. In demselben Augenblicke schlug eine schwerfällige, gähnende Glocke, und zwar so lang und langsam, daß ich nach dem zwölften Glockenschlage sicher glaubte, es seien unterdessen volle zwölf Stunden verflossen, und es müßte wieder von vorn anfangen, zwölf zu schlagen. Zwischen dem vorletzten und letzten Glockenschlage schlug noch eine andere Uhr, sehr rasch, fast keifend gell, und vielleicht ärgerlich über die Langsamkeit ihrer Frau Gevatterin. Als beide eiserne Zungen schwiegen, und tiefe Todesstille im ganzen Hause herrschte, war es mir plötzlich, als hörte ich auf dem Korridor, vor meinem Zimmer, etwas schlottern und schlappen, wie der unsichere Gang eines alten Mannes. Endlich öffnete sich meine Tür, und langsam trat herein der verstorbene Doktor Saul Ascher. Ein kaltes Fieber rieselte mir durch Mark und Bein, ich zitterte wie Espenlaub, und kaum wagte ich das Gespenst anzusehen. Er sah aus wie sonst, derselbe transzendentalgraue Leibrock, dieselben abstrakten Beine, und dasselbe mathematische Gesicht; nur war dieses etwas gelblicher als sonst, auch der Mund, der sonst zwei Winkel von $22^1/_2$ Grad bildete, war zusammengekniffen, und die Augenkreise hatten einen größeren Radius. Schwankend, und wie sonst sich auf sein spanisches Röhrchen stützend, näherte er sich mir, und in seinem gewöhnlichen mundfaulen Dialekte sprach er freundlich: »Fürchten Sie sich nicht, und glauben Sie nicht, daß ich ein Gespenst sei. Es ist Täuschung Ihrer Phantasie, wenn Sie mich als Gespenst zu sehen glauben. Was ist ein Gespenst? Geben Sie mir eine Definition? Deduzieren Sie mir die Bedingungen der Möglichkeit eines Gespenstes? In welchem vernünftigen Zusammenhange ständе eine solche Erscheinung mit der Vernunft? Die Vernunft, ich sage die Vernunft —« Und nun schritt das Gespenst zu einer Analyse der Vernunft, zitierte Kants »Kritik der reinen Vernunft«, 2ter Teil, 1ster Abschnitt 2tes Buch, 3tes Hauptstück, die Unterscheidung von Phänomena und Noumena, konstruierte alsdann den problematischen Gespensterglauben, setzte einen Syllogismus auf den andern, und schloß mit dem logischen Beweise: daß es durchaus keine Gespenster gibt. Mir unterdessen lief der kalte Schweiß über den Rücken, meine Zähne klapperten wie Kastagnetten, aus Seelenangst nickte ich unbedingte Zustimmung bei jedem Satz, womit der spukende Doktor die Absurdität aller Gespensterfurcht bewies, und derselbe demonstrierte so eifrig, daß er einmal in der Zerstreuung, statt seiner goldenen Uhr, eine Hand voll Würmer aus der Uhrtasche zog, und seinen Irrtum bemerkend, mit possierlich ängstlicher

Hastigkeit wieder einsteckte. »Die Vernunft ist das höchste —« da schlug die Glocke Eins und das Gespenst verschwand.

(...)

I

Auf dem Berge steht die Hütte,
Wo der alte Bergmann wohnt;
Dorten rauscht die grüne Tanne,
Und erglänzt der goldne Mond.

In der Hütte steht ein Lehnstuhl,
Reich geschnitzt und wunderlich,
Der darauf sitzt, der ist glücklich,
Und der Glückliche bin Ich!

Auf dem Schemel sitzt die Kleine,
Stützt den Arm auf meinen Schoß;
Äuglein wie zwei blaue Sterne,
Mündlein wie die Purpurros.

Und die lieben, blauen Sterne
Schaun mich an so himmelgroß,
Und sie legt den Liljenfinger
Schalkhaft auf die Purpurros.

Nein, es sieht uns nicht die Mutter,
Denn sie spinnt mit großem Fleiß,
Und der Vater spielt die Zither,
Und er singt die alte Weis.

Und die Kleine flüstert leise,
Leise, mit gedämpftem Laut;
Manches wichtige Geheimnis
Hat sie mir schon anvertraut.

»Aber seit die Muhme tot ist,
Können wir ja nicht mehr gehn
Nach dem Schützenhof zu Goslar,
Und dort ist es gar zu schön.

Hier dagegen ist es einsam,
Auf der kalten Bergeshöh,
Und des Winters sind wir gänzlich
Wie vergraben in dem Schnee.

Und ich bin ein banges Mädchen,
Und ich fürcht mich wie ein Kind
Vor den bösen Bergesgeistern,
Die des Nachts geschäftig sind.«

Plötzlich schweigt die liebe Kleine,
Wie vom eignen Wort erschreckt,
Und sie hat mit beiden Händchen
Ihre Äugelein bedeckt.

Lauter rauscht die Tanne draußen,
Und das Spinnrad schnarrt und brummt,
Und die Zither klingt dazwischen,
Und die alte Weise summt:

»Fürcht dich nicht, du liebes Kindchen,
Vor der bösen Geister Macht;
Tag und Nacht, du liebes Kindchen,
Halten Englein bei dir Wacht!«

II

Tannenbaum, mit grünen Fingern,
Pocht ans niedre Fensterlein,
Und der Mond, der gelbe Lauscher,
Wirft sein süßes Licht herein.

Vater, Mutter schnarchen leise
In dem nahen Schlafgemach,
Doch wir beide, selig schwatzend,
Halten uns einander wach.

»Daß du gar zu oft gebetet,
Das zu glauben wird mir schwer,
Jenes Zucken deiner Lippen
Kommt wohl nicht vom Beten her.

Jenes böse, kalte Zucken,
Das erschreckt mich jedesmal,
Doch die dunkle Angst beschwichtigt
Deiner Augen frommer Strahl.

Auch bezweifl ich, daß du glaubest,
Was so rechter Glauben heißt,

Glaubst wohl nicht an Gott den Vater,
An den Sohn und heilgen Geist?«

Ach, mein Kindchen, schon als Knabe,
Als ich saß auf Mutters Schoß,
Glaubte ich an Gott den Vater,
Der da waltet gut und groß;

Der die schöne Erd erschaffen,
Und die schönen Menschen drauf,
Der den Sonnen, Monden, Sternen
Vorgezeichnet ihren Lauf.

Als ich größer wurde, Kindchen,
Noch viel mehr begriff ich schon,
Und begriff, und ward vernünftig,
Und ich glaub auch an den Sohn;

An den lieben Sohn, der liebend
Uns die Liebe offenbart,
Und zum Lohne, wie gebräuchlich,
Von dem Volk gekreuzigt ward.

Jetzo, da ich ausgewachsen,
Viel gelesen, viel gereist,
Schwillt mein Herz, und ganz von Herzen
Glaub ich an den heilgen Geist.

Dieser tat die größten Wunder,
Und viel größre tut er noch;
Er zerbrach die Zwingherrnburgen,
Und zerbrach des Knechtes Joch.

Alte Todeswunden heilt er,
Und erneut das alte Recht:
Alle Menschen, gleichgeboren,
Sind ein adliges Geschlecht.

Er verscheucht die bösen Nebel,
Und das dunkle Hirngespinst,
Das uns Lieb und Lust verleidet,
Tag und Nacht uns angegrinst.

Tausend Ritter, wohl gewappnet,
Hat der heilge Geist erwählt,

Seinen Willen zu erfüllen,
Und er hat sie mutbeseelt.

Ihre teuern Schwerter blitzen,
Ihre guten Banner wehn!
Ei, du möchtest wohl, mein Kindchen,
Solche stolze Ritter sehn?

Nun, so schau mich an, mein Kindchen,
Küsse mich und schaue dreist;
Denn ich selber bin ein solcher
Ritter von dem heilgen Geist.

III

Still versteckt der Mond sich draußen
Hinterm grünen Tannenbaum,
Und im Zimmer unsre Lampe
Flackert matt und leuchtet kaum.

Aber meine blauen Sterne
Strahlen auf in hellerm Licht,
Und es glüht die Purpurrose,
Und das liebe Mädchen spricht:

»Kleines Völkchen, Wichtelmännchen,
Stehlen unser Brot und Speck,
Abends liegt es noch im Kasten,
Und des Morgens ist es weg.

Kleines Völkchen, unsre Sahne
Nascht es von der Milch, und läßt
Unbedeckt die Schüssel stehen,
Und die Katze säuft den Rest.

Und die Katz ist eine Hexe,
Denn sie schleicht, bei Nacht und Sturm,
Drüben nach dem Geisterberge,
Nach dem altverfallnen Turm.

Dort hat einst ein Schloß gestanden,
Voller Lust und Waffenglanz;
Blanke Ritter, Fraun und Knappen
Schwangen sich im Fackeltanz.

Da verwünschte Schloß und Leute
Eine böse Zauberin,
Nur die Trümmer blieben stehen,
Und die Eulen nisten drin.

Doch die selge Muhme sagte:
Wenn man spricht das rechte Wort,
Nächtlich zu der rechten Stunde,
Drüben an dem rechten Ort:

So verwandeln sich die Trümmer
Wieder in ein helles Schloß,
Und es tanzen wieder lustig
Ritter, Fraun und Knappentroß;

Und wer jenes Wort gesprochen,
Dem gehören Schloß und Leut,
Pauken und Trompeten huldgen
Seiner jungen Herrlichkeit.«

Also blühen Märchenbilder
Aus des Mundes Röselein,
Und die Augen gießen drüber
Ihren blauen Sternenschein.

Ihre goldnen Haare wickelt
Mir die Kleine um die Händ,
Gibt den Fingern hübsche Namen,
Lacht und küßt, und schweigt am End.

Und im stillen Zimmer alles
Blickt mich an so wohlvertraut;
Tisch und Schrank, mir ist als hätt ich
Sie schon früher mal geschaut.

Freundlich ernsthaft schwatzt die Wanduhr,
Und die Zither, hörbar kaum,
Fängt von selber an zu klingen,
Und ich sitze wie im Traum.

Jetzo ist die rechte Stunde,
Und es ist der rechte Ort;
Ei, was gilts, mit kühnen Lippen
Sprech ich aus das rechte Wort.

Siehst du schon, mein Kind, es dämmert
Und erbebt die Mitternacht,
Bach und Tannen brausen lauter,
Und der alte Berg erwacht.

Zitherklang und Zwergenlieder
Tönen aus des Berges Spalt,
Und es sprießt, wie 'n toller Frühling,
Draus hervor ein Blumenwald;

Blumen, kühne Wunderblumen,
Blätter, breit und fabelhaft,
Duftig bunt und hastig regsam,
Wie gedrängt von Leidenschaft.

Rosen, wild wie rote Flammen,
Sprühn aus dem Gewühl hervor;
Liljen, wie kristallne Pfeiler,
Schießen himmelhoch empor.

Und die Sterne, groß wie Sonnen,
Schaun herab mit Sehnsuchtglut;
In der Liljen Riesenkelche
Strömet ihre Strahlenflut.

Doch wir selber, süßes Kindchen,
Sind verwandelt noch viel mehr;
Fackelglanz und Gold und Seide
Schimmern lustig um uns her.

Du, du wurdest zur Prinzessin,
Diese Hütte ward zum Schloß,
Und da jubeln und da tanzen
Ritter, Fraun und Knappentroß.

Aber Ich, ich hab erworben
Dich und Alles, Schloß und Leut;
Pauken und Trompeten huldgen
Meiner jungen Herrlichkeit!

Die Sonne ging auf. Die Nebel flohen, wie Gespenster beim
dritten Hahnenschrei. Ich stieg wieder bergauf und bergab, und
vor mir schwebte die schöne Sonne, immer neue Schönheiten
beleuchtend. Der Geist des Gebirges begünstigte mich ganz of-

fenbar; er wußte wohl, daß so ein Dichtermensch viel Hübsches wieder erzählen kann, und er ließ mich diesen Morgen seinen Harz sehen, wie ihn gewiß nicht jeder sah. Aber auch mich sah der Harz, wie mich nur wenige gesehen, in meinen Augenwimpern flimmerten eben so kostbare Perlen wie in den Gräsern des Tals. Morgentau der Liebe feuchtete meine Wangen, die rauschenden Tannen verstanden mich, ihre Zweige taten sich von einander, bewegten sich herauf und herab, gleich stummen Menschen, die mit den Händen ihre Freude bezeigen, und in der Ferne klangs wunderbar geheimnisvoll, wie Glockengeläute einer verlornen Waldkirche. Man sagt, das seien die Herdenglöckchen, die im Harz so lieblich, klar und rein gestimmt sind.

Nach dem Stand der Sonne war es Mittag, als ich auf eine solche Herde stieß, und der Hirt, ein freundlich blonder junger Mensch, sagte mir: der große Berg, an dessen Fuß ich stände, sei der alte, weltberühmte Brocken. Viele Stunden ringsum liegt kein Haus, und ich war froh genug, daß mich der junge Mensch einlud, mit ihm zu essen. Wir setzten uns nieder zu einem Dejeuner dinatoire, das aus Käse und Brot bestand; die Schäfchen erhaschten die Krumen, die lieben, blanken Kühlein sprangen um uns herum, und klingelten schelmisch mit ihren Glöckchen, und lachten uns an mit ihren großen, vergnügten Augen. Wir tafelten recht königlich; überhaupt schien mir mein Wirt ein echter König, und weil er bis jetzt der einzige König ist, der mir Brot gegeben hat, so will ich ihn auch königlich besingen.

> König ist der Hirtenknabe,
> Grüner Hügel ist sein Thron,
> Über seinem Haupt die Sonne
> Ist die schwere, goldne Kron.
>
> Ihm zu Füßen liegen Schafe,
> Weiche Schmeichler, rotbekreuzt;
> Kavaliere sind die Kälber,
> Und sie wandeln stolz gespreizt.
>
> Hofschauspieler sind die Böcklein,
> Und die Vögel und die Küh,
> Mit den Flöten, mit den Glöcklein,
> Sind die Kammermusici.

Und das klingt und singt so lieblich,
Und so lieblich rauschen drein
Wasserfall und Tannenbäume,
Und der König schlummert ein.

Unterdessen muß regieren
Der Minister, jener Hund,
Dessen knurriges Gebelle
Widerhallet in der Rund.

Schläfrig lallt der junge König:
»Das Regieren ist so schwer,
Ach, ich wollt, daß ich zu Hause
Schon bei meiner Kön'gin wär!

In den Armen meiner Kön'gin
Ruht mein Königshaupt so weich,
Und in ihren lieben Augen
Liegt mein unermeßlich Reich!«

Wir nahmen freundschaftlich Abschied, und fröhlich stieg ich
den Berg hinauf. Bald empfing mich eine Waldung himmelhoher
Tannen, für die ich, in jeder Hinsicht, Respekt habe. Diesen
Bäumen ist nämlich das Wachsen nicht so ganz leicht gemacht
worden, und sie haben es sich in der Jugend sauer werden lassen.
Der Berg ist hier mit vielen großen Granitblöcken übersäet, und
die meisten Bäume mußten mit ihren Wurzeln diese Steine um-
ranken oder sprengen, und mühsam den Boden suchen, woraus
sie Nahrung schöpfen können. Hier und da liegen die Steine,
gleichsam ein Tor bildend, über einander, und oben darauf stehen
die Bäume, die nackten Wurzeln über jene Steinpforte hinzie-
hend, und erst am Fuße derselben den Boden erfassend, so daß sie
in der freien Luft zu wachsen scheinen. Und doch haben sie sich
zu jener gewaltigen Höhe empor geschwungen, und mit den
umklammerten Steinen wie zusammengewachsen, stehen sie fe-
ster als ihre bequemen Kollegen im zahmen Forstboden des fla-
chen Landes. So stehen auch im Leben jene großen Männer, die
durch das Überwinden früher Hemmungen und Hindernisse sich
erst recht gestärkt und befestigt haben. Auf den Zweigen der
Tannen kletterten Eichhörnchen, und unter denselben spazierten
die gelben Hirsche. Wenn ich solch ein liebes, edles Tier sehe, so
kann ich nicht begreifen, wie gebildete Leute Vergnügen daran

finden, es zu hetzen und zu töten. Solch ein Tier war barmherziger als die Menschen, und säugte den schmachtenden Schmerzenreich der heiligen Genoveva.

Allerliebst schossen die goldenen Sonnenlichter durch das dichte Tannengrün. Eine natürliche Treppe bildeten die Baumwurzeln. Überall schwellende Moosbänke; denn die Steine sind fußhoch von den schönsten Moosarten, wie mit hellgrünen Sammetpolstern, bewachsen. Liebliche Kühle und träumerisches Quellengemurmel. Hier und da sieht man, wie das Wasser unter den Steinen silberhell hinrieselt und die nackten Baumwurzeln und Fasern bespült. Wenn man sich nach diesem Treiben hinab beugt, so belauscht man gleichsam die geheime Bildungsgeschichte der Pflanzen und das ruhige Herzklopfen des Berges. An manchen Orten sprudelt das Wasser aus den Steinen und Wurzeln stärker hervor und bildet kleine Kaskaden. Da läßt sich gut sitzen. Es murmelt und rauscht so wunderbar, die Vögel singen abgebrochene Sehnsuchtslaute, die Bäume flüstern wie mit tausend Mädchenzungen, wie mit tausend Mädchenaugen schauen uns an die seltsamen Bergblumen, sie strecken nach uns aus die wundersam breiten, drollig gezackten Blätter, spielend flimmern hin und her die lustigen Sonnenstrahlen, die sinnigen Kräutlein erzählen sich grüne Märchen, es ist alles wie verzaubert, es wird immer heimlicher und heimlicher, ein uralter Traum wird lebendig, die Geliebte erscheint – ach, daß sie so schnell wieder verschwindet!

Je höher man den Berg hinauf steigt, desto kürzer, zwerghafter werden die Tannen, sie scheinen immer mehr und mehr zusammen zu schrumpfen, bis nur Heidelbeer- und Rotbeersträuche und Bergkräuter übrig bleiben. Da wird es auch schon fühlbar kälter. Die wunderlichen Gruppen der Granitblöcke werden hier erst recht sichtbar; diese sind oft von erstaunlicher Größe. Das mögen wohl die Spielbälle sein, die sich die bösen Geister einander zuwerfen in der Walpurgisnacht, wenn hier die Hexen auf Besenstielen und Mistgabeln einhergeritten kommen, und die abenteuerlich verruchte Lust beginnt, wie die glaubhafte Amme es erzählt, und wie es zu schauen ist auf den hübschen Faustbildern des Meister Retzsch. Ja, ein junger Dichter, der auf einer Reise von Berlin nach Göttingen in der ersten Mainacht am Brocken vorbei ritt, bemerkte sogar, wie einige belletristische Damen auf einer Bergecke ihre ästhetische Teegesellschaft hielten, sich gemütlich die »Abendzeitung« vorlasen, ihre poetischen Ziegenböckchen, die meckernd den Teetisch umhüpften, als Universalgenies priesen und über alle Erscheinungen in der deutschen Literatur ihr Endurteil fällten; doch, als sie auch auf den »Ratcliff« und »Almansor« gerieten, und dem Verfasser alle Frömmigkeit und Christlichkeit absprachen, da sträubte sich das Haar des jungen Mannes, Entsetzen ergriff ihn – ich gab dem Pferde die Sporen und jagte vorüber.

In der Tat, wenn man die obere Hälfte des Brockens besteigt, kann man sich nicht erwehren, an die ergötzlichen Blocksbergsgeschichten zu denken, und besonders an die große, mystische, deutsche Nationaltragödie vom Doktor Faust. Mir war immer, als ob der Pferdefuß neben mir hinauf klettere, und jemand humoristisch Atem schöpfe. Und ich glaube, auch Mephisto muß mit Mühe Atem holen, wenn er seinen Lieblingsberg ersteigt; es ist ein äußerst erschöpfender Weg, und ich war froh, als ich endlich das langersehnte Brockenhaus zu Gesicht bekam.

Dieses Haus, das, wie durch vielfache Abbildungen bekannt ist, bloß aus einem Rez-de-Chaussee besteht und auf der Spitze des Berges liegt, wurde erst 1800 vom Grafen Stolberg-Wernigerode erbaut, für dessen Rechnung es auch, als Wirtshaus, verwaltet wird. Die Mauern sind erstaunlich dick, wegen des Windes und der Kälte im Winter; das Dach ist niedrig, in der Mitte desselben steht eine turmartige Warte, und bei dem Hause liegen noch zwei kleine Nebengebäude, wovon das eine, in frühern Zeiten, den Brockenbesuchern zum Obdach diente.

Der Eintritt in das Brockenhaus erregte bei mir eine etwas ungewöhnliche, märchenhafte Empfindung. Man ist nach einem langen, einsamen Umhersteigen durch Tannen und Klippen plötzlich in ein Wolkenhaus versetzt; Städte, Berge und Wälder blieben unten liegen, und oben findet man eine wunderlich zusammengesetzte, fremde Gesellschaft, von welcher man, wie es an dergleichen Orten natürlich ist, fast wie ein erwarteter Genosse, halb neugierig und halb gleichgültig, empfangen wird. Ich fand das Haus voller Gäste, und wie es einem klugen Manne geziemt, dachte ich schon an die Nacht, an die Unbehaglichkeit eines Strohlagers; mit hinsterbender Stimme verlangte ich gleich Tee, und der Herr Brockenwirt war vernünftig genug, einzusehen, daß ich kranker Mensch für die Nacht ein ordentliches Bett haben müsse. Dieses verschaffte er mir in einem engen Zimmerchen, wo schon ein junger Kaufmann, ein langes Brechpulver in einem braunen Oberrock, sich etabliert hatte.

In der Wirtsstube fand ich lauter Leben und Bewegung. Studenten von verschiedenen Universitäten. Die einen sind kurz vorher angekommen und restaurieren sich, andere bereiten sich zum Abmarsch, schnüren ihre Ranzen, schreiben ihre Namen ins Gedächtnisbuch, erhalten Brockensträuße von den Hausmädchen: da wird in die Wangen gekniffen, gesungen, gesprungen, gejohlt, man fragt, man antwortet, gut Wetter, Fußweg, Prosit, Adieu. Einige der Abgehenden sind auch etwas angesoffen, und diese haben von der schönen Aussicht einen doppelten Genuß, da ein Betrunkener alles doppelt sieht.

Nachdem ich mich ziemlich rekreiert, bestieg ich die Turmwarte, und fand daselbst einen kleinen Herrn mit zwei Damen, einer jungen und einer ältlichen. Die junge Dame war sehr schön. Eine herrliche Gestalt, auf dem lockigen Haupte ein helmartiger, schwarzer Atlashut, mit dessen weißen Federn die Winde spielten, die schlanken Glieder von einem schwarzseidenen Mantel so fest umschlossen, daß die edlen Formen hervortraten, und das freie, große Auge ruhig hinabschauend in die freie, große Welt.

Als ich noch ein Knabe war, dachte ich an nichts als an Zauber- und Wundergeschichten, und jede schöne Dame, die Straußfedern auf dem Kopfe trug, hielt ich für eine Elfenkönigin, und bemerkte ich gar, daß die Schleppe ihres Kleides naß war, so hielt ich sie für eine Wassernixe. Jetzt denke ich anders, seit ich aus der Naturgeschichte weiß, daß jene symbolischen Federn von dem dümmsten Vogel herkommen, und daß die Schleppe eines Damenkleides auf sehr natürliche Weise naß werden kann. Hätte ich mit jenen Knabenaugen die erwähnte junge Schöne, in erwähnter Stellung, auf dem Brocken gesehen, so würde ich sicher gedacht haben: das ist die Fee des Berges, und sie hat eben den Zauber ausgesprochen, wodurch dort unten alles so wunderbar erscheint. Ja, in hohem Grade wunderbar erscheint uns alles beim ersten Hinabschauen vom Brocken, alle Seiten unseres Geistes empfangen neue Eindrücke, und diese, meistens verschiedenartig, sogar sich widersprechend, verbinden sich in unserer Seele zu einem großen, noch unentworrenen, unverstandenen Gefühl. Gelingt es uns, dieses Gefühl in seinem Begriffe zu erfassen, so erkennen wir den Charakter des Berges. Dieser Charakter ist ganz deutsch, sowohl in Hinsicht seiner Fehler, als auch seiner Vorzüge. Der Brocken ist ein Deutscher. Mit deutscher Gründlichkeit zeigt er uns, klar und deutlich, wie ein Riesenpanorama, die vielen hundert Städte, Städtchen und Dörfer, die meistens nördlich liegen, und ringsum alle Berge, Wälder, Flüsse, Flächen, unendlich weit.

Aber eben dadurch erscheint alles wie eine scharf gezeichnete, rein illuminierte Spezialkarte, nirgends wird das Auge durch eigentlich schöne Landschaften erfreut; wie es denn immer geschieht, daß wir deutschen Kompilatoren wegen der ehrlichen Genauigkeit, womit wir alles und alles hingeben wollen, nie daran denken können, das einzelne auf eine schöne Weise zu geben. Der Berg hat auch so etwas Deutsch-ruhiges, Verständiges, Tolerantes; eben weil er die Dinge so weit und klar überschauen kann. Und wenn solch ein Berg seine Riesenaugen öffnet, mag er wohl noch etwas mehr sehen, als wir Zwerge, die wir mit unsern blöden Äuglein auf ihm herum klettern. Viele wollen zwar behaupten, der Brocken sei sehr philiströse, und Claudius sang: »Der Blocksberg ist der lange Herr Philister!« Aber das ist Irrtum. Durch seinen Kahlkopf, den er zuweilen mit einer weißen Nebelkappe bedeckt, gibt er sich zwar einen Anstrich von Philiströsität; aber, wie bei manchen andern großen Deutschen, geschieht es aus purer Ironie. Es ist sogar notorisch, daß der Brocken seine burschikosen, phantastischen Zeiten hat, z. B. die erste Mainacht. Dann wirft er seine Nebelkappe jubelnd in die Lüfte, und wird, eben so gut wie wir übrigen, recht echtdeutsch romantisch verrückt.

(...)

4.
Ich weiss nicht,
was soll es bedeuten
Gedichte (I)

Heines Ruhm als Lyriker kam, zumindest für den Autor, der schon immer ein gesundes Selbstbewusstsein hatte, nicht überraschend. Aber er kam, gemessen an der Wertschätzung, die er bereits als Reiseschriftsteller genoss, recht langsam. Nach dem Erfolg der »Reisebilder«, insbesondere der »Harzreise«, hielt es Heine für richtig, nachzulegen, und er dachte daran, seine bisher veröffentlichten Gedichte »zu einer großen Sammlung zusammenzustellen«, die er, in ironischer Wendung, als vorgezogenes Vermächtnis, als »Anfang und Ende seines lyrischen Jugendlebens« bezeichnete. So entstand das »Buch der Lieder«, das nicht nur zu Heines meistverkauftem Werk, sondern auch zu einem der meistverkauften Gedichtbände der deutschen Literatur wurde, wofür es jedoch einiger Umwege bedurfte. Nachdem das Buch 1827 bei Hoffmann und Campe in Hamburg erschienen war, trieb es zunächst »ruhig wie ein harmloses Kauffahrteischiff (...) ins Meer der Vergessenheit«. Erst zehn Jahre später, als der Zeitpunkt gekommen war, dass »jeder rechtschaffene Bursch' seinen Heine haben mußte« (Campe), kam es zu einer zweiten Auflage. Von nun an erfreute sich das »Buch der Lieder« reger Aufmerksamkeit, die seinen Autor erst erfreute, ihm dann aber zunehmend verdächtig erschien: Er musste feststellen, dass man den Lyriker Heine, der »so feine volksliedhafte Verse schreibt«, gegen den politischen Schriftsteller Heine, der sich in seiner Heimat anhaltend unbeliebt gemacht hatte, auszuspielen versuchte. Hinzu kamen selbstzweifel, wie sie jeder Schriftsteller hat, der in die Jahre kommt: Er sieht sein Frühwerk mit anderen Augen, wird kritischer, als es angebracht ist, denn letztlich schreibt man, ob alt oder jung, immer nur so gut, wie man zu einer bestimmten Zeit schreiben kann. Heine ist darauf, mit mildem Spott und auch ein wenig Wehmut,

Erstausgabe »Buch der Lieder«, Hamburg 1827.

in der Vorrede zur zweiten Auflage des »Buchs der Lieder«
eingegangen, die mit einem Stoßseufzer endet: »(...) laßt
mir die Tugenden der Jugend, den uneigennützigen Groll,
die uneigennützige Träne! Laßt mich nicht ein alter Polterer
werden, der aus Neid die jüngeren Geister ankläfft, oder ein
matter Jammermensch, der über die gute alte Zeit beständig
flennt ... Laßt mich ein Greis werden, der die Jugend liebt,
und trotz der Altersschwäche noch immer Teil nimmt an
ihren Spielen und Gefahren!«

Das »Buch der Lieder« besteht aus fünf Abteilungen:
»Junge Leiden«, »Lyrisches Intermezzo«, »Die Heimkehr«,
»Aus der Harzreise« und »Die Nordsee«. Der Erwartung
seines Lesers entspricht Heines Lyrik immer nur so lange,
wie es der Autor für richtig hält. Er, der selber ein Romantiker war, der den romantischen Dienst vorzeitig quittierte,
verordnete der Poesie Verfremdung, die unaufwändig, fast
verhuscht daherkommt: Erst bei genauerem Hinsehen und

vor allem Hinhören erschließt sich, dass die Verse Soll-
bruchstellen haben, die jenem Ungleichgewicht, ja auch
der bereits zitierten »Zerrissenheit« entsprachen, die die
»neuere Wirklichkeit« kennzeichnete. »Die somnambule Periode des Liedes, der stillen Gemütsblume, hat ein Ende«,
stellt Heine fest und setzt, auch weil sie ihm als Stilmittel
schon immer »herzensverwandt« waren, auf Witz und Ironie, die sich der gewohnten lyrischen Erwartungshaltung
entziehen oder sie, mit zweckgerichteter List, hinterfragen.
Die Welt ist an sich schön, aber sie wird komisch, wenn
man dem Personal zuschaut, das sich auf ihr so wichtig-
tuerisch breit gemacht hat: »Sogar in das höchste Pathos
der Weltgeschichte pflegen sich komische Züge einzu-
schleichen, der verzweifelte Republikaner, der sich wie ein
Brutus das Messer ins Herz stieß, hat vielleicht zuvor daran
gerochen, ob auch kein Hering damit geschnitten worden
(...). Und im Himmel oben, im ersten Range, sitzen unterdessen die lieben Engelein und lorgnieren uns Komödianten
hier unten, und der liebe Gott sitzt ernsthaft in seiner
großen Loge und langweilt sich vielleicht, oder rechnet

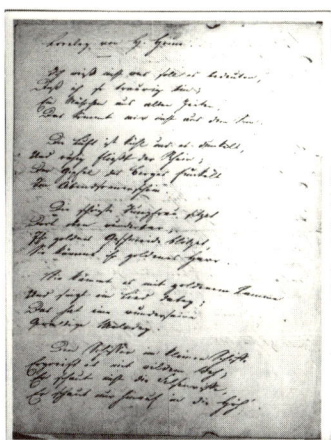

Reinschrift des »Loreley«-Gedichtes von Heinrich Heine.

nach, daß dieses Theater sich nicht mehr lange halten kann, weil der eine zu viel Gage und der andere zu wenig bekommt, und alle viel zu schlecht spielen (...)«

Was Heines Gedichte auszeichnet und zugleich auch fragwürdig macht, hat sein Kollege Joseph von Eichendorff beschrieben, der vielleicht der beste, sicher aber der bescheidenste und gläubigste unter den romantischen Dichtern war: »Heinrich Heine, ursprünglich selbst noch Romantiker, macht (...) die Honneurs, indem er aller Poesie das Teufelchen frivoler Ironie anhängt, das jubelnd ausruft: Seht da, wie hübsch, ihr guten Leute! Aber glaubt ja nicht etwa, daß ich selber an das Zeug glaube! Fast jedes seiner schönen Lieder schließt mit solchem Selbstmorde. Die Zeit hat allgemach den Romantikern hinter die Karte geguckt und insgeheim Ekel und Langeweile vor dem hohlen Spiele überkommen. Das sprach Heine frech und witzig aus, und der Zauberbann war gelöst.«

JUNGE LEIDEN

Buch der Lieder

Lieder

I

Morgens steh ich auf und frage:
Kommt feins Liebchen heut?
Abends sink ich hin und klage:
Ausblieb sie auch heut.

In der Nacht mit meinem Kummer
Lieg ich schlaflos, wach;
Träumend, wie im halben Schlummer,
Wandle ich bei Tag.

V

Schöne Wiege meiner Leiden,
Schönes Grabmal meiner Ruh,
Schöne Stadt, wir müssen scheiden, –
Lebe wohl! ruf ich dir zu.

Lebe wohl, du heilge Schwelle,
Wo da wandelt Liebchen traut;
Lebe wohl! du heilge Stelle,
Wo ich sie zuerst geschaut.

Hätt ich dich doch nie gesehen,
Schöne Herzenskönigin!
Nimmer wär es dann geschehen,
Daß ich jetzt so elend bin.

Nie wollt ich dein Herze rühren,
Liebe hab ich nie erfleht;
Nur ein stilles Leben führen
Wollt ich, wo dein Odem weht.

Doch du drängst mich selbst von hinnen,
Bittre Worte spricht dein Mund;
Wahnsinn wühlt in meinen Sinnen,
Und mein Herz ist krank und wund.

Und die Glieder matt und träge
Schlepp ich fort am Wanderstab,
Bis mein müdes Haupt ich lege
Ferne in ein kühles Grab.

VIII

Anfangs wollt ich fast verzagen,
Und ich glaubt, ich trüg es nie;
Und ich hab es doch getragen –
Aber fragt mich nur nicht, wie?

IX

Mit Rosen, Zypressen und Flittergold
Möcht ich verzieren, lieblich und hold,
Dies Buch wie einen Totenschrein,
Und sargen meine Lieder hinein.

III

O könnt ich die Liebe sargen hinzu!
Am Grabe der Liebe wächst Blümlein der Ruh,
Da blüht es hervor, da pflückt man es ab –
Doch mir blühts nur, wenn ich selber im Grab.

Hier sind nun die Lieder, die einst so wild,
Wie ein Lavastrom, der dem Ätna entquillt,
Hervorgestürzt aus dem tiefsten Gemüt,
Und rings viel blitzende Funken versprüht!

Nun liegen sie stumm und Toten gleich,
Nun starren sie kalt und nebelbleich.
Doch aufs neu die alte Glut sie belebt,
Wenn der Liebe Geist einst über sie schwebt.

Und es wird mir im Herzen viel Ahnung laut:
Der Liebe Geist einst über sie taut;
Einst kommt dies Buch in deine Hand,
Du süßes Lieb im fernen Land.

Dann löst sich des Liedes Zauberbann,
Die blassen Buchstaben schaun dich an,
Sie schauen dir flehend ins schöne Aug,
Und flüstern mit Wehmut und Liebeshauch.

Romanzen

VI
Die Grenadiere

Nach Frankreich zogen zwei Grenadier,
Die waren in Rußland gefangen.
Und als sie kamen ins deutsche Quartier,
Sie ließen die Köpfe hangen.

Da hörten sie beide die traurige Mär:
Daß Frankreich verloren gegangen,
Besiegt und zerschlagen das große Heer –
Und der Kaiser, der Kaiser gefangen.

Da weinten zusammen die Grenadier
Wohl ob der kläglichen Kunde.
Der eine sprach: Wie weh wird mir,
Wie brennt meine alte Wunde!

Der andre sprach: Das Lied ist aus,
Auch ich möcht mit dir sterben,
Doch hab ich Weib und Kind zu Haus,
Die ohne mich verderben.

Was schert mich Weib, was schert mich Kind,
Ich trage weit beßres Verlangen;
Laß sie betteln gehn, wenn sie hungrig sind –
Mein Kaiser, mein Kaiser gefangen!

Gewähr mir, Bruder, eine Bitt:
Wenn ich jetzt sterben werde,
So nimm meine Leiche nach Frankreich mit,
Begrab mich in Frankreichs Erde.

Das Ehrenkreuz am roten Band
Sollst du aufs Herz mir legen;
Die Flinte gib mir in die Hand,
Und gürt mir um den Degen.

So will ich liegen und horchen still,
Wie eine Schildwach, im Grabe,
Bis einst ich höre Kanonengebrüll
Und wiehernder Rosse Getrabe.

Dann reitet mein Kaiser wohl über mein Grab,
Viel Schwerter klirren und blitzen;
Dann steig ich gewaffnet hervor aus dem Grab –
Den Kaiser, den Kaiser zu schützen.

X
Belsatzar

Die Mitternacht zog näher schon;
In stummer Ruh lag Babylon.

Nur oben in des Königs Schloß,
Da flackerts, da lärmt des Königs Troß.

Dort oben in dem Königssaal
Belsatzar hielt sein Königsmahl.

Die Knechte saßen in schimmernden Reihn,
Und leerten die Becher mit funkelndem Wein.

Es klirrten die Becher, es jauchzten die Knecht;
So klang es dem störrigen Könige recht.

Des Königs Wangen leuchten Glut;
Im Wein erwuchs ihm kecker Mut.

Und blindlings reißt der Mut ihn fort;
Und er lästert die Gottheit mit sündigem Wort.

Und er brüstet sich frech, und lästert wild;
Der Knechtenschar ihm Beifall brüllt.

Der König rief mit stolzem Blick;
Der Diener eilt und kehrt zurück.

Er trug viel gülden Gerät auf dem Haupt;
Das war aus dem Tempel Jehovahs geraubt.

Und der König ergriff mit frevler Hand
Einen heiligen Becher, gefüllt bis am Rand.

Und er leert ihn hastig bis auf den Grund,
Und rufet laut mit schäumendem Mund:

Jehovah! dir künd ich auf ewig Hohn –
Ich bin der König von Babylon!

Doch kaum das grause Wort verklang,
Dem König wards heimlich im Busen bang.

Das gellende Lachen verstummte zumal;
Es wurde leichenstill im Saal.

Und sieh! und sieh! an weißer Wand
Da kams hervor wie Menschenhand;

Und schrieb, und schrieb an weißer Wand
Buchstaben von Feuer, und schrieb und schwand.

Der König stieren Blicks da saß,
Mit schlotternden Knien und totenblaß.

Die Knechtenschar saß kalt durchgraut,
Und saß gar still, gab keinen Laut.

Die Magier kamen, doch keiner verstand
Zu deuten die Flammenschrift an der Wand.

Belsatzar ward aber in selbiger Nacht
Von seinen Knechten umgebracht.

XX
Wahrhaftig

Wenn der Frühling kommt mit dem Sonnenschein
Dann knospen und blühen die Blümlein auf;
Wenn der Mond beginnt seinen Strahlenlauf,
Dann schwimmen die Sternlein hintendrein;
Wenn der Sänger zwei süße Äuglein sieht,
Dann quellen ihm Lieder aus tiefem Gemüt; —
Doch Lieder und Sterne und Blümelein,
Und Äuglein und Mondglanz und Sonnenschein,
Wie sehr das Zeug auch gefällt,
So machts doch noch lang keine Welt.

Sonette

4

Im Hirn spukt mir ein Märchen wunderfein,
Und in dem Märchen klingt ein feines Lied,
Und in dem Liede lebt und webt und blüht
Ein wunderschönes, zartes Mägdelein.

Und in dem Mägdlein wohnt ein Herzchen klein,
Doch in dem Herzchen keine Liebe glüht;
In dieses lieblos frostige Gemüt
Kam Hochmut nur und Übermut hinein.

Hörst du, wie mir im Kopf das Märchen klinget?
Und wie das Liedchen summet ernst und schaurig?
Und wie das Mägdlein kichert, leise, leise?

Ich fürchte nur, daß mir der Kopf zerspringet —
Und, ach! da wärs doch gar entsetzlich traurig,
Käm der Verstand mir aus dem alten Gleise.

I

Im wunderschönen Monat Mai,
Als alle Knospen sprangen,
Da ist in meinem Herzen
Die Liebe aufgegangen.

Im wunderschönen Monat Mai,
Als alle Vögel sangen,
Da hab ich ihr gestanden
Mein Sehnen und Verlangen.

IX

Auf Flügeln des Gesanges,
Herzliebchen, trag ich dich fort,
Fort nach den Fluren des Ganges,
Dort weiß ich den schönsten Ort.

Dort liegt ein rotblühender Garten
Im stillen Mondenschein;
Die Lotosblumen erwarten
Ihr trautes Schwesterlein.

Die Veilchen kichern und kosen,
Und schaun nach den Sternen empor;
Heimlich erzählen die Rosen
Sich duftende Märchen ins Ohr.

Es hüpfen herbei und lauschen
Die frommen, klugen Gazelln;
Und in der Ferne rauschen
Des heiligen Stromes Welln.

Dort wollen wir niedersinken
Unter dem Palmenbaum,
Und Liebe und Ruhe trinken,
Und träumen seligen Traum.

X

Die Lotosblume ängstigt
Sich vor der Sonne Pracht,
Und mit gesenktem Haupte
Erwartet sie träumend die Nacht.

Der Mond, der ist ihr Buhle,
Er weckt sie mit seinem Licht,
Und ihm entschleiert sie freundlich
Ihr frommes Blumengesicht.

Sie blüht und glüht und leuchtet,
Und starret stumm in die Höh;
Sie duftet und weinet und zittert
Vor Liebe und Liebesweh.

XXVI

Wir haben viel für einander gefühlt,
Und dennoch uns gar vortrefflich vertragen.
Wir haben oft »Mann und Frau« gespielt,
Und dennoch uns nicht gerauft und geschlagen.
Wir haben zusammen gejauchzt und gescherzt,
Und zärtlich uns geküßt und geherzt.
Wir haben am Ende, aus kindischer Lust,
»Verstecken« gespielt in Wäldern und Gründen,
Und haben uns so zu verstecken gewußt,
Daß wir uns nimmermehr wiederfinden.

XXXVII

Philister in Sonntagsröcklein
Spazieren durch Wald und Flur;
Sie jauchzen, sie hüpfen wie Böcklein,
Begrüßen die schöne Natur.

Betrachten mit blinzelnden Augen,
Wie alles romantisch blüht;
Mit langen Ohren saugen
Sie ein der Spatzen Lied.

Ich aber verhänge die Fenster
Des Zimmers mit schwarzem Tuch;
Es machen mir meine Gespenster
Sogar einen Tagesbesuch.

Die alte Liebe erscheinet,
Sie stieg aus dem Totenreich,
Sie setzt sich zu mir und weinet,
Und macht das Herz mir weich.

XXXIX

Ein Jüngling liebt ein Mädchen,
Die hat einen andern erwählt;
Der andre liebt eine andre,
Und hat sich mit dieser vermählt.

Das Mädchen heiratet aus Ärger
Den ersten besten Mann,
Der ihr in den Weg gelaufen;
Der Jüngling ist übel dran.

Es ist eine alte Geschichte,
Doch bleibt sie immer neu;
Und wem sie just passieret,
Dem bricht das Herz entzwei.

L

Sie saßen und tranken am Teetisch,
Und sprachen von Liebe viel.
Die Herren die waren ästhetisch,
Die Damen von zartem Gefühl.

Die Liebe muß sein platonisch,
Der dürre Hofrat sprach.
Die Hofrätin lächelt ironisch,
Und dennoch seufzet sie: Ach!

Der Domherr öffnet den Mund weit:
Die Liebe sei nicht zu roh,
Sie schadet sonst der Gesundheit.
Das Fräulein lispelt: Wie so?

Die Gräfin spricht wehmütig:
Die Liebe ist eine Passion!
Und präsentieret gütig
Die Tasse dem Herren Baron.

Am Tische war noch ein Plätzchen;
Mein Liebchen, da hast du gefehlt.
Du hättest so hübsch, mein Schätzchen,
Von deiner Liebe erzählt.

LII

Mir träumte wieder der alte Traum:
Es war eine Nacht im Maie,
Wir saßen unter dem Lindenbaum,
Und schwuren uns ewige Treue.

Das war ein Schwören und Schwören aufs neu,
Ein Kichern, ein Kosen, ein Küssen;
Daß ich gedenk des Schwures sei,
Hast du in die Hand mich gebissen.

O Liebchen mit den Äuglein klar!
O Liebchen schön und bissig!
Das Schwören in der Ordnung war,
Das Beißen war überflüssig.

LIII

Ich steh auf des Berges Spitze,
Und werde sentimental.
»Wenn ich ein Vöglein wäre!«
Seufz ich viel tausendmal.

Wenn ich eine Schwalbe wäre,
So flög ich zu dir, mein Kind,
Und baute mir mein Nestchen,
Wo deine Fenster sind.

Wenn ich eine Nachtigall wäre,
So flög ich zu dir, mein Kind,
Und sänge dir Nachts meine Lieder
Herab von der grünen Lind.

Wenn ich ein Gimpel wäre,
So flög ich gleich an dein Herz;
Du bist ja hold den Gimpeln,
Und heilest Gimpelschmerz.

DIE HEIMKEHR

II

Ich weiß nicht was soll es bedeuten,
Daß ich so traurig bin;
Ein Märchen aus alten Zeiten,
Das kommt mir nicht aus dem Sinn.

Die Luft ist kühl und es dunkelt,
Und ruhig fließt der Rhein;
Der Gipfel des Berges funkelt
Im Abendsonnenschein.

Die schönste Jungfrau sitzet
Dort oben wunderbar;
Ihr goldnes Geschmeide blitzet,
Sie kämmt ihr goldenes Haar.

Sie kämmt es mit goldenem Kamme
Und singt ein Lied dabei;
Das hat eine wundersame,
Gewaltige Melodei.

Den Schiffer im kleinen Schiffe
Ergreift es mit wildem Weh;
Er schaut nicht die Felsenriffe,
Er schaut nur hinauf in die Höh.

Ich glaube, die Wellen verschlingen
Am Ende Schiffer und Kahn;
Und das hat mit ihrem Singen
Die Lore-Ley getan.

III

Mein Herz, mein Herz ist traurig,
Doch lustig leuchtet der Mai;

Ich stehe, gelehnt an der Linde,
Hoch auf der alten Bastei.

Da drunten fließt der blaue
Stadtgraben in stiller Ruh;
Ein Knabe fährt im Kahne,
Und angelt und pfeift dazu.

Jenseits erheben sich freundlich,
In winziger, bunter Gestalt,
Lusthäuser, und Gärten, und Menschen,
Und Ochsen, und Wiesen, und Wald.

Die Mägde bleichen Wäsche,
Und springen im Gras herum:
Das Mühlrad stäubt Diamanten,
Ich höre sein fernes Gesumm.

Am alten grauen Turme
Ein Schilderhäuschen steht;
Ein rotgeröckter Bursche
Dort auf und nieder geht.

Er spielt mit seiner Flinte,
Die funkelt im Sonnenrot,
Er präsentiert und schultert –
Ich wollt, er schösse mich tot.

XXXVIII

Mein Kind, wir waren Kinder,
Zwei Kinder, klein und froh;
Wir krochen ins Hühnerhäuschen,
Versteckten uns unter das Stroh.

Wir krähten wie die Hähne,
Und kamen Leute vorbei –
Kikereküh! sie glaubten,
Es wäre Hahnengeschrei.

Die Kisten auf unserem Hofe
Die tapezierten wir aus,
Und wohnten drin beisammen,
Und machten ein vornehmes Haus.

Des Nachbars alte Katze
Kam öfters zum Besuch;
Wir machten ihr Bückling und Knickse
Und Komplimente genug.

Wir haben nach ihrem Befinden
Besorglich und freundlich gefragt;
Wir haben seitdem dasselbe
Mancher alten Katze gesagt.

Wir saßen auch oft und sprachen
Vernünftig, wie alte Leut,
Und klagten, wie alles besser
Gewesen zu unserer Zeit;

Wie Lieb und Treu und Glauben
Verschwunden aus der Welt,
Und wie so teuer der Kaffee,
Und wie so rar das Geld! – – –

Vorbei sind die Kinderspiele,
Und Alles rollt vorbei –
Das Geld und die Welt und die Zeiten,
Und Glauben und Lieb und Treu.

XLII

»Teurer Freund! Was soll es nützen,
Stets das alte Lied zu leiern?
Willst du ewig brütend sitzen
Auf den alten Liebes-Eiern?

Ach! das ist ein ewig Gattern,
Aus den Schalen kriechen Küchlein,
Und sie piepsen und sie flattern,
Und du sperrst sie in ein Büchlein.«

XLVI

Herz, mein Herz, sei nicht beklommen,
Und ertrage dein Geschick,
Neuer Frühling gibt zurück,
Was der Winter dir genommen.

Und wie viel ist dir geblieben!
Und wie schön ist noch die Welt!
Und, mein Herz, was dir gefällt,
Alles, alles darfst du lieben!

XLVII

Du bist wie eine Blume,
So hold und schön und rein;
Ich schau dich an, und Wehmut
Schleicht mir ins Herz hinein.

Mir ist, als ob ich die Hände
Aufs Haupt dir legen sollt,
Betend, daß Gott dich erhalte
So rein und schön und hold.

LXIV

Gaben mir Rat und gute Lehren,
Überschütteten mich mit Ehren,
Sagten, daß ich nur warten sollt,
Haben mich protegieren gewollt.

Aber bei all ihrem Protegieren,
Hätte ich können vor Hunger krepieren,
Wär nicht gekommen ein braver Mann,
Wacker nahm er sich meiner an.

Braver Mann! Er schafft mir zu essen!
Will es ihm nie und nimmer vergessen!
Schade, daß ich ihn nicht küssen kann!
Denn ich bin selbst dieser brave Mann.

Das »Buch der Lieder« war ein so nachhaltiger Erfolg geworden, dass sich Heine siebzehn Jahre Zeit ließ, bevor er einen zweiten Lyrikband herausbrachte. Die »Neuen Gedichte« erschienen 1844 und wurden ohne Verzögerung zum Erfolg. Schon nach zwei Monaten musste Campe eine zweite Auflage drucken lassen. Der »neue Frühling«, den Heine in seinem Gedichtband beschwört, ist so

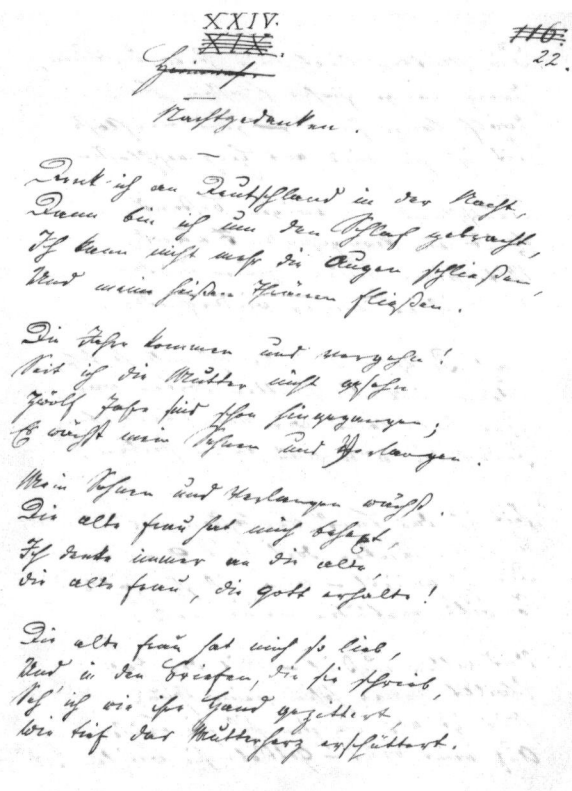

Eigenhändige Reinschrift der »Nachtgedanken« aus den »Neuen Gedichten« von 1844.

neu nicht, er klingt eher in den Erinnerungen an als in der real existierenden Liebe. Die nämlich verweigert ein dauerhaftes Glück, glaubt Heine, der krank geworden ist und »ein wenig älter« – seine Weltsicht bleibt davon nicht unberührt. Nach wie vor hält er sich zwar an ein Motto der Dichterin Sophie Brentano-Mereau (1770–1806): »Lebe der Liebe und liebe das Leben!«, aber er argumentiert mittlerweile als Theoretiker, der sich in der Praxis nicht mehr beweisen muss. Wenn es die Liebe nicht gäbe, müsste man sie erfinden: Sie ist »eine Himmelsmacht« mit Hauptstützpunkt auf Erden; dennoch beglückt sie die Liebenden nur auf Widerruf und gefällt sich darin, im Unglück zu enden – »der Liebe süßes Elend/Und der Liebe bittre Lust«.

In der zweiten Abteilung der »Neuen Gedichte«, schlicht »Verschiedene« genannt, finden sich poetische Grußadressen an Frauen mit klangvollen Namen: Seraphine, Angelique, Diana, Hortense, Clarisse, Yolante und Marie, Emma, Friedrike, Katharina. Dass es sich dabei um wirkliche Gespielinnen Heines gehandelt hat, um Damen gar, die keine Damen waren, haben seine moralisch gefestigten Zeitgenossen sogleich vermutet und auf den Autor eingeprügelt: Von »Poesie der Hurerei« sprach man da, von »Frivolität und Frevel«, und unterstellte Heine diverse Bordellbesuche, für die man, das immerhin war originell, auch gern die dazugehörigen Adressen genannt bekommen hätte. Die Aufregung hätten sich die Kritiker allerdings ersparen können, denn schon bei nur halbwegs aufmerksamer Lektüre der Gedichte ist festzustellen, dass Heines Frauen eher liebevoll ausgestatteten Kunstfiguren als realen Vorbildern entsprechen. Ihnen schreibt er zu, was mit den Jahren seine Überzeugung geworden ist: »Keine Verwünschung widersteht der Liebe. Liebe ist ja selber der stärkste Zauber, jede andere Verzauberung muß ihr weichen. Nur gegen eine Gewalt ist sie ohnmächtig. Welche ist das? Es ist nicht das Feuer, nicht das Wasser, nicht die Luft, nicht die Erde mit allen ihren Metallen; es ist die Zeit.« Alles hat seine Zeit, auch die Liebe, von der sich Heine, wohl aus Fürsorgepflicht für wunderbare Illusionen, ein bleibendes Bild zurechtlegte: »In der Jugend ist die Liebe stürmischer, aber nicht so dauernd wie später, denn der Leib liebt mit, lechzt nach leiblichen Offenbarungen in der Liebe, und leiht der Seele allen Ungestüm seines Blutes, die Überfülle seiner Sehnekraft. – Später, wo diese aufhört, wo das Blut langsamer in den Adern sintert, wo der Leib nicht mehr verliebt ist, liebt die Seele ganz allein, die unsterbliche Seele, welcher die Ewigkeit zu Gebote steht, und sie nimmt sich Zeit und liebt nicht mehr so stürmisch, aber dauernder, noch abgrundtiefer, noch übermenschlicher (. . .)«

5.
LÄCHELN SIE NICHT SO UNVERSCHÄMT!
REISEBILDER (II)

Die Bäder von Lucca«, geschrieben im Spätherbst 1829, gehören zum dritten Band der »Reisebilder« (1830) und sind eines von Heines originellsten Prosastücken (siehe S. 132 ff.). Der Text machte seinerzeit Furore, weil er eine aus heutiger Sicht befremdlich anmutende Kontroverse zwischen Heine und seinem Dichterkollegen August von Platen auslöste, die, auch weil die Argumente der Beteiligten vorwiegend unter die Gürtellinie zielten, so heftig wurde, dass schließlich sogar die Literaturkritiker in Aufruhr gerieten und sich gezwungen sahen, Partei zu ergreifen – die meisten übrigens für Platen, auch das kommt uns heute merkwürdig vor. Heine hatte, so sah er es, geistige »Notwehr« betrieben, da Platen, in eher schäbiger denn dichterischer Wortwahl, aus der jüdischen Herkunft seines Kontrahenten bestimmte charakterliche Mängel ableitete – ein Argumentationsmuster übrigens, das in Deutschland Schule machte und nicht nur von den Nazis dankbar aufgegriffen wurde –, woraufhin Heine, keineswegs zimperlich, »zurückgeschossen« hatte, wohl wissend, »daß Satire durchaus persönlich sein muß«. Er nimmt Platens homosexuelle Neigungen aufs Korn, spart nicht mit derben Seitenhieben und freut sich daran, dass er »so scharf als möglich« und »so schnell als möglich« zugeschlagen hat. Die Freude darüber vermochte allerdings nur sein väterlicher Freund Varnhagen zu teilen: »Die Hinrichtung ist vollzogen«, schrieb er, »der Scharfrichter hat sein Amt als Meister ausgeübt, der Kopf ist herunter (...)« Ansonsten aber machte sich Heine mit seinem »Verteidigungsangriff«, von dem er sagte, »daß ich mit all meinem Talente nichts besseres hervorbringen konnte«, kaum Freunde. Man sah in ihm, nicht in Platen, den »Kriegstreiber« und monierte, »daß Menschen wie Heine, die sich selbst nicht achten und an Anderer Achtung ver-

zweifeln, einen solchen Ton in die Literaturgeschichte ein-
führen (...)« Heine muss schließlich feststellen, »daß« er
»sich durch das Platensche Kapitel unsäglich geschadet« hat,
was ihm den Spaß, den er bei der Niederschrift der »Bäder
von Lucca« hatte, jedoch nicht mehr verleidete. Beschreibt
er doch »wie zur Selbstverspottung die glänzendste Zeit
meines Lebens, eine Zeit, wo ich, berauscht von Übermut
und Liebesglück, auf den Höhen der Appeninen umher-
jauchzte (...)«

Im Frühherbst 1828 war Heine zur Kur in den italienischen Badeort Bagni di Lucca gereist. Dort ging es ihm
»verdächtig gut«, seine Krankheit hielt sich zurück, und er
konnte mit Vergnügen einer seiner Lieblingsbeschäftigun-
gen nachgehen: Menschen zu beobachten. Allerlei Wich-
tigtuer sieht er in Lucca, Geschäftsleute, unnütze Adelige,
gelangweilte Gattinnen. Heine schafft sich daraus sein eigenes Personal: Es ist den lebenden Vorbildern nachempfun-

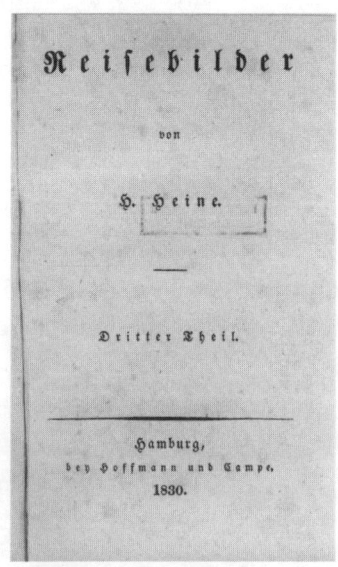

Erstausgabe der »Reisebilder«, Dritter Teil. 1830.

den, greift in der Groteske aber weit über sie hinaus. So erfindet er unter anderem ein originelles literarisches Pärchen, den »Markese di Gumpelino«, »ein bürgerlicher Edelmann«, und seinen »Diener Hirsch-Hyazinth«. Einen wie Gumpelino, jüdischer Bankier, der aus karrieretaktischen Gründen zum Christentum übergetreten ist, kennt Heine nur zu gut, war er doch selber konvertiert und damit nicht glücklich geworden. Gumpelino indes kompensiert die fehlende Anerkennung durch die Macht des Geldes, die ihm, nachdem er sich einen lächerlich wertlosen Adelstitel gekauft hat und als »Seine Exzellenz der Markese Christophoro di Gumpelino« firmiert, in Fleisch und Blut übergegangen ist: Sein Lächeln ist »wohlhabend«, sein Bauch so »gottgefällig«, dass die »demütigen Beinchen« ordentlich was zu tragen haben. Immer wenn ihm danach ist, und ihm ist oft danach, setzt Gumpelino sein »Geschäftsgesicht« auf, an dem man ablesen kann, was einer wie er wohl so denken und fühlen mag. Mit mehr Sympathie wird Gumpelinos Diener Hirsch-Hyazinth gezeichnet, der sich als »ehrlicher Lotteriekollekteur, Hühneraugenschneider und Juwelentaxator« durchgeschlagen hat, was aber erwerbsmäßig nicht reichte, so dass er sich bei Gumpelino verdingen muss, dessen Gehabe er von Anfang an durchschaut.

Was Heine an Gumpelino vorführt, ist die Käuflichkeit von Bildung, die sich allerdings, bestenfalls, als Halbbildung erweist: Er hat sich einiges angelesen, manches aufgeschnappt, aber nichts verstanden – die ideale Voraussetzung, um sich als großmäuliger Kunst- und Kulturkenner aufzuspielen. »Was ist Geld?«, schwadroniert der gebildete Gumpelino. »Geld ist rund und rollt weg, aber Bildung bleibt«, und er setzt dabei wieder »sein Geschäftsgesicht« auf ...

Die Bäder von Lucca

Kapitel V

Signora Lätizia, eine funfzigjährige junge Rose, lag im Bette und trillerte und schwatzte mit ihren beiden Galans, wovon der eine auf einem niedrigen Schemel vor ihr saß und der andre, in einem großen Sessel lehnend, die Gitarre spielte. Im Nebenzimmer flatterten dann und wann ebenfalls die Fetzen eines süßen Liedes oder eines noch wundersüßeren Lachens. Mit einer gewissen wohlfeilen Ironie, die den Markese zuweilen anwandelte, präsentierte er mich der Signora und den beiden Herren, und bemerkte dabei: ich sei derselbe Johann Heinrich Heine, Doktor Juris, der jetzt in der deutschen juristischen Literatur berühmt sei. Zum Unglück war der eine Herr ein Professor aus Bologna, und zwar ein Jurist, obgleich sein wohlgewölbter, runder Bauch ihn eher zu einer Anstellung bei der sphärischen Trigonometrie zu qualifizieren schien. Einigermaßen in Verlegenheit gesetzt, bemerkte ich, daß ich nicht unter meinem eigenen Namen schriebe, sondern unter dem Namen Jarke; und das sagte ich aus Bescheidenheit, indem mir zufällig einer der wehmütigsten Insektennamen unserer juristischen Literatur ins Gedächtnis kam. Der Bologneser beklagte zwar, diesen berühmten Namen noch nicht gehört zu haben – welches auch bei Dir, lieber Leser, der Fall sein wird –, doch zweifelte er nicht, daß er bald seinen Glanz über die ganze Erde verbreiten werde. Dabei lehnte er sich zurück in seinem Sessel, griff einige Akkorde auf der Gitarre und sang aus »Axur«:

> O mächtiger Brahma!
> Ach laß Dir das Lallen
> Der Unschuld gefallen,
> Das Lallen, das Lallen –

Wie ein lieblich neckendes Nachtigall-Echo schmetterte im Nebenzimmer eine ähnliche Melodie. Signora Lätizia aber trillerte dazwischen im feinsten Diskant:

> Dir allein glüht diese Wange,
> Dir nur klopfen diese Pulse;
> Voll von süßem Liebesdrange
> Hebt mein Herz sich dir allein!

Und mit der fettigsten Prosastimme setzte sie hinzu: »Bartolo, gib mir den Spucknapf.«

Von seinem niedern Bänkchen erhob sich jetzt Bartolo mit seinen dürren hölzernen Beinen, und präsentierte ehrerbietig einen etwas unreinlichen Napf von blauem Porzellan.

Dieser zweite Galan, wie mir Gumpelino auf deutsch zuflüsterte, war ein sehr berühmter Dichter, dessen Lieder, obgleich er sie schon vor zwanzig Jahren gedichtet, noch jetzt in ganz Italien klingen, und mit der süßen Liebesglut, die in ihnen flammt, Alt und Jung berauschen; – derweilen er selbst jetzt nur ein armer, veralteter Mensch ist, mit blassen Augen im welken Gesichte, dünnen weißen Härchen auf dem schwankenden Kopfe, und kalter Armut im kümmerlichen Herzen. So ein armer, alter Dichter mit seiner kahlen Hölzernheit, gleicht den Weinstöcken, die wir im Winter auf den kalten Bergen stehen sehen, dürr und laublos, im Winde zitternd und von Schnee bedeckt, während der süße Most, der ihnen einst entquoll, in den fernsten Landen gar manches Zecherherz erwärmt und zu ihrem Lobe berauscht. Wer weiß, wenn einst die Kelter der Gedanken, die Druckerpresse, auch mich ausgepreßt hat, und nur noch im Verlagskeller von Hoffmann und Campe der alte, abgezapfte Geist zu finden ist, sitze ich selbst vielleicht eben so dünn und kümmerlich, wie der arme Bartolo, auf dem Schemel neben dem Bette einer alten Innamorata, und reiche ihr auf Verlangen den Napf des Spuckes.

Signora Lätizia entschuldigte sich bei mir, daß sie zu Bette liege und zwar bäuchlings, indem ein Geschwür an der Legitimität, das sie sich durch vieles Feigenessen zugezogen, sie jetzt hindere, wie es einer ordentlichen Frau zieme, auf dem Rücken zu liegen. Sie lag wirklich ungefähr wie eine Sphinx; ihr hochfrisiertes Haupt stemmte sie auf ihre beiden Arme, und zwischen diesen wogte ihr Busen wie ein rotes Meer.

»Sie sind ein Deutscher?« frug sie mich.

»Ich bin zu ehrlich, es zu leugnen, Signora!« entgegnete meine Wenigkeit.

»Ach, ehrlich genug sind die Deutschen!« – seufzte sie – »aber was hilft es, daß die Leute ehrlich sind, die uns berauben! sie richten Italien zu Grunde. Meine besten Freunde sitzen eingekerkert in Milano; nur Sklaverei –«

»Nein, nein«, rief der Markese, »beklagen Sie sich nicht über die Deutschen, wir sind überwundene Überwinder, besiegte Sieger, sobald wir nach Italien kommen; und Sie sehen, Signora, Sie sehen und Ihnen zu Füßen fallen, ist dasselbe –« Und indem er sein gelbseidenes Taschentuch ausbreitete und darauf niederkniete, setzte er hinzu: »Hier kniee ich und huldige Ihnen im Namen von ganz Deutschland.«

»Christophoro di Gumpelino!« – seufzte Signora tiefgerührt und schmachtend – »stehen Sie auf und umarmen Sie mich!«

Damit aber der holde Schäfer nicht die Frisur und die Schminke seiner Geliebten verdürbe, küßte sie ihn nicht auf die glühenden Lippen, sondern auf die holde Stirne, so daß sein Gesicht tiefer hinabreichte, und das Steuer desselben, die Nase, im roten Meere herumruderte.

»Signor Bartolo!« rief ich, »erlauben Sie mir, daß auch ich mich des Spucknapfes bediene.«

Wehmütig lächelte Signor Bartolo, sprach aber kein einziges Wort, obgleich er, nächst Mezzophante, für den besten Sprachlehrer in Bologna gilt. Wir sprechen nicht gern, wenn Sprechen unsre Profession ist. Er diente der Signora als ein stummer Ritter, und nur dann und wann mußte er das Gedicht rezitieren, das er ihr vor fünfundzwanzig Jahren aufs Theater geworfen, als sie zuerst in Bologna, in der Rolle der Ariadne, auftrat. Er selbst mag zu jener Zeit wohlbelaubt und glühend gewesen sein, vielleicht ähnlich dem heiligen Dionysos selbst, und seine Lätizia-Ariadne stürzte ihm gewiß bacchantisch in die blühenden Arme – Evoe Bacche! Er dichtete damals noch viele Liebesgedichte, die, wie schon erwähnt, sich in der italienischen Literatur erhalten haben, nachdem der Dichter und die Geliebte selbst schon längst zu Makulatur geworden.

Fünfundzwanzig Jahre hat sich seine Treue bereits bewährt, und ich denke, er wird auch bis an sein seliges Ende auf dem Schemel sitzen, und auf Verlangen seine Verse rezitieren oder den Spucknapf reichen. Der Professor der Jurisprudenz schleppt sich fast eben so lange schon in den Liebesfesseln der Signora, er macht ihr noch immer so eifrig die Cour wie im Anfang dieses Jahrhunderts, er muß noch immer seine akademischen Vorlesungen unbarmherzig vertagen, wenn sie seine Begleitung nach irgend einem Orte verlangt, und er ist noch immer belastet mit allen Servituten eines echten Patito.

Die treue Ausdauer dieser beiden Anbeter einer längst ruinierten Schönheit, mag vielleicht Gewohnheit sein, vielleicht Pietas gegen frühere Gefühle, vielleicht nur das Gefühl selbst, das sich von der jetzigen Beschaffenheit seines ehemaligen Gegenstandes ganz unabhängig gemacht hat, und diesen nur noch mit den Augen der Erinnerung betrachtet. So sehen wir oft alte Leute an einer Straßenecke, in katholischen Städten, vor einem Madonnenbilde knien, das so verblaßt und verwittert ist, daß nur noch wenige Spuren und Gesichtsumrisse davon übrig geblieben sind, ja, daß man dort vielleicht nichts mehr sieht als die Nische, worin es gemalt stand, und die Lampe, die etwa noch darüber hängt; aber die alten Leute, die, mit dem Rosenkranz in den zitternden Händen, dort so andächtig knien, haben schon seit ihren Jugendjahren dort gekniet, Gewohnheit treibt sie immer, um dieselbe Stunde, zu demselben Fleck, sie merkten nicht das Erlöschen des geliebten Heiligenbildes, und am Ende macht das Alter ja doch so schwachsichtig und blind, daß es ganz gleichgültig sein mag, ob der Gegenstand unserer Anbetung überhaupt noch sichtbar ist oder nicht. Die da glauben ohne zu sehen sind auf jeden Fall glücklicher als die Scharfäugigen, die jede hervorblühende Runzel auf dem Antlitz ihrer Madonnen gleich bemerken. Nichts ist schrecklicher als solche Bemerkungen! Einst freilich, glaubte ich, die Treulosigkeit der Frauen sei das Schrecklichste, und um dann das Schrecklichste zu sagen, nannte ich sie Schlangen. Aber, ach! jetzt weiß ich, das Schrecklichste ist, daß sie nicht ganz Schlangen sind; denn die Schlangen können jedes Jahr die alte Haut von sich abstreifen und neugehäutet sich verjüngen.

Ob einer von den beiden antiken Seladons darüber eifersüchtig war, daß der Markese, oder vielmehr dessen Nase, oberwähntermaßen in Wonne schwamm, das konnte ich nicht bemerken. Bartolo saß gemütsruhig auf seinem Bänkchen, die Beinstöckchen über einander geschlagen, und spielte mit Signoras Schoßhündchen, einem jener hübschen Tierchen, die in Bologna zu Hause sind, und die man auch bei uns unter dem Namen Bologneser kennt. Der Professor ließ sich durchaus nicht stören in seinem Gesange, den zuweilen die kichernd süßen Töne im Nebenzimmer parodistisch überjubelten; dann und wann unterbrach er auch selbst seinen Singsang, um mich mit juristischen Fragen zu behelligen. Wenn wir in unserem Urteil nicht übereinstimmten, griff er hastige Akkorde und klimperte Beweisstellen. Ich aber unterstützte meine Meinung immer durch die Autorität meines Lehrers, des großen Hugo, der in Bologna unter dem Namen Ugone, auch Ugolino, sehr berühmt ist.

»Ein großer Mann!« rief der Professor und klimperte dabei und sang:

Seiner Stimme sanfter Ruf
Tönt noch tief in deiner Brust,
Und die Qual, die sie dir schuf,
Ist Entzücken, süße Lust.

Auch Thibaut, den die Italiener Tibaldo nennen, wird in Bologna
sehr geehrt; doch kennt man dort nicht sowohl die Schriften jener
Männer als vielmehr ihre Hauptansichten und deren Gegensatz.
Gans und Savigny fand ich ebenfalls nur dem Namen nach
bekannt. Letzteren hielt der Professor für ein gelehrtes Frauenzimmer.

»So, so« – sprach er, als ich ihn aus diesem leicht verzeihlichen
Irrtum zog – »wirklich kein Frauenzimmer. Man hat mir also
falsch berichtet. Man sagte mir sogar, der Signor Gans habe dieses
Frauenzimmer einst, auf einem Balle, zum Tanz aufgefordert,
habe einen Refüs bekommen, und daraus sei eine literärische
Feindschaft entstanden.«

»Man hat Ihnen in der Tat falsch berichtet, der Signor Gans
tanzt gar nicht, schon aus dem menschenfreundlichen Grunde,
damit nicht ein Erdbeben entstehe. Jene Aufforderung zum Tanze
ist wahrscheinlich eine mißverstandene Allegorie. Die historische
Schule und die philosophische werden als Tänzer gedacht, und in
solchem Sinne denkt man sich vielleicht eine Quadrille von
Ugone, Tibaldo, Gans und Savigny. Und vielleicht in solchem
Sinne sagt man, daß Signor Ugone, obgleich er der Diable boit-
eux der Jurisprudenz ist, doch so zierliche Pas tanze wie die
Lemiere, und daß Signor Gans in der neuesten Zeit einige große
Sprünge versucht, die ihn zum Hoguet der philosophischen
Schule gemacht haben.«

»Der Signor Gans« – verbesserte sich der Professor – »tanzt also
bloß allegorisch, so zu sagen metaphorisch« – Doch plötzlich,
statt weiter zu sprechen, griff er wieder in die Saiten der Gitarre,
und bei dem tollsten Geklimper sang er wie toll:

Es ist wahr, sein teurer Name
Ist die Wonne aller Herzen.
Stürmen laut des Meeres Wogen,
Droht der Himmel schwarz umzogen,
Hört man stets Tarar nur rufen,
Gleich als beugten Erd und Himmel
Vor des Helden Namen sich.

Von Herrn Göschen wußte der Professor nicht einmal, daß er existiere. Dies aber hatte seine natürlichen Gründe, indem der Ruhm des großen Göschen noch nicht bis Bologna gedrungen ist, sondern erst bis Poggio, welches noch vier deutsche Meilen davon entfernt ist, und wo er sich zum Vergnügen noch einige Zeit aufhalten wird. – Göttingen selbst ist in Bologna lange nicht so bekannt, wie man schon, der Dankbarkeit wegen, erwarten dürfte, indem es sich das deutsche Bologna zu nennen pflegt. Ob diese Benennung treffend ist, will ich nicht untersuchen; auf jeden Fall aber unterscheiden sich beide Universitäten durch den einfachen Umstand, daß in Bologna die kleinsten Hunde und die größten Gelehrten, in Göttingen hingegen die kleinsten Gelehrten und die größten Hunde zu finden sind.

Kapitel VI

Als der Markese Christophoro di Gumpelino seine Nase hervorzog aus dem roten Meere, wie weiland König Pharao, da glänzte sein Antlitz in schwitzender Selbstwonne. Tief gerührt gab er Signoren das Versprechen, sie, sobald sie wieder sitzen könne, in seinem eignen Wagen nach Bologna zu bringen. Nun wurde verabredet, daß alsdann der Professor vorausreisen, Bartolo hingegen im Wagen des Markese mitfahren solle, wo er sehr gut auf dem Bock sitzen und das Hündchen im Schoße halten könne, und daß man endlich in vierzehn Tagen zu Florenz eintreffen wolle, wo Signora Franscheska, die mit Mylady nach Pisa reise, unterdessen ebenfalls zurückgekehrt sein würde. Während der Markese an den Fingern die Kosten berechnete, summte er vor sich hin »di tanti palpiti«. Signora schlug dazwischen die lautesten Triller, und der Professor stürmte in die Saiten der Gitarre und sang dabei so glühende Worte, daß ihm die Schweißtropfen von der Stirne und die Tränen aus den Augen liefen, und sich auf seinem roten Gesichte zu einem einzigen Strome vereinigten. Während dieses Singens und Klingens ward plötzlich die Türe des Nebenzimmers aufgerissen und herein sprang ein Wesen –

Euch, Ihr Musen der alten und der neuen Welt, Euch sogar Ihr noch unentdeckten Musen, die erst ein späteres Geschlecht verehren wird, und die ich schon längst geahnet habe, im Walde und auf dem Meere, Euch beschwör ich, gebt mir Farben, womit ich das Wesen male, das nächst der Tugend das Herrlichste ist auf dieser Welt. Die Tugend, das versteht sich von selbst, ist die erste von allen Herrlichkeiten, der Weltschöpfer schmückte sie mit so vielen Reizen, daß es schien, als ob er nichts eben so Herrliches mehr hervorbringen könne; da aber nahm er noch einmal alle seine Kräfte zusammen, und in einer guten Stunde schuf er Signora Franscheska, die schöne Tänzerin, das größte Meisterstück, das er nach Erschaffung der Tugend hervorgebracht, und wobei er sich nicht im mindesten wiederholt hat, wie irdische Meister, bei deren späteren Werken die Reize der früheren wieder geborgterweise zum Vorschein kommen – Nein, Signora Franscheska ist ganz Original, sie hat nicht die mindeste Ähnlichkeit mit der Tugend, und es gibt Kenner, die sie für eben so herrlich halten, und der Tugend, die früher erschaffen worden, nur den Vorrang der Anciennität zuerkennen. Aber ist das ein großer Mangel, wenn eine Tänzerin einige sechstausend Jahre zu jung ist?

Ach, ich sehe sie wieder, wie sie aus der aufgestoßenen Türe bis zur Mitte des Zimmers hervorspringt, in demselben Momente sich unzählige Mal auf einem Fuße herumdreht, sich dann der Länge nach auf das Sofa hinwirft, sich die Augen mit beiden Händen verdeckt hält, und atemlos ausruft: »ach, ich bin so müde vom Schlafen!« Nun naht sich der Markese und hält eine lange Rede, in seiner ironisch breit ehrerbietigen Manier, die mit seinem kurzabbrechenden Wesen, bei praktischen Geschäftserinnerungen, und mit seiner faden Zerflossenheit, bei sentimentaler Anregung, gar rätselhaft kontrastierte. Dennoch war diese Manier nicht unnatürlich, sie hatte sich vielleicht dadurch natürlich in ihm ausgebildet, daß es ihm an Kühnheit fehlte, jene Obmacht, wozu er sich durch Geld und Geist berechtigt glaubte, unumwunden kund zu geben, weshalb er sie feigerweise in die Worte der übertriebensten Demut zu verkappen suchte. Sein breites Lächeln bei solchen Gelegenheiten hatte etwas unangenehm Ergötzliches, und man wußte nicht, ob man ihm Prügel oder Beifall zollen sollte. In solcher Weise hielt er seine Morgenrede vor Signora Franscheska, die, noch halb schläfrig, ihn kaum anhörte, und als er zum Schluß um die Erlaubnis bat, ihr die Füße, wenigstens den linken Fuß, küssen zu dürfen, und zu diesem Geschäfte, mit großer Sorgfalt, sein gelbseidnes Taschentuch über den Fußboden ausbreitete und darauf niederkniete: streckte sie ihm gleichgültig den linken Fuß entgegen, der in einem allerliebsten roten Schuh steckte, im Gegensatz zu dem rechten Fuße, der einen blauen Schuh trug, eine drollige Koketterie, wodurch die zarte niedliche Form der Füße noch bemerk-

licher werden sollte. Als der Markese den kleinen Fuß ehrfurchts-
voll geküßt, erhob er sich mit einem ächzenden »O Jesu!« und bat
um die Erlaubnis, mich, seinen Freund, vorstellen zu dürfen,
welches ihm ebenfalls gähnend gewährt wurde, und wobei er es
nicht an Lobsprüchen auf meine Vortrefflichkeit fehlen ließ, und
auf Kavalier-Parole beteuerte, daß ich die unglückliche Liebe
ganz vortrefflich besungen habe.

Ich bat die Dame ebenfalls um die Vergünstigung, ihr den
linken Fuß küssen zu dürfen, und in dem Momente, wo ich dieser
Ehre teilhaftig wurde, erwachte sie wie aus einem dämmernden
Traume, beugte sich lächelnd zu mir herab, betrachtete mich mit
großen, verwunderten Augen, sprang freudig empor bis in die
Mitte des Zimmers, und drehte sich wieder unzählige Male auf
einem Fuß herum. Ich fühlte wunderbar, wie mein Herz sich
beständig mitdrehte, bis es fast schwindelig wurde. Der Professor
aber griff dabei lustig in die Saiten seiner Gitarre und sang:

> Eine Opern-Signora erwählte
> Zum Gemahl mich, ward meine Vermählte,
> Und geschlossen war bald unsre Eh.
> Wehe mir Armen! weh!

> Bald befreiten von ihr mich Korsaren,
> Ich verkaufte sie an die Barbaren,
> Ehe sie sich es konnte versehn.
> Bravo, Biskroma! schön! schön!

Noch einmal betrachtete mich Signora Franscheska scharf und
musternd, vom Kopf bis zum Fuße, und mit zufriedener Miene
dankte sie dann dem Markese, als sei ich ein Geschenk, das er ihr
aus Artigkeit mitgebracht. Sie fand wenig daran auszusetzen: nur
waren ihr meine Haare zu hellbraun, sie hätte sie dunkler ge-
wünscht, wie die Haare des Abbate Cecco, auch meine Augen
fand sie zu klein und mehr grün als blau. Zur Vergeltung, lieber
Leser, sollte ich jetzt Signora Franscheska eben so mäkelnd schil-
dern; aber ich habe wahrhaftig an dieser lieblichen, fast leichtsinnig geformten Graziengestalt nichts auszusetzen. Auch das
Gesicht war ganz göttermäßig, wie man es bei griechischen
Statuen findet, Stirne und Nase gaben nur eine einzige senkrecht
gerade Linie, einen süßen rechten Winkel bildete damit die
untere Nasenlinie, die wundersam kurz war, eben so schmal war
die Entfernung von der Nase zum Munde, dessen Lippen an

beiden Enden kaum ausreichten und von einem träumerischen Lächeln ergänzt wurden; darunter wölbte sich ein liebes volles Kinn, und der Hals – Ach! frommer Leser, ich komme zu weit, und außerdem habe ich bei dieser Inauguralschilderung noch kein Recht, von den zwei schweigenden Blumen zu sprechen, die wie weiße Poesie hervorleuchteten, wenn Signora die silbernen Halsknöpfe ihres schwarzseidnen Kleides enthäkelte – Lieber Leser! laß uns wieder emporsteigen zu der Schilderung des Gesichtes, wovon ich nachträglich noch zu berichten habe, daß es klar und blaßgelb wie Bernstein war, daß es von den schwarzen Haaren, die in glänzend glatten Ovalen die Schläfe bedeckten, eine kindliche Ründung empfing, und von zwei schwarzen plötzlichen Augen, wie von Zauberlicht, beleuchtet wurde.

Du siehst, lieber Leser, daß ich Dir gern eine gründliche Lokalbeschreibung meines Glückes liefern möchte, und, wie andere Reisende ihren Werken noch besondere Karten von historisch wichtigen oder sonst merkwürdigen Bezirken beifügen, so möchte ich Franscheska in Kupfer stechen lassen. Aber ach! was hilft die tote Kopie der äußern Umrisse bei Formen, deren göttlichster Reiz in der lebendigen Bewegung besteht. Selbst der beste Maler kann uns diesen nicht zur Anschauung bringen; denn die Malerei ist doch nur eine platte Lüge. Eher vermöchte es der Bildhauer; durch wechselnde Beleuchtung können wir bei Statuen uns einigermaßen eine Bewegung der Formen denken, und die Fackel, die ihnen nur äußeres Licht zuwirft, scheint sie auch von innen zu beleben. Ja, es gibt eine Statue, die Dir, lieber Leser, einen marmornen Begriff von Franscheskas Herrlichkeit zu geben vermöchte, und das ist die Venus des großen Canova, die Du in einem der letzten Säle des Palazzo Pitti zu Florenz finden kannst. Ich denke jetzt oft an diese Statue, zuweilen träumt mir, sie läge in meinen Armen, und belebe sich allmählig und flüstere endlich mit der Stimme Franscheskas. Der Ton dieser Stimme war es aber, der jedem ihrer Worte die lieblichste, unendlichste Bedeutung erteilte, und wollte ich Dir ihre Worte mitteilen, so gäbe es bloß ein trocknes Herbarium von Blumen, die nur durch ihren Duft den größten Wert besaßen. Auch sprang sie oft in die Höhe, und tanzte während sie sprach, und vielleicht war eben der Tanz ihre eigentliche Sprache. Mein Herz aber tanzte immer mit und exekutierte die schwierigsten Pas, und zeigte dabei so viel Tanztalent, wie ich ihm nie zugetraut hätte. In solcher Weise erzählte Franscheska auch die Geschichte von dem Abbate Cecco, einem jungen Burschen, der in sie verliebt war, als sie noch im Arno-Tal Strohhüte strickte, und sie versicherte, daß ich das Glück hätte ihm ähnlich zu sehen. Dabei machte sie die zärtlichsten Pantomimen, drückte ein übers andere Mal die Fingerspitzen ans Herz, schien dann mit gehöhlter Hand die zärtlichsten Gefühle hervorzuschöpfen, warf sich endlich schwebend, mit voller Brust, aufs Sofa, barg das Gesicht in die Kissen, streckte hinter sich ihre Füße in die Höhe und ließ sie wie hölzerne Puppen agieren. Der blaue Fuß sollte den Abbate Cecco und der rote die arme Franscheska vorstellen, und indem sie ihre eigene Geschichte parodierte, ließ sie die beiden verliebten Füße von einander Abschied nehmen, und es war ein rührend närrisches Schauspiel, wie sich beide mit den Spitzen küßten, und die zärtlichsten Dinge sagten – und dabei weinte das tolle Mädchen ergötzlich kichernde Tränen, die aber dann und wann etwas unbewußt tiefer aus der Seele kamen, als die Rolle verlangte. Sie ließ auch, im drolligen Schmerzensübermut den Abbate Cecco eine lange Rede halten, worin er die Schönheit der armen Franscheska mit pedantischen Metaphern rühmte, und die Art, wie sie auch, als arme Franscheska, Antwort gab und ihre eigene Stimme, in der Sentimentalität einer früheren Zeit, kopierte, hatte etwas Puppenspielwehmütiges, das mich wundersam bewegte. Ade Cecco! Ade Franscheska! war der beständige Refrain, die verliebten Füßchen wollten sich nicht verlassen – und ich war endlich froh, als ein unerbittliches Schicksal sie von einander trennte, indem süße Ahnung mir zuflüsterte, daß es für mich ein Mißgeschick wäre, wenn die beiden Liebenden beständig vereinigt blieben.

Der Professor applaudierte mit possenhaft schwirrenden Gitarrentönen, Signora trillerte, das Hündchen bellte, der Markese und ich klatschten in die Hände wie rasend, und Signora Franscheska stand auf und verneigte sich dankbar. »Es ist wirklich eine schöne Komödie«, sprach sie zu mir, »aber es ist schon lange her, seit sie zuerst aufgeführt worden, und ich selbst bin schon so alt – raten Sie mal wie alt?«

Sie erwartete jedoch keineswegs meine Antwort, sprach rasch: »achtzehn Jahr« – und drehte sich dabei wohl achtzehnmal auf einem Fuß herum. »Und wie alt sind Sie, Dottore?«

»Ich, Signora, bin in der Neujahrsnacht Achtzehnhundert geboren.«

»Ich habe Ihnen ja schon gesagt«, bemerkte der Markese, »es ist einer der ersten Männer unseres Jahrhunderts.«

»Und wie alt halten Sie mich?« rief plötzlich Signora Lätizia, und ohne an ihr Eva-Kostüm, das bis jetzt die Bettdecke verborgen hatte, zu denken, erhob sie sich bei dieser Frage so leidenschaftlich in die Höhe, daß nicht nur das rote Meer, sondern auch ganz Arabien, Syrien und Mesopotamien zum Vorschein kam.

Indem ich, ob dieses gräßlichen Anblicks, erschrocken zurückprallte, stammelte ich einige Redensarten über die Schwierigkeiten, eine solche Frage zu lösen, indem ich ja Signora erst zur Hälfte gesehen hätte; doch da sie noch eifriger in mich drang, gestand ich ihr die Wahrheit, nämlich daß ich das Verhältnis der italienischen Jahre zu den deutschen noch nicht zu berechnen wisse.

»Ist der Unterschied groß?« frug Signora Lätizia.

»Das versteht sich«, antwortete ich ihr, »da die Hitze alle Körper ausdehnt, so sind die Jahre in dem warmen Italien viel länger als in dem kalten Deutschland.«

Der Markese zog mich besser aus der Verlegenheit, indem er galant behauptete, ihre Schönheit habe sich jetzt erst in der üppigsten Reife entfaltet. »Und Signora!« setzte er hinzu, »so wie die Pomeranze, je älter sie wird, auch desto gelber wird, so wird auch Ihre Schönheit mit jedem Jahre desto reifer.«

Die Dame schien mit dieser Vergleichung zufrieden zu sein, und gestand ebenfalls, daß sie sich wirklich reifer fühle als sonst, besonders gegen damals, wo sie noch ein dünnes Ding gewesen und zuerst in Bologna aufgetreten sei, und daß sie noch jetzt nicht begreife, wie sie in solcher Gestalt so viel Furore habe machen können. Und nun erzählte sie ihr Debüt als Ariadne, worauf sie, wie ich später entdeckte, sehr oft zurückkam, bei welcher Gelegenheit auch Signor Bartolo das Gedicht deklamieren mußte, das er ihr damals aufs Theater geworfen. Es war ein gutes Gedicht, voll rührender Trauer über Theseus Treulosigkeit, voll blinder Begeisterung für Bacchus und blühender Verherrlichung Ariadnes. »Bella cosa!« rief Signora Lätizia bei jeder Strophe, und auch ich lobte die Bilder, den Versbau und die ganze Behandlung jener Mythe.

»Ja, sie ist sehr schön«, sagte der Professor, »und es liegt ihr gewiß eine historische Wahrheit zum Grunde, wie denn auch einige Autoren uns ausdrücklich erzählen, daß Oneus, ein Priester des Bacchus, sich mit der trauernden Ariadne vermählt habe, als er sie verlassen auf Naxos angetroffen; und, wie oft geschieht, ist in der Sage, aus dem Priester des Gottes, der Gott selbst gemacht worden.«

Ich konnte dieser Meinung nicht beistimmen, da ich mich in der Mythologie mehr zur philosophischen Ausdeutung hinneige, und ich entgegnete: »In der ganzen Fabel, daß Ariadne, nachdem Theseus sie auf Naxos sitzen lassen, sich dem Bacchus in die Arme geworfen, sehe ich nichts anderes als die Allegorie, daß sie sich, in jenem verlassenen Zustande, dem Trunk ergeben hat, eine Hypothese, die noch mancher Gelehrte meines Vaterlandes mit mir teilt. Sie, Herr Markese, werden wahrscheinlich wissen, daß der selige Bankier Bethmann, im Sinne dieser Hypothese, seine Ariadne so zu beleuchten wußte, daß sie eine rote Nase zu haben schien.«

»Ja, ja, Bethmann in Frankfurt war ein großer Mann!« rief der Markese; jedoch im selben Augenblick schien ihm etwas Wichtiges durch den Kopf zu laufen, seufzend sprach er vor sich hin: »Gott, Gott, ich habe vergessen, nach Frankfurt an Rothschild zu schreiben!« Und mit ernstem Geschäftsgesicht, woraus aller parodistische Scherz verschwunden schien, empfahl er sich kurzweg, ohne lange Zeremonien, und versprach gegen Abend wiederzukommen.

Als er fort war und ich im Begriff stand, wie es in der Welt gebräuchlich ist, meine Glossen über eben den Mann zu machen, durch dessen Güte ich die angenehmste Bekanntschaft gewonnen, da fand ich zu meiner Verwunderung, daß alle ihn nicht genug zu rühmen wußten, und daß alle besonders seinen Enthusiasmus für das Schöne, sein adelig feines Betragen, und seine Uneigennützigkeit in den übertriebensten Ausdrücken priesen. Auch Signora Franscheska stimmte ein in diesen Lobgesang, doch gestand sie, seine Nase sei etwas beängstigend und erinnere sie immer an den Turm von Pisa.

Beim Abschied bat ich sie wieder um die Vergünstigung, ihren linken Fuß küssen zu dürfen; worauf sie, mit lächelndem Ernst, den roten Schuh auszog, so wie auch den Strumpf; und indem ich niederkniete, reichte sie mir den weißen, blühenden Liljenfuß, den ich vielleicht gläubiger an die Lippen preßte, als ich es mit dem Fuß des Papstes getan haben möchte. Wie sich von selbst versteht, machte ich auch die Kammerjungfer, und half den Strumpf und den Schuh wieder anziehen.

»Ich bin mit Ihnen zufrieden«, – sagte Signora Franscheska, nach verrichtetem Geschäfte, wobei ich mich nicht zu sehr übereilte, obgleich ich alle zehn Finger in Tätigkeit setzte, – »ich bin mit Ihnen zufrieden, Sie sollen mir noch öfter die Strümpfe anziehen. Heute haben Sie den linken Fuß geküßt, morgen soll Ihnen der rechte zu Gebot stehen. Übermorgen dürfen Sie mir schon die linke Hand küssen, und einen Tag nachher auch die rechte. Führen Sie sich gut auf, so reiche ich Ihnen späterhin den Mund, usw. Sie sehen, ich will Sie gern avancieren lassen, und da Sie jung sind, können Sie es in der Welt noch weit bringen.«

Und ich habe es weit gebracht in dieser Welt! Des seid mir Zeugen, toskanische Nächte, du hellblauer Himmel mit großen silbernen Sternen, Ihr wilden Lorbeerbüsche und heimlichen Myrten, und Ihr, o Nymphen des Apennins, die Ihr mit bräutlichen Tänzen uns umschwebtet, und Euch zurückträumtet in jene besseren Götterzeiten, wo es noch keine gotische Lüge gab, die nur blinde, tappende Genüsse im Verborgenen erlaubt und jedem freien Gefühl ihr heuchlerisches Feigenblättchen vorklebt.

Es bedurfte keiner besonderen Feigenblätter; denn ein ganzer Feigenbaum mit vollen ausgebreiteten Zweigen rauschte über den Häuptern der Glücklichen.

Kapitel VII

Was Prügel sind, das weiß man schon; was aber die Liebe ist, das hat noch keiner herausgebracht. Einige Naturphilosophen haben behauptet, es sei eine Art Elektrizität. Das ist möglich; denn im Momente des Verliebens ist uns zu Mute, als habe ein elektrischer Strahl aus dem Auge der Geliebten plötzlich in unser Herz eingeschlagen. Ach! diese Blitze sind die verderblichsten, und wer gegen diese einen Ableiter erfindet, den will ich höher achten als Franklin. Gäbe es doch kleine Blitzableiter, die man auf dem Herzen tragen könnte, und woran eine Wetterstange wäre, die das schreckliche Feuer anderswo hin zu leiten vermöchte. Ich fürchte aber, dem kleinen Amor kann man seine Pfeile nicht so leicht rauben, wie dem Jupiter seinen Blitz und den Tyrannen ihr Zepter. Außerdem wirkt nicht jede Liebe blitzartig; manchmal lauert sie, wie eine Schlange unter Rosen, und erspäht die erste Herzenslücke, um hineinzuschlüpfen; manchmal ist es nur ein Wort, ein Blick, die Erzählung einer unscheinbaren Handlung, was wie ein lichtes Samenkorn in unser Herz fällt, eine ganze Winterzeit ruhig darin liegt, bis der Frühling kommt, und das kleine Samenkorn aufschießt zu einer flammenden Blume, deren Duft den Kopf betäubt. Dieselbe Sonne, die im Niltal Ägyptens Krokodilleneier ausbrütet, kann zugleich zu Potsdam an der Havel die Liebessaat in einem jungen Herzen zur Vollreife bringen – dann gibt es Tränen in Ägypten und Potsdam. Aber Tränen sind noch lange keine Erklärungen – Was ist die Liebe? Hat keiner ihr Wesen ergründet? hat keiner das Rätsel gelöst? Vielleicht bringt solche Lösung größere Qual als das Rätsel selbst, und das Herz erschrickt und erstarrt darob, wie beim Anblick der Medusa. Schlangen ringeln sich um das schreckliche Wort, das dieses Rätsel auflöst – O, ich will dieses Auflösungswort niemals wissen, das brennende Elend in meinem Herzen ist mir immer noch lieber als kalte Erstarrung. O, sprecht es nicht aus, Ihr gestorbenen Gestalten, die Ihr schmerzlos wie Stein, aber auch gefühllos wie Stein durch die Rosengärten dieser Welt wandelt, und mit bleichen Lippen auf den törigten Gesellen herablächelt, der den Duft der Rosen preist und über Dornen klagt.

Wenn ich Dir aber, lieber Leser, nicht zu sagen vermag, was die Liebe eigentlich ist, so könnte ich Dir doch ganz ausführlich erzählen, wie man sich gebärdet und wie einem zu Mut ist, wenn man sich auf den Apenninen verliebt hat. Man gebärdet sich nämlich wie ein Narr, man tanzt über Hügel und Felsen und glaubt, die ganze Welt tanze mit. Zu Mute ist einem dabei, als sei die Welt erst heute erschaffen worden, und man sei der erste Mensch. »Ach, wie schön ist das alles!« jauchzte ich, als ich Franscheskas Wohnung verlassen hatte. »Wie schön und kostbar ist diese neue Welt!« Es war mir, als müßte ich allen Pflanzen und Tieren einen Namen geben, und ich benannte alles nach seiner innern Natur und nach meinem eignen Gefühl, das mit den Außendingen so wunderbar verschmolz. Meine Brust war eine Quelle von Offenbarung, und ich verstand alle Formen und Gestaltungen, den Duft der Pflanzen, den Gesang der Vögel, das Pfeifen des Windes und das Rauschen der Wasserfälle. Manchmal hörte ich auch die göttliche Stimme: »Adam, wo bist du?« »Hier bin ich, Franscheska«, rief ich dann, »ich bete dich an, denn ich weiß ganz gewiß, du hast Sonne, Mond und Sterne erschaffen und die Erde mit allen ihren Kreaturen!« Dann kicherte es aus den Myrtenbüschen, und heimlich seufzte ich in mich hinein: »O süße Torheit, verlaß mich nicht!«

Späterhin, als die Dämmerungszeit herankam, begann erst recht die verrückte Seligkeit der Liebe. Die Bäume auf den Bergen tanzten nicht mehr einzeln, sondern die Berge selbst tanzten mit schweren Häuptern, die von der scheidenden Sonne so rot bestrahlt wurden, als hätten sie sich mit ihren eignen Weintrauben berauscht. Unten der Bach schoß hastiger von dannen, und rauschte angstvoll, als fürchte er, die entzückt taumelnden Berge würden zu Boden stürzen. Dabei wetterleuchtete es so lieblich, wie lichte Küsse. »Ja«, rief ich, »der lachende Himmel küßt die geliebte Erde – O Franscheska, schöner Himmel, laß mich deine Erde sein! Ich bin so ganz irdisch und sehne mich nach dir, mein Himmel!« So rief ich und streckte die Arme flehend empor, und rannte mit dem Kopfe gegen manchen Baum, den ich dann umarmte statt zu schelten, und meine Seele jauchzte vor Liebestrunkenheit, – als plötzlich ich eine glänzende Scharlachgestalt erblickte, die mich aus allen meinen Träumen gewaltsam herausriß, und der kühlsten Wirklichkeit zurückgab.

Kapitel VIII

Auf einem Rasenvorsprung, unter einem breiten Lorbeerbaume, saß Hyazinthos, der Diener des Markese, und neben ihm Apollo, dessen Hund. Letzterer stand vielmehr, indem er die Vorderpfoten auf die Scharlachknie des kleinen Mannes gelegt hatte, und neugierig zusah, wie dieser, eine Schreibtafel in den Händen haltend, dann und wann etwas hineinschrieb, wehmütig vor sich hinlächelte, das Köpfchen schüttelte, tief seufzte und sich dann vergnügt die Nase putzte.

»Was Henker«, rief ich ihm entgegen, »Hirsch Hyazinthos! machst du Gedichte? Nun, die Zeichen sind günstig, Apollo steht dir zur Seite und der Lorbeer hängt schon über deinem Haupte!«

Aber ich tat dem armen Schelme Unrecht. Liebreich antwortete er: »Gedichte? Nein, ich bin ein Freund von Gedichten, aber ich schreibe doch keine. Was sollte ich schreiben? Ich hatte eben nichts zu tun, und zu meinem Vergnügen machte ich mir eine Liste von den Namen derjenigen Freunde, die einst in meiner Kollekte gespielt haben. Einige davon sind mir sogar noch etwas schuldig – Glauben Sie nur nicht, Herr Doktor, ich wollte Sie mahnen – das hat Zeit, Sie sind mir gut. Hätten Sie nur zuletzt 1365 statt 1364 gespielt, so wären Sie jetzt ein Mann von hunderttausend Mark Banko, und brauchten nicht hier herumzulaufen, und könnten ruhig in Hamburg sitzen, ruhig und vergnügt, und könnten sich auf dem Sofa erzählen lassen, wie es in Italien aussieht. So wahr mir Gott helfe! ich wäre nicht hergereist, hätte ich es nicht Herrn Gumpel zu Liebe getan. Ach, wie viel Hitz und Gefahr und Müdigkeit muß ich ausstehen, und wo nur eine

Überspannung ist oder eine Schwärmerei, ist auch Herr Gumpel dabei, und ich muß alles mitmachen. Ich wäre schon längst von ihm gegangen, wenn er mich missen könnte. Denn wer soll nachher zu Hause erzählen, wie viel Ehre und Bildung er in der Fremde genossen? Und soll ich die Wahrheit sagen, ich selbst fang an, viel auf Bildung zu geben. In Hamburg hab ich sie gottlob nicht nötig; aber man kann nicht wissen, man kommt einmal nach einem anderen Ort. Es ist eine ganz andere Welt jetzt. Und man hat Recht; so ein bißchen Bildung ziert den ganzen Menschen. Und welche Ehre hat man davon! Lady Maxfield zum Beispiel, wie hat sie mich diesen Morgen aufgenommen und honoriert! Ganz parallel wie ihres Gleichen. Und sie gab mir einen Franceskoni Trinkgeld, obschon die Blume nur fünf Paoli gekostet hatte. Außer dem ist es auch ein Vergnügen, wenn man den kleinen, weißen Fuß von schönen Damenpersonen in Händen hat.«

Ich war nicht wenig betreten über diese letzte Bemerkung, und dachte gleich: ist das Stichelei? Wie konnte aber der Lump schon Kenntnis haben von dem Glücke, das mir erst denselben Tag begegnet, zu derselben Zeit, als er auf der entgegengesetzten Seite des Bergs war? Gabs dort etwa eine ähnliche Szene und offenbarte sich darin die Ironie des großen Weltbühnendichters da droben, daß er vielleicht noch tausend solcher Szenen, die gleichzeitig eine die andere parodieren, zum Vergnügen der himmlischen Heerscharen aufführen ließ? Indessen beide Vermutungen waren ungegründet, denn nach langen wiederholten Fragen, und nachdem ich das Versprechen geleistet, dem Markese nichts zu verraten, gestand mir der arme Mensch: Lady Maxfield habe noch zu Bette gelegen, als er ihr die Tulpe überreicht, in dem Augenblick, wo er seine schöne Anrede halten wollen, sei einer ihrer Füße nackt zum Vorschein gekommen, und da er Hühneraugen daran bemerkt, habe er gleich um die Erlaubnis gebeten, sie ausschneiden zu dürfen, welches auch gestattet und nachher, zugleich für die Überreichung der Tulpe, mit einem Franceskoni belohnt worden sei.

»Es ist mir aber immer nur um die Ehre zu tun« – setzte Hyazinth hinzu – »und das habe ich auch dem Baron Rothschild gesagt, als ich die Ehre hatte, ihm die Hühneraugen zu schneiden. Es geschah in seinem Kabinett; er saß dabei auf seinem grünen Sessel, wie auf einem Thron, sprach wie ein König, um ihn herum standen seine Courtiers, und er gab seine Ordres, und schickte Stafetten an alle Könige; und wie ich ihm während dessen die Hühneraugen schnitt, dacht ich im Herzen: du hast jetzt in Händen den Fuß des Mannes, der selbst jetzt die ganze Welt in Händen hat, du bist jetzt ebenfalls ein wichtiger Mensch, schneidest du ihn unten ein bißchen zu scharf, so wird er verdrießlich, und schneidet oben die größten Könige noch ärger – Es war der glücklichste Moment meines Lebens!«

»Ich kann mir dieses schöne Gefühl vorstellen, Herr Hyazinth. Welchen aber von der Rothschildschen Dynastie haben Sie solchermaßen amputiert? War es etwa der hochherzige Brite, der Mann in Lombardstreet, der ein Leihhaus für Kaiser und Könige errichtet hat?«

»Versteht sich, Herr Doktor, ich meine den großen Rothschild, den großen Nathan Rothschild, Nathan den Weisen, bei dem der Kaiser von Brasilien seine diamantene Krone versetzt hat. Aber ich habe auch die Ehre gehabt, den Baron Salomon Rothschild in Frankfurt kennen zu lernen, und wenn ich mich auch nicht seines intimen Fußes zu erfreuen hatte, so wußte er mich doch zu schätzen. Als der Herr Markese zu ihm sagte, ich sei einmal Lotteriekollekteur gewesen, sagte der Baron sehr witzig: ›Ich bin ja selbst so etwas, ich bin ja der Oberkollekteur der rothschildschen Lose, und mein Kollege darf bei Leibe nicht mit den Bedienten essen, er soll neben mir bei Tische sitzen‹ – Und so wahr wie mir Gott alles Guts geben soll, Herr Doktor, ich saß neben Salomon Rothschild, und er behandelte mich ganz wie seines Gleichen, ganz famillionär. Ich war auch bei ihm auf dem berühmten Kinderball, der in der Zeitung gestanden. So viel Pracht bekomme ich mein Lebtag nicht mehr zu sehen. Ich bin doch auch in Hamburg auf einem Ball gewesen, der 1500 Mark und 8 Schilling kostete, aber das war doch nur wie ein Hühnerdreckchen gegen einen Misthaufen. Wie viel Gold und Silber und Diamanten habe ich dort gesehen! Wie viel Sterne und Orden! Den Falkenorden, das goldne Vlies, den Löwenorden, den Adlerorden – sogar ein ganz klein Kind, ich sage Ihnen, ein ganz klein Kind trug einen Elefantenorden. Die Kinder waren gar schön maskiert und spielten Anleihe, und waren angezogen wie die Könige, mit Kronen auf den Köpfen, ein großer Junge aber war angezogen präzise wie der alte Nathan Rothschild. Er machte seine Sache sehr gut, hatte beide Hände in der Hosentasche, klimperte mit Geld, schüttelte sich verdrießlich, wenn einer von den kleinen Königen was geborgt haben wollte, und nur dem kleinen mit dem weißen Rock und den roten Hosen streichelte er freundlich die Backen, und lobte ihn: ›Du bist mein Plaisir, mein Liebling, mein' Pracht, aber dein Vetter Michel soll mir vom Leib bleiben, ich werde diesem Narrn nichts borgen, der täglich mehr Menschen ausgibt, als er jährlich zu verzehren hat; es kommt durch ihn noch ein Unglück in die Welt, und mein Geschäft wird darunter leiden.‹ So wahr mir Gott alles Guts gebe, der Junge machte seine Sache sehr gut, besonders wenn er das dicke Kind, das in weißen Atlas mit echten silbernen Liljen gewickelt war, im Gehen unterstützte und bisweilen zu ihm sagte: ›Na, na, du, du, führ dich nur gut auf, ernähr dich redlich, sorg, daß du nicht wieder weggejagt wirst, damit ich nicht mein Geld verliere.‹ Ich versichere Sie, Herr Doktor, es war ein Vergnügen, den Jungen zu hören; und auch die anderen Kinder, lauter liebe Kinder, machten ihre Sache sehr gut – bis ihnen Kuchen gebracht wurde, und sie sich um das beste Stück stritten, und sich die Kronen vom Kopf rissen, und schrieen und weinten, und einige sich sogar – –«

Kapitel IX

Es gibt nichts Langweiligeres auf dieser Erde, als die Lektüre einer italienischen Reisebeschreibung – außer etwa das Schreiben derselben – und nur dadurch kann der Verfasser sie einigermaßen erträglich machen, daß er von Italien selbst so wenig als möglich darin redet. Trotz dem, daß ich diesen Kunstkniff vollauf anwende, kann ich Dir, lieber Leser, in den nächsten Kapiteln nicht viel Unterhaltung versprechen. Wenn Du Dich bei dem ennuyanten Zeug, das darin vorkommen wird, langweilst, so tröste Dich mit mir, der all dieses Zeug sogar schreiben mußte. Ich rate Dir, überschlage dann und wann einige Seiten, dann kömmst Du mit dem Buche schneller zu Ende – ach, ich wollt, ich könnt es eben so machen! Glaub nur nicht, ich scherze; wenn ich Dir ganz ernsthaft meine Herzensmeinung über dieses Buch gestehen soll, so rate ich Dir, es jetzt zuzuschlagen, und gar nicht weiter darin zu lesen. Ich will Dir nächstens etwas Besseres schreiben, und wenn wir in einem folgenden Buche, in der Stadt Lucca, wieder mit Mathilden und Franscheska zusammentreffen, so sollen Dich die lieben Bilder viel anmutiger ergötzen, als gegenwärtiges Kapitel und gar die folgenden.

Gottlob, vor meinem Fenster erklingt ein Leierkasten mit lustigen Melodien! Mein trüber Kopf bedarf solcher Aufheiterung, besonders da ich jetzt meinen Besuch bei Seiner Exzellenz dem Markese Christophoro di Gumpelino zu beschreiben habe. Ich will diese rührende Geschichte, ganz genau, wörtlich treu, in ihrer schmutzigsten Reinheit, mitteilen.

Es war schon spät, als ich die Wohnung des Markese erreichte. Als ich ins Zimmer trat, stand Hyazinth allein und putzte die goldenen Sporen seines Herrn, welcher, wie ich durch die halbgeöffnete Türe seines Schlafkabinetts sehen konnte, vor einer Madonna und einem großen Kruzifixe, auf den Knieen lag.

Du mußt nämlich wissen, lieber Leser, daß der Markese, dieser vornehme Mann, jetzt ein guter Katholik ist, daß er die Zeremonien der alleinseligmachenden Kirche streng ausübt, und sich, wenn er in Rom ist, sogar einen eignen Kapellan hält, aus demselben Grunde, weshalb er in England die besten Wettrenner und in Paris die schönste Tänzerin unterhielt.

»Herr Gumpel verrichtet jetzt sein Gebet« – flüsterte Hyazinth mit einem wichtigen Lächeln, und indem er nach dem Kabinette seines Herrn deutete, fügte er noch leiser hinzu: »so liegt er alle Abende zwei Stunden auf den Knieen vor der Prima Donna mit dem Jesuskind. Es ist ein prächtiges Kunstbild, und es kostet ihm sechshundert Franceskonis.«

»Und Sie, Herr Hyazinth, warum knieen Sie nicht hinter ihm? Oder sind Sie etwa kein Freund von der katholischen Religion?«

»Ich bin ein Freund davon, und bin auch wieder kein Freund davon«, antwortete jener mit bedenklichem Kopfwiegen. »Es ist eine gute Religion für einen vornehmen Baron, der den ganzen Tag müßig gehen kann, und für einen Kunstkenner; aber es ist keine Religion für einen Hamburger, für einen Mann, der sein Geschäft hat, und durchaus keine Religion für einen Lotteriekollekteur. Ich muß jede Nummer, die gezogen wird, ganz exakt aufschreiben, und denke ich dann zufällig an Bum! Bum! Bum! an eine katholische Glock, oder schwebelt es mir vor den Augen wie katholischer Weihrauch, und ich verschreib mich, und ich schreibe eine unrechte Zahl, so kann das größte Unglück daraus entstehen. Ich habe oft zu Herren Gumpel gesagt: ›Ew. Ex. sind ein reicher Mann und können katholisch sein so viel Sie wollen, und können sich den Verstand ganz katholisch einräuchern lassen, und können so dumm werden wie eine katholische Glock, und Sie haben doch zu essen; ich aber bin ein Geschäftsmann, und muß meine sieben Sinne zusammen halten, um was zu verdienen.‹ Herr Gumpel meint freilich, es sei nötig für die Bildung, und wenn ich nicht katholisch würde, verstände ich nicht die Bilder, die zur Bildung gehören, nicht den Johann v. Viehesel, den Corretschio, den Carratschio, den Carravatschio – aber ich habe immer gedacht, der Corretschio und Carratschio und Carravatschio können mir alle nichts helfen, wenn niemand mehr bei mir spielt, und ich komme dann in die Patschio. Dabei muß ich Ihnen auch gestehen, Herr Doktor, daß mir die katholische Religion nicht einmal Vergnügen macht, und als ein vernünftiger Mann müssen Sie mir Recht geben. Ich sehe das Plaisir nicht ein, es ist eine Religion als wenn der liebe Gott, gottbewahre, eben gestorben wäre, und es riecht dabei nach Weihrauch, wie bei einem Leichenbegängnis, und dabei brummt eine so traurige Begräbnismusik, daß man die Melancholik bekömmt – ich sage Ihnen, es ist keine Religion für einen Hamburger.«

»Aber, Herr Hyazinth, wie gefällt Ihnen denn die protestantische Religion?«

»Die ist mir wieder zu vernünftig, Herr Doktor, und gäbe es in der protestantischen Kirche keine Orgel, so wäre sie gar keine Religion. Unter uns gesagt, diese Religion schadet nichts und ist so rein wie ein Glas Wasser, aber, sie hilft auch nichts. Ich habe sie probiert und diese Probe kostet mich vier Mark vierzehn Schilling –«

»Wie so, mein lieber Herr Hyazinth?«

»Sehen, Herr Doktor, ich habe gedacht: das ist freilich eine sehr aufgeklärte Religion, und es fehlt ihr an Schwärmerei und Wunder; indessen, ein bißchen Schwärmerei muß sie doch haben, ein ganz klein Wunderchen muß sie doch tun können, wenn sie sich für eine honette Religion ausgeben will. Aber wer soll da Wunder tun, dacht ich, als ich mal in Hamburg eine protestantische Kirche besah, die zu der ganz kahlen Sorte gehörte, wo nichts als braune Bänke und weiße Wände sind, und an der Wand nichts als ein schwarz Täfelchen hängt, worauf ein halb Dutzend weiße Zahlen stehen. Du tust dieser Religion vielleicht Unrecht, dacht ich wieder, vielleicht können diese Zahlen eben so gut ein Wunder tun wie ein Bild von der Mutter Gottes oder wie ein Knochen von ihrem Mann, dem heiligen Joseph, und um der Sache auf den Grund zu kommen, ging ich gleich nach Altona, und besetzte eben diese Zahlen in der Altonaer Lotterie, die Ambe besetzte ich mit acht Schilling, die Terne mit sechs, die Quaterne mit vier, und die Quinterne mit zwei Schilling – Aber, ich versichere Sie auf meine Ehre, keine einzige von den protestantischen Nummern ist herausgekommen. Jetzt wußte ich was ich zu denken hatte, jetzt dacht ich, bleibt mir weg mit einer Religion die gar nichts kann, bei der nicht einmal eine Ambe herauskömmt – werde ich so ein Narr sein, auf diese Religion, worauf ich schon vier Mark und vierzehn Schilling gesetzt und verloren habe, noch meine ganze Glückseligkeit zu setzen?«

»Die altjüdische Religion scheint Ihnen gewiß viel zweckmäßiger, mein Lieber?«

»Herr Doktor, bleiben Sie mir weg mit der altjüdischen Religion, die wünsche ich nicht meinem ärgsten Feind. Man hat nichts als Schimpf und Schande davon. Ich sage Ihnen, es ist gar keine Religion, sondern ein Unglück. Ich vermeide alles, was mich daran erinnern könnte, und weil Hirsch ein jüdisches Wort ist und auf Deutsch Hyazinth heißt, so habe ich sogar den alten Hirsch laufen lassen, und unterschreibe mich jetzt: ›Hyazinth, Kollekteur, Operateur und Taxator‹. Dazu habe ich noch den Vorteil, daß schon ein H. auf meinem Petschaft steht und ich mir kein neues stechen zu lassen brauche. Ich versichere Ihnen, es kommt auf dieser Welt viel darauf an wie man heißt; der Name tut viel. Wenn ich mich unterschreibe: ›Hyazinth, Kollekteur, Operateur und Taxator‹, so klingt das ganz anders als schriebe ich Hirsch schlechtweg, und man kann mich dann nicht wie einen gewöhnlichen Lump behandeln.«

»Mein lieber Herr Hyazinth! Wer könnte Sie so behandeln! Sie scheinen schon so viel für Ihre Bildung getan zu haben, daß man in Ihnen den gebildeten Mann schon erkennt, ehe Sie den Mund auftun, um zu sprechen.«

»Sie haben Recht, Herr Doktor, ich habe in der Bildung Fortschritte gemacht wie eine Riesin. Ich weiß wirklich nicht, wenn ich nach Hamburg zurückkehre, mit wem ich dort umgehn soll; und was die Religion anbelangt, so weiß ich was ich tue. Vor der Hand aber kann ich mich mit dem neuen israelitischen Tempel noch behelfen; ich meine den reinen Mosaik-Gottesdienst, mit orthographischen deutschen Gesängen und gerührten Predigten, und einigen Schwärmereichen, die eine Religion durchaus nötig hat. So wahr mir Gott alles Guts gebe, für mich verlange ich jetzt keine bessere Religion, und sie verdient, daß man sie unterstützt. Ich will das Meinige tun, und bin ich wieder in Hamburg, so will ich alle Sonnabend, wenn kein Ziehungstag ist, in den neuen Religion-Tempel gehen. Es gibt leider Menschen, die diesem neuen israelitischen Gottesdienst einen schlechten Namen machen, und behaupten, er gäbe, mit Respekt zu sagen, Gelegenheit zu einem Schisma – aber ich kann Ihnen versichern, es ist eine gute reinliche Religion, noch etwas zu gut für den gemeinen Mann, für den die altjüdische Religion vielleicht noch immer sehr nützlich ist. Der gemeine Mann muß eine Dummheit haben, worin er sich glücklich fühlt, und er fühlt sich glücklich in seiner Dummheit. So ein alter Jude mit einem langen Bart und zerrissenem Rock, und der kein orthographisch Wort sprechen kann und sogar ein bißchen grindig ist, fühlt sich vielleicht innerlich glücklicher als ich mich mit all meiner Bildung. Da wohnt in Hamburg, im Bäckerbreitengang, auf einem Sahl, ein Mann, der heißt Moses Lump, man nennt ihn auch Moses Lümpchen, oder kurzweg Lümpchen; der läuft die ganze Woche herum, in Wind und Wetter, mit seinem Packen auf dem Rücken, um seine paar Mark zu verdienen; wenn der nun Freitag Abends nach Hause kömmt, findet er die Lampe mit sieben Lichtern angezündet, den Tisch weiß gedeckt, und er legt seinen Packen und seine Sorgen von sich, und setzt sich zu Tisch mit seiner schiefen Frau und noch schieferen Tochter, ißt mit ihnen Fische, die gekocht sind in angenehm weißer Knoblauchsauce, singt dabei die prächtigsten Lieder vom König David, freut sich von ganzem Herzen über den Auszug der Kinder Israel aus Ägypten, freut sich auch, daß alle Bösewichter, die ihnen Böses getan, am Ende gestorben sind, daß König Pharao, Nebukadnezar, Haman, Antiochus, Titus und all solche Leute tot sind, daß Lümpchen aber noch lebt und mit Frau und Kind Fisch ißt – Und ich sage Ihnen, Herr Doktor, die Fische sind delikat und der Mann ist glücklich, er braucht sich mit keiner Bildung abzuquälen, er sitzt vergnügt in seiner Religion und seinem grünen Schlafrock, wie Diogenes in seiner Tonne, er betrachtet vergnügt seine Lichter, die er nicht einmal selbst putzt – Und ich sage Ihnen, wenn die Lichter etwas matt brennen, und die Schabbesfrau, die sie zu putzen hat, nicht bei der Hand ist, und Rothschild der Große käme jetzt herein, mit all seinen Maklern, Diskonteuren, Spediteuren und Chefs de Comptoir, womit er die Welt erobert, und er spräche: ›Moses Lump, bitte dir eine Gnade aus, was du haben willst, soll geschehen‹ – Herr Doktor, ich bin überzeugt, Moses Lump würde ruhig antworten: ›Putz mir die Lichter!‹ und Rothschild der Große würde mit Verwunderung sagen: ›Wär ich nicht Rothschild, so möchte ich so ein Lümpchen sein!‹«

Während Hyazinth solchermaßen, episch breit, nach seiner Gewohnheit, seine Ansichten entwickelte, erhob sich der Markese von seinem Betkissen, und trat zu uns, noch immer einige Paternoster durch die Nase schnurrend. Hyazinth zog jetzt den grünen Flor über das Madonnenbild, das oberhalb des Betpultes hing, löschte die beiden Wachskerzen aus, die davor brannten, nahm das kupferne Kruzifix herab, kam damit zu uns zurück, und putzte es mit demselben Lappen und mit derselben spuckenden Gewissenhaftigkeit, womit er eben auch die Sporen seines Herrn geputzt hatte. Dieser aber war wie aufgelöst in Hitze und weicher Stimmung; statt eines Oberkleides trug er einen weiten, blauseidenen Domino mit silbernen Frangen, und seine Nase schimmerte wehmütig, wie ein verliebter Louisdor. »O Jesus!« – seufzte er, als er sich in die Kissen des Sofas sinken ließ – »finden Sie nicht, Herr Doktor, daß ich heute Abend sehr schwärmerisch aussehe? Ich bin sehr bewegt, mein Gemüt ist aufgelöst, ich ahne eine höhere Welt,

> Das Auge sieht den Himmel offen,
> Es schwelgt das Herz in Seligkeit!«

»Herr Gumpel, Sie müssen einnehmen« – unterbrach Hyazinth die pathetische Deklamation – »das Blut in Ihren Eingeweiden ist wieder schwindelig, ich weiß, was Ihnen fehlt –«

»Du weißt nicht« – seufzte der Herr.

»Ich sage Ihnen, ich weiß« – erwiderte der Diener, und nickte mit seinem gutmütig betätigenden Gesichtchen – »ich kenne Sie ganz durch und durch, ich weiß, Sie sind ganz das Gegenteil von mir, wenn Sie Durst haben, habe ich Hunger, wenn Sie Hunger haben, habe ich Durst; Sie sind zu korpulent und ich bin zu mager, Sie haben viel Einbildung, und ich habe desto mehr Geschäftssinn, ich bin ein Praktikus und Sie sind ein Diarrhetikus, kurz und gut, Sie sind ganz mein Antipodex.«

»Ach Julia!« – seufzte Gumpelino – »wär ich der gelblederne Handschuh doch auf deiner Hand und küßte deine Wange! Haben Sie, Herr Doktor, jemals die Crelinger in Romeo und Julia gesehen?«

»Freilich, und meine ganze Seele ist noch davon entzückt –«

»Nun dann« – rief der Markese begeistert, und Feuer schoß aus seinen Augen und beleuchtete die Nase – »dann verstehen Sie mich, dann wissen Sie was es heißt, wenn ich Ihnen sage: ich liebe! Ich will mich Ihnen ganz dekouvrieren. Hyazinth, geh mal hinaus –«

»Ich brauche gar nicht hinaus zu gehen« – sprach dieser verdrießlich – »Sie brauchen sich vor mir nicht zu genieren, ich kenne auch die Liebe, und ich weiß schon –«

»Du weißt nicht!« rief Gumpelino.

»Zum Beweise, Herr Markese, daß ich weiß, brauche ich nur den Namen Julia Maxfield zu nennen. Beruhigen Sie sich, Sie werden wieder geliebt – aber es kann Ihnen alles nichts helfen. Der Schwager Ihrer Geliebten läßt sie nicht aus den Augen, und bewacht sie Tag und Nacht wie einen Diamant.«

»O ich Unglücklicher« – jammerte Gumpelino – »ich liebe und bin wieder geliebt, wir drücken uns heimlich die Hände, wir treten uns unterm Tisch auf die Füße, wir winken uns mit den Augen, und wir haben keine Gelegenheit! Wie oft stehe ich im Mondschein auf dem Balkon, und bilde mir ein ich wäre selbst die Julia, und mein Romeo oder mein Gumpelino habe mir ein Rendezvous gegeben, und ich deklamiere, ganz wie die Crelinger:

Komm Nacht! Komm Gumpelino, Tag in Nacht!
Denn du wirst ruhn auf Fittigen der Nacht,
Wie frischer Schnee auf eines Raben Rücken.
Komm milde, liebevolle Nacht! Komm, gib
Mir meinen Romeo, oder Gumpelino –

Aber ach! Lord Maxfield bewacht uns beständig, und wir sterben beide vor Sehnsuchtsgefühl! Ich werde den Tag nicht erleben, daß eine solche Nacht kommt, wo jedes reiner Jugend Blüte zum Pfande setzt, gewinnend zu verlieren! Ach! so eine Nacht wäre mir lieber, als wenn ich das große Los in der Hamburger Lotterie gewönne –«

»Welche Schwärmerei!« – rief Hyazinth – »das große Los, 100 000 Mark!«

»Ja, lieber als das große Los« – fuhr Gumpelino fort – »wär mir so eine Nacht, und ach! sie hat mir schon oft eine solche Nacht versprochen, bei der ersten Gelegenheit, und ich hab mir schon gedacht, daß sie dann des Morgens deklamieren wird, ganz wie die Crelinger:

Willst du schon gehn? Der Tag ist ja noch fern.
Es war die Nachtigall und nicht die Lerche,
Die eben jetzt dein banges Ohr durchdrang.
Sie singt des Nachts auf dem Granatbaum dort.
Glaub, Lieber, mir, es war die Nachtigall.«

»Das große Los für eine einzige Nacht!« – wiederholte unterdessen mehrmals Hyazinth, und konnte sich nicht zufrieden geben – »Ich habe eine große Meinung, Herr Markese, von Ihrer Bildung, aber daß Sie es in der Schwärmerei so weit gebracht, hätte ich nicht geglaubt. Die Liebe sollte einem lieber sein als das große Los! Wirklich, Herr Markese, seit ich mit Ihnen Umgang habe, als Bedienter, habe ich mir schon viel Bildung angewöhnt; aber so viel weiß ich, nicht einmal ein Achtelchen vom großen Los gäbe ich für die Liebe! Gott soll mich davor bewahren! Wenn ich auch rechne fünfhundert Mark Abzugsdekort, so bleiben doch noch immer zwölftausend Mark! Die Liebe! Wenn ich alles zusammenrechne was mich die Liebe gekostet hat, kommen nur zwölf Mark und dreizehn Schilling heraus. Die Liebe! Ich habe auch viel Umsonstglück in der Liebe gehabt, was mich gar nichts gekostet hat; nur dann und wann habe ich mal meiner Geliebten par Complaisanz die Hühneraugen geschnitten. Ein wahres, gefühlvoll leidenschaftliches Attachement hatte ich nur ein einziges Mal, und das war die dicke Gudel vom Dreckwall. Die Frau spielte bei mir, und wenn ich kam, ihr das Los zu renovieren, drückte sie mir immer ein Stück Kuchen in die Hand, ein Stück sehr guten Kuchen; – auch hat sie mir manchmal etwas Eingemachtes gegeben, und ein Likörchen dabei, und als ich ihr einmal klagte, daß ich mit Gemütsbeschwerden behaftet sei, gab sie mir das Rezept zu den Pulvern, die ihr eigner Mann braucht. Ich brauche die Pulver noch bis zur heutigen Stunde, sie tun immer ihre Wirkung – weitere Folgen hat unsere Liebe nicht gehabt. Ich dächte, Herr Markese, Sie brauchten mal eins von diesen Pulvern. Es war mein Erstes, als ich nach Italien kam, daß ich in Mailand nach der Apotheke ging, und mir die Pulver machen ließ, und ich trage sie beständig bei mir. Warten Sie nur, ich will sie suchen, und wenn ich suche so finde ich sie, und wenn ich sie finde so müssen sie Ew. Exzellenz einnehmen.«

Es wäre zu weitläuftig, wenn ich den Kommentar wiederholen wollte, womit der geschäftige Sucher jedes Stück begleitete, das er aus seiner Tasche kramte. Da kam zum Vorschein: 1° ein halbes Wachslicht, 2° ein silbernes Etui, worin die Instrumente zum Schneiden der Hühneraugen, 3° eine Zitrone, 4° eine Pistole, die obgleich nicht geladen, dennoch mit Papier umwickelt war, vielleicht damit ihr Anblick keine gefährliche Träume verursache, 5° eine gedruckte Liste von der letzten Ziehung der großen Hamburger Lotterie, 6° ein schwarzledernes Büchlein, worin die

Psalmen Davids und die ausstehenden Schulden, 7° ein dürres Weidensträußchen, wie zu einem Knoten verschlungen, 8° ein Päckchen, das mit verblichenem Rosataffet überzogen war und die Quittung eines Lotterieloses enthielt, das einst funfzigtausend Mark gewonnen, 9° ein plattes Stück Brot, wie weißgebackner Schiffszwieback, mit einem kleinen Loch in der Mitte, und endlich 10° die oben erwähnten Pulver, die der kleine Mann mit einer gewissen Rührung und mit seinem verwundert wehmütigen Kopfschütteln betrachtete.

»Wenn ich bedenke« – seufzte er – »daß mir vor zehn Jahren die dicke Gudel dies Rezept gegeben, und daß ich jetzt in Italien bin und dasselbe Rezept in Händen habe, und wieder die Worte lese: sal mirabile Glauberi, das heißt auf deutsch extra feines Glaubensalz von der besten Sorte – ach, da ist mir zu Mut, als hätte ich das Glaubensalz selbst schon eingenommen und als fühlte ich die Wirkung. Was ist der Mensch! Ich bin in Italien und denke an die dicke Gudel vom Dreckwall! Wer hätte das gedacht! Ich kann mir vorstellen, sie ist jetzt auf dem Lande, in ihrem Garten, wo der Mond scheint, und gewiß auch eine Nachtigall singt oder eine Lerche –«

»Es ist die Nachtigall und nicht die Lerche!« seufzte Gumpelino dazwischen, und deklamierte vor sich hin:

»Sie singt des Nachts auf dem Granatbaum dort;
Glaub, Lieber, mir, es war die Nachtigall.«

»Das ist ganz einerlei« – fuhr Hyazinth fort – »meinethalben ein Kanarienvogel, die Vögel die man im Garten hält, kosten am wenigsten. Die Hauptsache ist das Treibhaus, und die Tapeten im Pavillon und die Staatsfiguren, die davor stehen, und da stehen, zum Beispiel, ein nackter General von den Göttern und die Venus Urinia, die beide dreihundert Mark kosten. Mitten im Garten hat sich die Gudel auch eine Fontenelle anlegen lassen – Und da steht sie vielleicht jetzt und puhlt sich die Nase, und macht sich ein Schwärmereivergnügen, und denkt an mich – Ach!«

Nach diesem Seufzer erfolgte eine sehnsüchtige Stille, die der Markese endlich unterbrach, mit der schmachtenden Frage: »Sage mir auf deine Ehre, Hyazinth, glaubst du wirklich, daß dein Pulver wirken wird?«

»Es wird auf meine Ehre wirken«, erwiderte jener. »Warum soll es nicht wirken? Wirkt es doch bei mir! Und bin ich denn nicht ein lebendiger Mensch so gut wie Sie? Glaubensalz macht alle

Menschen gleich; und wenn Rothschild Glaubensalz einnimmt, fühlt er dieselbe Wirkung wie das kleinste Maklerchen. Ich will Ihnen alles voraussagen: Ich schütte das Pulver in ein Glas, gieße Wasser dazu, rühre es, und so wie Sie das hinuntergeschluckt haben, ziehen Sie ein saures Gesicht und sagen Prr! Prr! Hernach hören Sie selbst, wie es in Ihnen herumkullert, und es ist Ihnen etwas kurios zu Mut und Sie legen sich zu Bett, und ich gebe Ihnen mein Ehrenwort, Sie stehen wieder auf, und Sie legen sich wieder, und stehen wieder auf, und so fort, und den andern Morgen fühlen Sie sich leicht wie ein Engel mit weißen Flügeln, und Sie tanzen vor Gesundeswohlheit, nur ein bißchen blaß sehen Sie dann aus; aber ich weiß, Sie sehen gern schmachtend blaß aus, und wenn Sie schmachtend blaß aussehen, sieht man Sie gern.«

Obgleich Hyazinth solchermaßen zuredete, und schon das Pulver bereitete, hätte das doch wenig gefruchtet, wenn nicht dem Markese plötzlich die Stelle, wo Julia den verhängnisvollen Trank einnimmt, in den Sinn gekommen wäre. »Was halten Sie, Doktor« − rief er − »von der Müller in Wien? Ich habe sie als Julia gesehen, und Gott! Gott! wie spielt sie! Ich bin doch der größte Enthusiast für die Crelinger, aber die Müller, als sie den Becher austrank, hat mich hingerissen. Sehen Sie« − sprach er, indem er mit tragischer Gebärde das Glas, worin Hyazinth das Pulver geschüttet, zur Hand nahm − »sehen Sie, so hielt sie den Becher und schauderte, daß man alles mitfühlte wenn sie sagte:

Kalt rieselt matter Schaur durch meine Adern,
Der fast die Lebenswärm erstarren macht!

Und so stand sie, wie ich jetzt stehe, und hielt den Becher an die Lippen, und bei den Worten:

Weile, Tybalt!
Ich komme, Romeo! Dies trink ich Dir.

Da leerte sie den Becher −«

»Wohl bekomme es Ihnen, Herr Gumpel!« sprach Hyazinth mit feierlichem Tone; denn der Markese hatte in nachahmender Begeisterung das Glas ausgetrunken, und sich, erschöpft von der Deklamation, auf das Sofa hingeworfen.

Er verharrte jedoch nicht lange in dieser Lage; denn es klopfte plötzlich jemand an die Türe, und herein trat Lady Maxfields kleiner Jockey, der dem Markese, mit lächelnder Verbeugung, ein Billett überreichte und sich gleich wieder empfahl. Hastig erbrach jener das Billett; während er las, leuchteten Nase und Augen vor Entzücken, jedoch plötzlich überflog eine Geisterblässe sein ganzes Gesicht, Bestürzung zuckte in jeder Muskel, mit Verzweiflungsgebärden sprang er auf, lachte grimmig, rannte im Zimmer umher und schrie:

»Weh mir, ich Narr des Glücks!«

»Was ist? Was ist?« frug Hyazinth mit zitternder Stimme, und indem er krampfhaft das Kruzifix, woran er wieder putzte, in zitternden Händen hielt – »Werden wir diese Nacht überfallen?«

»Was ist Ihnen, Herr Markese?« frug ich, ebenfalls nicht wenig erstaunt.

»Lest! lest!« – rief Gumpelino, indem er uns das empfangene Billett hinwarf, und immer noch verzweiflungsvoll im Zimmer umherrannte, wobei sein blauer Domino ihn wie eine Sturmwolke umflatterte – »Weh mir, ich Narr des Glücks!«

In dem Billette aber lasen wir folgende Worte:

»Süßer Gumpelino! Sobald es tagt, muß ich nach England abreisen. Mein Schwager ist indessen schon vorangeeilt und erwartet mich in Florenz. Ich bin jetzt unbeobachtet, aber leider nur diese einzige Nacht – Laß uns diese benutzen, laß uns den Nektarkelch, den uns die Liebe kredenzt, bis auf den letzten Tropfen leeren. Ich harre, ich zittere –

Julia Maxfield.«

»Weh mir, ich Narr des Glücks!« jammerte Gumpelino – »die Liebe will mir ihren Nektarkelch kredenzen, und ich, ach! ich Hansnarr des Glücks, ich habe schon den Becher des Glaubensalzes geleert! Wer bringt mir den schrecklichen Trank wieder aus dem Magen? Hülfe! Hülfe!«

»Hier kann kein irdischer Lebensmensch mehr helfen«, seufzte Hyazinth.

»Ich bedaure Sie von ganzem Herzen«, kondolierte ich ebenfalls. »Statt eines Kelchs mit Nektar ein Glas mit Glaubersalz zu genießen, das ist bitter! Statt des Thrones der Liebe harrt Ihrer jetzt der Stuhl der Nacht!«

»O Jesus! O Jesus!« – schrie der Markese noch immer – »Ich fühle, wie es durch alle meine Adern rinnt – O wackerer Apotheker! dein Trank wirkt schnell – aber ich lasse mich doch nicht dadurch abhalten, ich will zu ihr eilen, zu ihren Füßen will ich niedersinken, und da verbluten!«

»Von Blut ist gar nicht die Rede« – begütigte Hyazinth – »Sie

haben ja keine Homeriden. Sein Sie nur nicht leidenschaftlich –«

»Nein, nein! ich will zu ihr hin, in ihren Armen – o Nacht!
o Nacht –«

»Ich sage Ihnen« – fuhr Hyazinth fort mit philosophischer
Gelassenheit – »Sie werden in ihren Armen keine Ruhe haben,
Sie werden zwanzigmal aufstehen müssen. Sein Sie nur nicht
leidenschaftlich. Je mehr Sie im Zimmer auf- und abspringen und
je mehr Sie sich alterieren, desto schneller wirkt das Glaubensalz.
Ihr Gemüt spielt der Natur in die Hände. Sie müssen wie ein
Mann tragen, was das Schicksal über Sie beschlossen hat. Daß es
so gekommen ist, ist vielleicht gut, und es ist vielleicht gut, daß es
so gekommen ist. Der Mensch ist ein irdisches Wesen und begreift nicht die Fügung der Göttlichkeit. Der Mensch meint oft,
er ginge seinem Glück entgegen, und auf seinem Wege steht
vielleicht das Unglück mit einem Stock, und wenn ein bürgerlicher Stock auf einen adeligen Rücken kommt, so fühlts der
Mensch, Herr Markese.«

»Weh mir, ich Narr des Glücks!« tobte noch immer Gumpelino, sein Diener aber sprach ruhig weiter:

»Der Mensch erwartet oft einen Kelch mit Nektar, und er kriegt
eine Prügelsuppe, und ist auch Nektar süß, so sind doch Prügel
desto bitterer; und es ist noch ein wahres Glück, daß der Mensch,
der den andern prügelt, am Ende müde wird, sonst könnte es der
andere wahrhaftig nicht aushalten. Gefährlicher ist aber noch,
wenn das Unglück mit Dolch und Gift, auf dem Wege der Liebe,
dem Menschen auflauert, so daß er seines Lebens nicht sicher ist.
Vielleicht, Herr Markese, ist es wirklich gut, daß es so gekommen
ist, denn vielleicht wären Sie in der Hitze der Liebe zu der Geliebten hingelaufen, und auf dem Wege wäre ein kleiner Italiener mit
einem Dolch, der sechs Brabanter Ellen lang ist, auf Sie losgerannt,
und hätte Sie – ich will meinen Mund nicht zum Bösen auftun –
bloß in die Wade gestochen. Denn hier kann man nicht, wie in
Hamburg, gleich die Wache rufen, und in den Apenninen gibt es
keine Nachtwächter. Oder vielleicht gar« – fuhr der unerbittliche
Tröster fort, ohne durch die Verzweiflung des Markese sich im
mindesten stören zu lassen – »vielleicht gar, wenn Sie bei Lady
Maxfield ganz wohl und warm säßen, käme plötzlich der Schwager von der Reise zurück und setzte ihnen die geladene Pistole auf
die Brust, und ließe Sie einen Wechsel unterschreiben von hunderttausend Mark. Ich will meinen Mund nicht zum Bösen auf-

tun, aber ich setze den Fall: Sie wären ein schöner Mensch, und Lady Maxfield wäre in Verzweiflung, daß sie den schönen Menschen verlieren soll, und eifersüchtig, wie die Weiber sind, wollte sie nicht, daß eine andre sich nachher an Ihnen beglücke – Was tut sie? Sie nimmt eine Zitrone oder eine Orange, und schüttet ein klein weiß Pülverchen hinein, und sagt: ›Kühle dich, Geliebter, du hast dich heiß gelaufen‹ – und den andern Morgen sind Sie wirklich ein kühler Mensch. Da war ein Mann, der hieß Pieper und der hatte eine Leidenschaftsliebe mit einer Mädchenperson, die das Posaunenengelhannchen hieß, und die wohnte auf der Kaffemacherei und der Mann wohnte in der Fuhlentwiete –«

»Ich wollte, Hirsch« – schrie wütend der Markese, dessen Unruhe den höchsten Grad erreicht hatte – »ich wollt, dein Pieper von der Fuhlentwiete und sein Posaunenengel von der Kaffemacherei, und du und die Gudel, Ihr hättet mein Glaubensalz im Leibe!«

»Was wollen Sie von mir, Herr Gumpel?« – versetzte Hyazinth, nicht ohne Anflug von Hitze – »Was kann ich dafür, daß Lady Maxfield just heut Nacht abreisen will und Sie just heute invitiert? Konnt ich das voraus wissen? Bin ich Aristoteles? Bin ich bei der Vorsehung angestellt? Ich habe bloß versprochen, daß das Pulver wirken soll, und es wirkt so sicher, wie ich einst selig werde, und wenn Sie so disparat und leidenschaftlich mit solcher Raserei hin und her laufen, so wird es noch schneller wirken –«

»So will ich mich ruhig hinsetzen!« ächzte Gumpelino, stampfte den Boden, warf sich ingrimmig aufs Sofa, unterdrückte gewaltsam seine Wut und Herr und Diener sahen sich lange schweigend an, bis jener endlich nach einem tiefen Seufzer und fast kleinlaut ihn anredete:

»Aber Hirsch, was soll die Frau von mir denken, wenn ich nicht komme? Sie wartet jetzt auf mich, sie harrt sogar, sie zittert, sie glüht vor Liebe –«

»Sie hat einen schönen Fuß« – sprach Hyazinth in sich hinein und schüttelte wehmütig sein Köpflein. In seiner Brust aber schien es sich gewaltig zu bewegen, unter seinem roten Rocke arbeitete sichtbar ein kühner Gedanke –

»Herr Gumpel« – sprach es endlich aus ihm hervor – »Schicken Sie mich!«

Bei diesen Worten zog eine hohe Röte über das bläßliche Geschäftsgesicht.

»Die Stadt Lucca« war ursprünglich als Fortsetzung der »Bäder von Lucca« geplant, ja, Heine scheint sogar mit dem Gedanken gespielt zu haben, beide Prosatexte in einem »größeren Reiseroman« aufgehen zu lassen, woraus aber nichts wurde, so dass »Die Stadt Lucca« im vierten Band der »Reisebilder« (»Nachträge«) erschien. Heine tritt hier als zorniger Religionskritiker auf, der Mühe hat, sich unter Beibehaltung von Satire und Ironie zur Mäßigung anzuhalten. Dass Deutschland nach wie vor rückschrittlich und ein politisch zersplittertes Gebilde ist, liegt seiner Meinung nach an der »unheiligen Allianz von Thron und Altar«, die fortschrittliches Denken schon immer beargwöhnt und mit Sanktionen belegt hat.

Radikal ist Heine auch – wofür er von der Zensur nachträglich abgestraft wird – in seiner Kritik des Christentums, das er für anmaßend, abstrus und für freudlos hält, eine Kritik, die von Nietzsche, der sich nicht nur deswegen als Heine-Verehrer zu erkennen gab, aufgenommen wurde. Den Auftritt des Christentums in einer zuvor fast gemütlich zu nennenden Götterwelt beschreibt Heine mit drastischen Worten: »Da plötzlich keuchte heran ein bleicher, bluttriefender Jude, mit einer Dornenkrone auf dem Haupte, und mit einem großen Holzkreuz auf der Schulter; und er warf das Kreuz auf den hohen Göttertisch, daß die goldnen Pokale zitterten und die Götter verstummten (...)« Das Christentum verschafft dem Menschen ein Sündenbewusstsein, das er zuvor nicht hatte, und die Götter resignieren: »Nun gab's eine traurige Zeit, und die Welt wurde grau und dunkel. Es gab keine glücklichen Götter mehr, der Olymp wurde ein Lazarett, wo geschundene, gebratene und gespießte Götter langweilig umherschlichen, und ihre Wunden verbanden und triste Lieder sangen. Die Religion gewährte keine Freude mehr, sondern Trost; es war eine trübselige, blutrünstige Delinquentenreligion.«

Heines Kritik am Christentum ist zwar grundsätzlicher

Natur, führt jedoch nicht zum Atheismus, denn trotz ihrer Unterschiede haben alle Religionen eine Wahrheit gemeinsam, die zwar nicht unmittelbar einzusehen, wohl aber zu erahnen ist: »Alle Religionen sind heilig, denn bei aller Verschiedenheit der äußeren Formen hegen sie doch ein und denselben heiligen Geist. Das ist die Religion der Religionen.« Letztlich kommt es in einer guten Religion weniger auf ihren Gott, sondern auf den Menschen an: »Die Kutte macht nicht den Mönch – eben so wenig wie die Uniform eines Generaladjutanten den Helden macht. Wechseln beide ihre Kleidung, so mag mancher Mönch wie ein Held und mancher Generaladjutant wie ein Mönch aussehen, und in diesem Fall gäbe es vielleicht bessere Gebete und größere Heldentaten.«

6.

Fürchterlich kostspielig ist das Leben
ÜBER DEUTSCHE,
FRANZÖSISCHE UND ENGLISCHE ZUSTÄNDE

Als Heine von März 1821 bis Mai 1823 in Berlin lebt, bedeutet das eine wichtige Erfahrung für ihn. Zum ersten Mal lernt er eine Großstadt kennen, in der man die Nacht zum Tag machen kann und das kulturelle Leben pulsiert. Heine erfüllt die Grundvoraussetzungen, um dieses für ihn neue und ganz andere Leben zu genießen: er ist jung, wissbegierig, hat beträchtlichen Charme und noch beträchtlicheres Selbstbewusstsein; er sieht gut aus und stammt nicht gerade aus ärmlichen Verhältnissen. Das erleichtert ihm den Zugang zu den literarischen Salons der Stadt, in denen eine Gesprächskultur gepflegt wird, die als Ersatz für vorenthaltene politische Freiheiten herhalten muss.

In Preußen nämlich geht es, wie fast überall in deutschen Landen, rückschrittlich zu: 1822 wird sogar das Edikt von 1812 kassiert, das den Juden zumindest auf dem Papier die berufliche Gleichstellung ermöglicht hatte. Nun bleibt ihnen, bis auf weiteres, eine akademische Laufbahn versperrt, was für Heine, der auf eine Universitätskarriere gehofft hatte, ein schwerer Schlag ist: »Alles was deutsch ist, ist mir zuwider«, notiert er im April 1822. »Alles Deutsche wirkt auf mich wie ein Brechpulver (...)« – In seinen »Briefen aus Berlin« hält Heine sich jedoch zur Fröhlichkeit an. Zum einen glaubt er, dass die Leser des in Hamm erscheinenden »Rheinisch-Westfälischen Anzeigers«, für die er aus Berlin berichtet, einen rundum unterhaltenden Tonfall von ihm erwarten, zum anderen steht er erst am Anfang seiner schriftstellerischen Karriere und weiß, dass es, mit Blick auf die Konkurrenz, darauf ankommt, durch Originalität von sich reden zu machen. Das gelingt ihm auf beispielhafte Weise, denn Heine tritt in seinen Briefen als Fremdenführer auf, der eigentlich selber noch fremd in Berlin ist, dies aber durch Witz und kunstvoll simulierte Kennerschaft zu überspielen weiß. Er führt seine Leser durch die Straßen und Grünanlagen der Stadt, besucht mit ihnen Theater- und Opernaufführungen, zeigt ihnen Sehenswürdigkeiten und versteckte Winkel.

Auch damals ist Heine, der gar nicht daran denkt, der Zensur mit vorauseilendem Gehorsam die Arbeit abzunehmen, respektlos – er schreibt, was er denkt und sieht: In einer erwartungsfroh gestimmten Menschenmenge entdeckt er manch »aufgeblasenes, dumm-stolzes Aristokratengesicht«, an der Universität, deren Lehrkörper sich viel auf seinen angeblich hervorragenden Ruf zugute hält, begegnet er »lebenden Denkmälern«, die ihre eigene »anbetungswürdige« Selbstverwaltung betreiben, und auch unter der Opposition, mit deren Anliegen er eigentlich sympathisiert, ist nicht alles Gold, was glänzt. Denn »winzige, breitschwatzende Freiheitshelden« schaden der gerechten Sache mehr, als dass sie ihr nützen.

So schwungvoll Heine seine Berliner Zeit begonnen hat, so kühl beurteilt er sie wenig später: »Wie ich gegenwärtig über das geistige Berlin denke, darf ich jetzt nicht drucken lassen«, schreibt er bei seinem Abgang aus der preußischen Hauptstadt. Und als er auf Reisen ist und ihn die eine oder andere Erinnerung heimsucht, notiert er: »Berlin ist gar keine Stadt, sondern Berlin gibt nur den Ort dazu her, wo sich eine Menge Menschen, und zwar darunter viele Menschen von Geist, versammeln, denen der Ort ganz gleichgültig ist; diese bilden das geistige Berlin.«

Briefe aus Berlin

I

Seltsam! – Wenn ich der Dei von Tunis wäre,
Schlüg ich, bei so zweideutgem Vorfall, Lärm.
Kleists Prinz v. Homburg.

Erster Brief

Berlin, den 26. Januar 1822

(...)

Ich fange also mit der Stadt an, und denke mir, ich sei wieder so eben an der Post auf der Königstraße abgestiegen, und lasse mir den leichten Koffer nach dem Schwarzen Adler auf der Poststraße tragen. Ich sehe Sie schon fragen: Warum ist denn die Post nicht auf der Poststraße und der Schwarze Adler auf der Königstraße? Ein andermal beantworte ich diese Frage; aber jetzt will ich durch die Stadt laufen, und ich bitte Sie, mir Gesellschaft zu leisten. Folgen Sie mir nur ein paar Schritte, und wir sind schon auf einem sehr interessanten Platze. Wir stehen auf der Langen Brücke. Sie wundern sich: »die ist aber nicht sehr lang?« Es ist Ironie, mein Lieber. Laßt uns hier einen Augenblick stehen bleiben und die große Statue des Großen Kurfürsten betrachten. Er sitzt stolz zu Pferde, und gefesselte Sklaven umgeben das Fußgestell. Es ist ein herrlicher Metallguß, und unstreitig das größte Kunstwerk Berlins. Und ist ganz umsonst zu sehen, weil es mitten auf der Brücke steht. Es hat die meiste Ähnlichkeit mit der Statue des Kurfürsten Johann Wilhelm auf dem Markte zu Düsseldorf; nur daß hier in Berlin der Schwanz des Pferdes nicht so bedeutend dick ist. Aber ich sehe, Sie werden von allen Seiten gestoßen. Auf dieser Brücke ist ein ewiges Menschengedränge. Sehen Sie sich mal um. Welche große, herrliche Straße! Das ist eben die Königstraße, wo ein Kaufmannsmagazin ans andre grenzt, und die bunten, leuchtenden Warenausstellungen fast das Auge blenden. Laßt uns weiter gehen, wir gelangen hier auf den Schloßplatz. Rechts das Schloß, ein hohes, großartiges Gebäude. Die Zeit hat es grau gefärbt, und gab ihm ein düsteres, aber desto majestätischeres Ansehen. Links wieder zwei schöne Straßen, die Breite-Straße und die Brüderstraße. Aber gerade vor uns ist die Stechbahn, eine Art Boulevard. Und hier wohnt Josty! – Ihr Götter des Olymps, wie würde ich

Euch Eur Ambrosia verleiden, wenn ich die Süßigkeiten beschriebe, die dort aufgeschichtet stehen. O, kenntet Ihr den Inhalt dieser Baisers! O Aphrodite, wärest du solchem Schaum entstiegen, du wärest noch viel süßer! Das Lokal ist zwar eng und dumpfig, und wie eine Bierstube dekoriert. Doch das Gute wird immer den Sieg über das Schöne behaupten; zusammengedrängt wie die Bücklinge sitzen hier die Enkel der Brennen und schlürfen Creme, und schnalzen vor Wonne, und lecken die Finger.

Fort, fort von hier,
Das Auge sieht die Türe offen,
Es schwelgt das Herz in Seligkeit.

Wir können durch das Schloß gehen, und sind augenblicklich im Lustgarten. »Wo ist aber der Garten?« fragen Sie. Ach Gott! merken Sie denn nicht, das ist wieder die Ironie. Es ist ein viereckiger Platz, der von einer Doppelreihe Pappeln eingeschlossen ist. Wir stoßen hier auf eine Marmorstatue, wobei eine Schildwache steht. Das ist der alte Dessauer. Er steht ganz in altpreußischer Uniform, durchaus nicht idealisiert, wie die Helden auf dem Wilhelmsplatze. Diese will ich Ihnen nächstens zeigen; es sind Keith, Zieten, Seidlitz, Schwerin und Winterfeldt, beide letztere in römischem Kostüm mit einer Allongeperücke. Hier stehen wir just vor der Domkirche, die ganz kürzlich von außen neu verziert wurde und auf beiden Seiten des großen Turms zwei neue Türmchen erhielt. Der große, oben gerundete Turm ist nicht übel. Aber die beiden jungen Türmchen machen eine höchst lächerliche Figur. Sehen aus wie Vogelkörbe. Man erzählt auch, der große Philolog W. sei vorigen Sommer mit dem hier durchreisenden Orientalisten H. spazieren gegangen, und als letzterer, nach dem Dome zeigend, fragte: »Was bedeuten denn die beiden Vogelkörbe da oben?« habe der gelehrte Witzbold geantwortet: »Hier werden Dompfaffen abgerichtet.« In zwei Nischen des Doms sollen die Statuen von Luther und Melanchthon aufgestellt werden. – Wollen wir in den Dom hineingehen, um dort das wunderschöne Bild von Begasse zu bewundern? Sie können sich dort auch erbauen an dem Prediger Theremin. Doch laßt uns draus bleiben, es wird auf die Paulusianer gestichelt. Das macht mir keinen Spaß. Betrachten Sie lieber gleich rechts, neben dem Dom, die vielbewegte Menschenmasse, die sich in einem viereckigen, eisenumgitterten Platz herumtreibt. Das ist die Börse.

Dort schachern die Bekenner des alten und des neuen Testaments. Wir wollen ihnen nicht zu nahe kommen. O Gott, welche Gesichter! Habsucht in jeder Muskel. Wenn sie die Mäuler öffnen, glaub ich mich angeschrien: »Gib mir all dein Geld!« Mögen schon viel zusammengescharrt haben. Die Reichsten sind gewiß die, auf deren fahlen Gesichtern die Unzufriedenheit und der Mißmut am tiefsten eingeprägt liegt. Wie viel glücklicher ist doch mancher arme Teufel, der nicht weiß, ob ein Louisdor rund oder eckig ist. Mit Recht ist hier der Kaufmann wenig geachtet. Desto mehr sind es die Herren dort mit den großen Federhüten und den rotausgeschlagenen Röcken. Denn der Lustgarten ist auch der Platz, wo täglich die Parole ausgegeben und die Wachparade gemustert wird. Ich bin zwar kein sonderlicher Freund vom Militärwesen, doch muß ich gestehen, es ist mir immer ein freudiger Anblick, wenn ich im Lustgarten die preußischen Offiziere zusammenstehen sehe. Schöne, kräftige, rüstige, lebenslustige Menschen. Zwar hier und da sieht man ein aufgeblasenes, dumm-stolzes Aristokratengesicht aus der Menge hervorglotzen. Doch findet man beim größern Teile der hiesigen Offiziere, besonders bei den jüngern, eine Bescheidenheit und Anspruchslosigkeit, die man um so mehr bewundern muß, da, wie gesagt, der Militärstand der angesehenste in Berlin ist. Freilich der ehemalige schroffe Kastengeist desselben wurde schon dadurch sehr gemildert, daß jeder Preuße, wenigstens ein Jahr, Soldat sein muß, und, vom Sohn des Königs bis zum Sohn des Schuhflickers, keiner davon verschont bleibt. Letzteres ist gewiß sehr lästig und drückend; doch in mancher Hinsicht auch sehr heilsam. Unsre Jugend ist dadurch geschützt vor der Gefahr der Verweichlichung. In manchen Staaten hört man weniger klagen über das Drückende des Militärdienstes, weil man dort alle Last desselben auf den armen Landmann wirft, während der Adlige, der Gelehrte, der Reiche und, wie z. B. in Holstein der Fall ist, sogar jeder Bewohner einer Stadt von allem Militärdienste befreit ist. Wie würden alle Klagen über letztern bei uns verstummen, wenn unsere lautmauligen Spießbürger, unsere politisierenden Ladenschwengel, unsere genialen Auskultatoren, Bureauschreiber, Poeten und Pflastertreter vom Dienste befreit wären. Sehen Sie dort, wie der Bauer exerziert? Er schultert, präsentiert und – schweigt.

Doch vorwärts! Wir müssen über die Brücke. Sie wundern sich über die vielen Baumaterialien, die hier herumliegen, und die vielen Arbeiter, die hier sich herumtreiben und schwatzen, und

Branntewein trinken, und wenig tun. Hier nebenbei war sonst die Hundebrücke; der König ließ sie niederreißen, und läßt an ihrer Stelle eine prächtige Eisenbrücke verfertigen. Schon diesen Sommer hat die Arbeit angefangen, wird sich noch lange herumziehn, aber endlich wird ein prachtvolles Werk da stehen. Schauen Sie jetzt mal auf. In der Ferne sehen Sie schon – die Linden!

Wirklich, ich kenne keinen imposantern Anblick, als vor der Hundebrücke stehend nach den Linden hinauf zu sehen. Rechts das hohe, prächtige Zeughaus, das neue Wachthaus, die Universität und Akademie. Links das königliche Palais, das Opernhaus, die Bibliothek usw. Hier drängt sich Prachtgebäude an Prachtgebäude. Überall verzierende Statuen; doch von schlechtem Stein und schlecht gemeißelt. Außer die auf dem Zeughause. Hier stehn wir auf dem Schloßplatz, dem breitesten und größten Platze in Berlin. Das königliche Palais ist das schlichteste und unbedeutendste von allen diesen Gebäuden. Unser König wohnt hier. Einfach und bürgerlich. Hut ab! da fährt der König selbst vorbei. Es ist nicht der prächtige Sechsspänner; der gehört einem Gesandten. Nein, er sitzt in den schlechten Wagen mit zwei ordinären Pferden. Das Haupt bedeckt eine gewöhnliche Offiziersmütze, und die Glieder umhüllt ein grauer Regenmantel. Aber das Auge des Eingeweiheten sieht den Purpur unter diesem Mantel und das Diadem unter dieser Mütze. Sehen Sie wie der König jedem freundlich wiedergrüßt. Hören Sie: »Es ist ein schöner Mann« flüstert dort die kleine Blondine. »Es war der beste Ehemann« antwortet seufzend die ältere Freundin. »Ma foi« brüllte der Husarenoffizier, »es ist der beste Reuter in unserer Armee.« –

Wie gefällt Ihnen aber die Universität? Fürwahr, ein herrliches Gebäude! Nur schade, die wenigsten Hörsäle sind geräumig, die meisten düster und unfreundlich, und, was das Schlimmste ist, bei vielen gehen die Fenster nach der Straße, und da kann man schrägüber das Opernhaus bemerken. Wie muß der arme Bursche auf glühenden Kohlen sitzen, wenn die ledernen, und zwar nicht saffian- oder maroquin-ledernen, sondern schweinsledernen Witze eines langweiligen Dozenten ihm in die Ohren dröhnen, und seine Augen unterdessen auf der Straße schweifen, und sich ergötzen an das pitoreske Schauspiel der leuchtenden Equipagen, der vorüberziehenden Soldaten, der dahinhüpfenden Nymphen, und der bunten Menschenwoge, die sich nach dem Opernhause wälzt. Wie müssen dem armen Burschen die 16 Groschen in der Tasche brennen, wenn er denkt: »diese glücklichen Menschen sehen gleich die Eunike als Seraphim, oder die Milder als Iphegeneia.« »Apollini et Musis« steht auf dem Opernhause, und der Musensohn sollte draus bleiben? – Aber sehen Sie, das Kollegium ist eben ausgegangen, und ein Schwarm Studenten schlendert nach den Linden. »Gehn denn so viele Philister ins Kollegium?« fragen Sie. Still, still, das sind keine Philister. Der hohe Hut à la Bolivar und der Überrock à l'Anglaise machen noch lange nicht den Philister. Eben so wenig wie die rote Mütze und der Flausch den Burschen macht. Ganz im Kostüm des letztern geht hier mancher sentimentale Barbiergesell, mancher ehrgeizige Laufjunge und mancher hochherzige Schneider. Es ist dem anständigen Burschen zu verzeihen, wenn er mit solchen Herrn nicht gern verwechselt sein möchte. Kurländer sind wenige hier. Desto mehr Polen, über 70, die sich meistens burschikose tragen. Diese haben obige Verwechselung nicht zu befürchten. Man siehts diesen Gesichtern gleich an, daß keine Schneiderseele unterm Flausche sitzt. Viele dieser Sarmaten könnten den Söhnen Hermanns und Thusneldas als Muster von Liebenswürdigkeit und edelm Betragen dienen. Es ist wahr. Wenn man so viele Herrlichkeiten bei Fremden sieht, gehört wirklich eine ungeheure Dosis Patriotismus dazu, sich noch immer einzubilden: das Vortrefflichste und Köstlichste, was die Erde trägt, sei ein – Deutscher! Zusammenleben ist wenig unter den hiesigen Studierenden. Die Landsmannschaften sind aufgehoben. Die Verbindung, die, unter dem Namen Arminia, aus alten Anhängern der Burschenschaft bestand, soll ebenfalls aufgelöst sein. Wenige Duelle fallen jetzt vor. Ein Duell ist kürzlich sehr unglücklich abgelaufen. Zwei Mediziner, Liebschütz und Febus, gerieten im Kollegium der Semiotik in einen unbedeutenden Streit, da beide gleichen Anspruch machten an den Sitz No. 4. Sie wußten nicht, daß es in diesem Auditorium zwei mit No. 4 bezeichnete Sitze gab; und beide hatten diese Nummer vom Professor erhalten. »Dummer Junge!« rief der eine, und der leichte Wortwechsel war geendigt. Sie schlugen sich den andern Tag, und Liebschütz rannte sich den Schläger seines Gegners in den Leib. Er starb eine Viertelstunde drauf. Da er ein Jude war, wurde er von seinen akademischen Freunden nach dem jüdischen Gottesacker gebracht. Febus, ebenfalls ein Jude, hat die Flucht ergriffen, und –

Aber ich sehe, Sie hören schon nicht mehr, was ich erzähle, und staunen die Linden an. Ja, das sind die berühmten Linden, wovon Sie so viel gehört haben. Mich durchschauerts, wenn ich denke, auf dieser Stelle hat vielleicht Lessing gestanden, unter diesen Bäumen war der Lieblingsspaziergang so vieler großer Männer, die in Berlin gelebt; hier ging der große Fritz, hier wandelte – Er! Aber ist die Gegenwart nicht auch herrlich? Es ist just 12, und die Spaziergangszeit der schönen Welt. Die geputzte Menge treibt sich die Linden auf und ab. Sehen Sie dort den Elegant mit zwölf bunten Westen? Hören Sie die tiefsinnigen Bemerkungen, die er seiner Donna zulispelt? Riechen Sie die köstlichen Pomaden und Essenzen, womit er parfümiert ist? Er fixiert Sie mit der Lorgnette, lächelt, und kräuselt sich die Haare. Aber schauen Sie die schönen Damen! Welche Gestalten! Ich werde poetisch!

Ja, Freund, hier unter den Linden
Kannst du dein Herz erbaun,
Hier kannst du beisammen finden
Die allerschönsten Fraun.

Sie blühn so hold und minnig
Im farbigen Seidengewand;
Ein Dichter hat sie sinnig:
Wandelnde Blumen genannt.

Welch schöne Federhüte!
Welch schöne Türkenschals!
Welch schöne Wangenblüte!
Welch schöner Schwanenhals!

Nein, diese dort ist ein wandelndes Paradies, ein wandelnder Himmel, eine wandelnde Seligkeit. Und diesen Schöps mit dem Schnauzbarte sieht sie so zärtlich an! Der Kerl gehört nicht zu den Leuten, die das Pulver erfunden haben, sondern zu denen, die es gebrauchen, d. h. er ist Militär. – Sie wundern sich, daß alle Männer hier plötzlich stehen bleiben, mit der Hand in die Hosentasche greifen und in die Höhe schauen? Mein Lieber, wir stehen just vor der Akademieuhr, die am richtigsten geht von allen Uhren Berlins, und jeder Vorübergehende verfehlt nicht, die seinige darnach zu richten. Es ist ein possierlicher Anblick, wenn man nicht weiß, daß dort eine Uhr steht. In diesem Gebäude ist auch die Singakademie. Ein Billet kann ich Ihnen nicht verschaffen; der Vorsteher derselben, Professor Zelter, soll bei solchen Gelegenheiten nicht sonderlich zuvorkommend sein. Doch betrachten Sie die kleine Brünette, die Ihnen so vielverheißend zulächelt. Und einem solchen niedlichen Ding wollten Sie eine Art Hundezeichen umhängen lassen? Wie sie allerliebst das Lokkenköpfchen schüttelt, mit den kleinen Füßchen trippelt, und wieder lächelnd die weißen Zähnchen zeigt. Sie muß es Ihnen angemerkt haben, daß Sie ein Fremder sind. Welch eine Menge besternter Herren! Welch eine Unzahl Orden! Wo man hin sieht, nichts als Orden! Wenn man sich einen Rock anmessen läßt, frägt der Schneider: »mit oder ohne Einschnitt (für den Orden)?« Aber halt! Sehen Sie das Gebäude an der Ecke der Charlottenstraße? Das ist das Café royal!

(...)

Das freundliche Menschengesicht, das an der Türe steht, ist Beyermann. Das nenne ich einen Wirt! Kein kriechender Katzenbuckel, aber doch zuvorkommende Aufmerksamkeit; feines, gebildetes Betragen, aber doch unermüdlicher Diensteifer, kurz eine Prachtausgabe von Wirt. Laßt uns hineingehn. Ein schönes Lokal; vorn das splendideste Kaffeehaus Berlins, hinten die schöne Restauration. Ein Versammlungsort eleganter, gebildeter Welt. Sie können hier oft die interessantesten Menschen sehen. Bemerken Sie dort den großen breitschultrigen Mann im schwarzen Oberrock? Das ist der berühmte Kosmeli, der heut in London ist und morgen in Ispahan. So stelle ich mir den Peter Schlemiehl von Chamisso vor. Er hat eben ein Paradoxon auf der Zunge. Bemerken Sie den großen Mann mit der vornehmen Miene und der hohen Stirne? Das ist der Wolf, der den Homer zerrissen hat, und der deutsche Hexameter machen kann. Aber dort am Tisch das kleine bewegliche Männchen mit den ewig vibrierenden Gesichtsmuskeln, mit den possierlichen und doch unheimlichen Gesten? Das ist der Kammergerichtsrat Hoffmann, der den Kater Murr geschrieben, und die hohe feierliche Gestalt, die gegen ihn über sitzt, ist der Baron von Lüttwitz, der in der Vossischen Zeitung die klassische Rezension des Katers geliefert hat. Bemerken Sie den Elegant, der sich so leicht bewegt, kurländisch lispelt, und sich jetzt wendet gegen den hohen, ernsthaften Mann im grünen Oberrock? Das ist der Baron von Schilling, der im Mindener Sonntagsblatte »die lieben Teutsenkel« so sehr touchiert hat. Der Ernsthafte ist der Dichter Baron von Maltitz. Aber raten Sie mal, wer diese determinierte Figur ist, die am Kamine steht? Das ist Ihr Antagonist Hartmann vom Rheine; hart und ein Mann, und zwar aus einem einzigen Eisengusse. Aber was kümmern mich alle diese Herren, ich habe Hunger. Garçon, la carte!

Betrachten Sie mal diese Menge herrlicher Gerichte. Wie die Namen derselben melodisch und schmelzend klingen, as music on the waters! Es sind geheime Zauberformeln, die uns das Geisterreich aufschließen. Und Champagner dabei! Erlauben Sie, daß ich eine Träne der Rührung weine. Doch Sie, Gefühlloser, haben gar keinen Sinn für alle diese Herrlichkeit, und wollen Neuigkeiten, armselige Stadtneuigkeiten. Sie sollen befriedigt werden. Mein lieber Herr Gans was gibt es Neues? Er schüttelt das graue ehrwürdige Haupt und zuckt mit den Achseln. Wir wollen uns an das kleine rotbäckige Männlein wenden; der Kerl hat immer die Taschen voll Neuigkeiten, und wenn er mal anfängt zu erzählen, so gehts wie ein Mühlrad. Was gibts Neues, mein lieber Herr Kammermusikus?

Gar nichts. Die neue Oper von Hellwig: die Bergknappen, soll nicht sehr angesprochen haben. Spontini komponiert jetzt eine Oper, wozu ihm Koreff den Text geschrieben. Er soll aus der preußischen Geschichte sein. Auch erhalten wir bald Koreffs Aucassin und Nicolette, wozu Schneider die Musik setzt. Letztere wird erst noch etwas zusammengestrichen. Nach Karneval erwartet man auch Bernhard Kleins Dido, eine heroische Oper. Die Bohrer und Boucher haben wieder Konzerte angekündigt. Wenn der Freischütz gegeben wird, ist es noch immer schwer, Billette zu erhalten. Der Bassist Fischer ist hier, wird nicht auftreten, singt aber viel in Gesellschaften. Graf Brühl ist noch immer sehr krank; er hat sich das Schlüsselbein zerbrochen. Wir fürchteten schon, ihn zu verlieren, und noch so ein Theaterintendant, der Enthusiast ist für deutsche Kunst und Art, wäre nicht leicht zu finden gewesen. Der Tänzer Antonin war hier, verlangte 100 Louisdor für jeden Abend, welche ihm aber nicht bewilligt wurden. Adam Müller, der Politiker, war ebenfalls hier; auch der Tragödienverfertiger Houwald. Madame Woltmann ist wahrscheinlich noch hier; sie schreibt Memoiren. An den Reliefs zu Blüchers und Schamhorsts Statüen wird bei Rauch immer noch gearbeitet. Die Opern, die Karneval gegeben werden, stehn in der Zeitung verzeichnet. Doktor Kuhns Tragödie: die Damaszener wird noch diesen Winter gegeben. Wach ist mit einem Altarblatt beschäftigt, das unser König der Siegeskirche in Moskau schenken wird. Die Stich ist längst aus den Wochen und wird morgen wieder in Romeo und Julie auftreten. Die Karoline Fouqué hat einen Roman in Briefen herausgegeben, wozu sie die Briefe des Helden und der Prinz Karl von Mecklenburg die der Dame schrieb. Der

Staatskanzler erholt sich von seiner Krankheit. Rust behandelt ihn. Doktor Bopp ist hier angestellt als Professor der orientalischen Sprachen, und hat vor einem großen Auditorium seine erste Vorlesung über das Sanskrit gehalten. Vom Brockhausischen Konversationsblatte werden hier noch dann und wann Blätter konfisziert. Von Görres neuester Schrift: »In Sachen der Rheinlande usw.« spricht man gar nichts; man hat fast keine Notiz davon genommen. Der Junge, der seine Mutter mit dem Hammer totgeschlagen hat, war wahnsinnig. Die mystischen Umtriebe in Hinterpommern machen großes Aufsehn. Hoffmann gibt jetzt bei Wilmans in Frankfurt, unter dem Titel: »Der Floh« einen Roman heraus, der sehr viel politische Sticheleien enthalten soll. Professor Gubitz beschäftigt sich noch immer mit Übersetzungen aus dem Neugriechischen, und schneidet jetzt Vignetten zu dem Feldzug Suwarows gegen die Türken, ein Werk, welches der Kaiser Alexander als Volksbuch für die Russen drucken läßt. Bei Christiani hat C. L. Blum eben herausgegeben: »Klagelieder der Griechen«, die viel Poesie enthalten. Der Künstlerverein in der Akademie ist sehr glänzend ausgefallen, und die Einnahme zu einem wohltätigen Zwecke verwendet worden. Der Hofschauspieler Walter aus Karlsruhe ist eben angekommen, und wird in Staberles Reiseabenteuer auftreten. Die Neumann soll im März wieder herkommen, und die Stich alsdann auf Reisen gehen. Julius von Voß hat wieder ein Stück geschrieben: Der neue Markt. Sein Lustspiel: Quintus Messys wird nächste Woche gegeben. Heinrich von Kleists Prinz von Homburg wird nicht gegeben werden. An Grillparzer ist das Manuskript seiner Trilogie: Die Argonauten, welches er unserer Intendanz geschickt hatte, wieder zurückgesandt worden. Markör, ein Glas Wasser. Nicht wahr, der Kammermusikus der weiß Neuigkeiten! An *den* wollen wir uns halten. Er soll Westfalen mit Neuigkeiten versorgen, und was *er* nicht weiß, das braucht auch Westfalen nicht zu wissen. Er gehört zu keiner Partei, zu keiner Schule, ist weder ein Liberale noch ein Romantiker, und wenn er etwas Medisantes sagt, so ist er so unschuldig dabei, wie das unglückselige Rohr, dem der Wind die Worte entlockte: »König Midas hat Eselsohren«!

Als Heine im Jahre 1831 nach Paris übersiedelt, findet er dort überraschend schnell Anschluss: Man kennt ihn, man schätzt ihn – das schmeichelt seiner Eitelkeit und macht es ihm leicht, beruflich Fuß zu fassen. Er wird Pariser Korrespondent der Augsburger »Allgemeinen Zeitung« (AZ), damals eine der führenden Zeitungen Europas. Als Journalist ist er noch in Übung, hat er doch aus Berlin auf ähnliche Weise berichtet, wie er nun aus der französischen Hauptstadt zu berichten gedenkt. Die neue Aufgabe erweist sich jedoch als schwieriger, was nicht nur daran liegt, dass Paris größer ist und dort die gesellschaftlichen Probleme, die in Deutschland noch obrigkeitstauglich verdrängt werden, offen zutage treten. Erschwerend wirkt auch, dass sich die politische Zensur in Heines Heimat auf einem offensiven Rückzugsgefecht befindet. Die liberalen Ideen sind erstarkt und lassen sich immer weniger unterdrücken, was die Zensurbeamten zu ratlos-hektischer Betriebsamkeit veranlasst: Sie schielen nun auch ins Ausland, im Besonderen nach Paris, wo sich die meisten deutschen Emigranten aufhalten. Die öffentliche und halböffentliche Meinung, die sich in einer von gelegentlichen Gedankenblitzen erhellten Grauzone zwischen Deutschland und Frankreich bildet, ist in ständiger Gärung begriffen: Man beäugt wachsam, was da vorbereitet und ausgebrütet wird, und wartet darauf, je nach Standpunkt, dass alles ganz anders wird oder die Verhältnisse so festgeklopft bleiben, wie sie sind. Heine hat sich inzwischen, wie andere seiner Kollegen auch, an die Zensur gewöhnt. Dem Verleger Cotta, der unter anderem auch Eigentümer der Augsburger »Allgemeinen Zeitung« ist, schreibt er: »Ich bitte, Herr Baron, sorgen Sie, das an meinen Artikeln wenig verändert wird, sie kommen ja doch schon censirt aus meinem Kopfe.«

Heines Artikel in der AZ sind in ein Buch übernommen worden, das den eingängigen Titel »Französische Zustände« erhielt und 1833 bei Hoffmann und Campe erschien. Bei der Vorrede zu diesem Buch meinten es die deutschen Zensoren besonders gut mit Heine, der sich auf ihrer Liste der üblichen Verdächtigen längst einen Spitzenplatz erobert

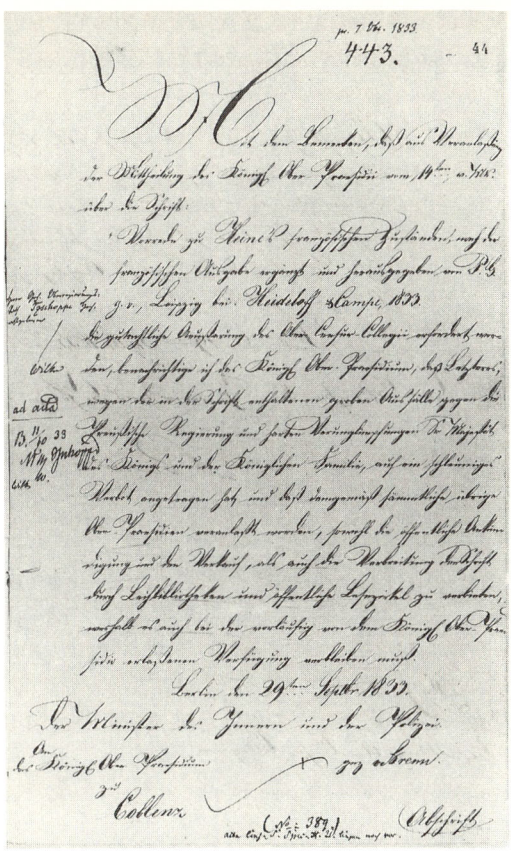

Preußische Zensurakte vom 1. Oktober 1833, mit der die im selben Jahr in Leipzig erschienene Ausgabe der »Vorrede zu Heinrich Heines Französischen Zuständen« verboten wurde.

hatte: Sie stellten den Text förmlich auf den Kopf, kürzten ihn, würfelten ganze Passagen durcheinander, so dass sich der Autor Heinrich Heine, der ja erwiesenermaßen als »gefährlicher« Oppositioneller galt, in seiner Vorrede auf einmal »vor den Augen von ganz Deutschland als ein trübseliger Schmeichler des Königs von Preußen« vorkommen musste. Er setzte sich zur Wehr, verfasste Protestnoten, schrieb schließlich sogar eine Vorrede zur Vorrede, was zu einer anhaltenden Verstimmung mit seinem Verleger führte, die Zensur nicht beeindruckte und ihn selbst an den »Rand der *Verzweiflung*« brachte.

Insgesamt hat Heine seiner zweiten Heimat Frankreich immer ein liebevolles, wenngleich nicht unkritisches Andenken bewahrt. »Wie glücklich sind doch die Franzosen!«, schrieb er. »Sie träumen gar nicht. Ich habe mich genau danach erkundigt, und dieser Umstand erklärt auch, warum sie mit so wacher Sicherheit ihr Tagesgeschäft verrichten und sich nicht auf unklare, dämmernde Gefühle einlassen, in der Kunst wie im Leben.« Das hat auch seine Nachteile, die das französische Talent, »glücklich zu sein«, jedoch nicht wirklich beeinträchtigen: »Was nutzt den Franzosen alle Geschwindigkeit, all ihr flinkes, anstelliges Wesen, wenn sie ebenso schnell wieder vergessen, was sie getan? Sie haben kein Gedächtnis, und das ist ihr größtes Unglück. Die Frucht jeder Tat und jeder Untat geht hier verloren durch Vergeßlichkeit. Jeden Tag müssen sie den Kreislauf ihrer Geschichte wieder durchlaufen, ihr Leben wieder von vorne anfangen, ihre Kämpfe aufs neue durchkämpfen, und morgen hat der Sieger vergessen, daß er gesiegt hatte, und der Überwundene hat ebenso leichtsinnig seine Niederlage und ihre heilsamen Lehren vergessen (...)«

Französische Zustände

Artikel VI

Paris, 19. April 1832.

(...)

((...) Ich wurde in dieser Arbeit viel gestört, zumeist durch das grauenhafte Schreien meines Nachbars, welcher an der Cholera starb. Überhaupt muß ich bemerken, daß die damaligen Umstände auch auf die folgenden Blätter mißlich eingewirkt; ich bin mir zwar nicht bewußt, die mindeste Unruhe empfunden zu haben, aber es ist doch sehr störsam, wenn einem beständig das Sichelwetzen des Todes allzuvernehmbar ans Ohr klingt. Ein mehr körperliches als geistiges Unbehagen, dessen man sich doch nicht erwehren konnte, würde mich mit den andern Fremden ebenfalls von hier verscheucht haben; aber mein bester Freund lag hier krank darnieder. Ich bemerke dieses, damit man mein Zurückbleiben in Paris für keine Bravade ansehe. Nur ein Tor konnte sich darin gefallen, der Cholera zu trotzen. Es war eine Schreckenszeit, weit schauerlicher als die frühere, da die Hinrichtungen so rasch und so geheimnisvoll stattfanden. Es war ein verlarvter Henker, der mit einer unsichtbaren Guillotine ambulante durch Paris zog. »Wir werden einer nach dem andern in den Sack gesteckt!« sagte seufzend mein Bedienter jeden Morgen, wenn er mir die Zahl der Toten oder das Verscheiden eines Bekannten meldete. Das Wort »in den Sack stecken« war gar keine Redefigur; es fehlte bald an Särgen, und der größte Teil der Toten wurde in Säcken beerdigt. Als ich vorige Woche an einem öffentlichen Gebäude vorbeiging und in der geräumigen Halle das lustige Volk sah, die springend munteren Französchen, die niedlichen Plaudertaschen von Französinnen, die dort lachend und schäkernd ihre Einkäufe machten, da erinnerte ich mich: daß hier, während der Cholerazeit, hoch aufeinandergeschichtet, viele hundert weiße Säcke standen, die lauter Leichname enthielten; und daß man hier sehr wenige, aber desto fatalere Stimmen hörte, nämlich wie die Leichenwächter, mit unheimlicher Gleichgültigkeit, ihre Säcke den Totengräbern zuzählten, und diese wieder, während sie solche auf ihre Karren luden, gedämpfteren Tones die Zahl wiederholten, oder gar sich grell laut beklagten, man habe ihnen einen Sack zu wenig geliefert; wobei nicht selten ein sonderbares Gezänk entstand. Ich erinnere mich, daß zwei kleine Knäbchen mit betrübter Miene neben mir standen, und der eine mich frug: ob ich ihm nicht sagen könne, in welchem Sacke sein Vater sei?

Die folgende Mitteilung hat vielleicht das Verdienst, daß sie gleichsam ein Bulletin ist, welches auf dem Schlachtfelde selbst, und zwar während der Schlacht, geschrieben worden, und daher unverfälscht die Farbe des Augenblicks trägt. Thucydides, der Historienschreiber, und Boccaccio, der Novellist, haben uns freilich bessere Darstellungen dieser Art hinterlassen; aber ich zweifle, ob sie genug Gemütsruhe besessen hätten, während die Cholera ihrer Zeit am entsetzlichsten um sie her wütete, sie gleich, als schleunigen Artikel für die Allgemeine

Zeitung von Korinth oder Pisa, so schön und meisterhaft zu beschreiben.

Ich werde bei den folgenden Blättern einem Grundsatz treu bleiben, den ich auch bei dem ganzen Buche ausübe, nämlich: daß ich nichts an diesen Artikeln ändere, daß ich sie ganz so abdrucken lasse, wie ich sie ursprünglich geschrieben, daß ich nur hie und da irgend ein Wort einschalte oder ausmerze, wenn dergleichen, in meiner Erinnerung, dem ursprünglichen Manuskript entspricht. Solche kleine Reminiszenzen kann ich nicht abweisen, aber sie sind sehr selten, sehr geringfügig, und betreffen nie eigentliche Irrtümer, falsche Prophezeiungen und schiefe Ansichten, die hier nicht fehlen dürfen, da sie zur Geschichte der Zeit gehören. Die Ereignisse selbst bilden immer die beste Berichtigung.)

Ich rede von der Cholera, die seitdem hier herrscht, und zwar unumschränkt, und die, ohne Rücksicht auf Stand und Gesinnung, tausendweise ihre Opfer niederwirft.

Man hat jener Pestilenz um so sorgloser entgegengesehn, da aus London die Nachricht angelangt war, daß sie verhältnismäßig nur wenige hingerafft. Es schien anfänglich sogar darauf abgesehen zu sein, sie zu verhöhnen, und man meinte, die Cholera werde, ebensowenig wie jede andere große Reputation, sich hier in Ansehn erhalten können. Da war es nun der guten Cholera nicht zu verdenken, daß sie, aus Furcht vor dem Ridikül, zu einem Mittel griff, welches schon Robespierre und Napoleon als probat befunden, daß sie nämlich, um sich in Respekt zu setzen, das Volk dezimiert. Bei dem großen Elende, das hier herrscht, bei der kolossalen Unsauberkeit, die nicht bloß bei den ärmern Klassen zu finden ist, bei der Reizbarkeit des Volks überhaupt, bei seinem grenzenlosen Leichtsinne, bei dem gänzlichen Mangel an Vorkehrungen und Vorsichtsmaßregeln, mußte die Cholera hier rascher und furchtbarer als anderswo um sich greifen. Ihre Ankunft war den 29. März offiziell bekannt gemacht worden, und da dieses der Tag des Demi-Carême und das Wetter sonnig und lieblich war, so tummelten sich die Pariser um so lustiger auf den Boulevards, wo man sogar Masken erblickte, die, in karikierter Mißfarbigkeit und Ungestalt, die Furcht vor der Cholera und die Krankheit selbst verspotteten. Desselben Abends waren die Redouten besuchter als jemals; übermütiges Gelächter überjauchzte fast die lauteste Musik, man erhitzte sich beim Chahût, einem nicht sehr zweideutigen Tanze, man schluckte dabei allerlei Eis und sonstig kaltes Getrinke: als plötzlich der lustigste der Arlequine eine allzugroße Kühle in den Beinen verspürte, und die Maske abnahm, und zu aller Welt Verwunderung ein veilchenblaues Gesicht zum Vorschein kam. Man merkte bald, daß solches kein Spaß sei, und das Gelächter verstummte, und mehrere Wagen voll Menschen fuhr man von der Redoute gleich nach dem Hôtel-Dieu, dem Zentralhospitale, wo sie, in ihren abenteuerlichen Maskenkleidern anlangend, gleich verschieden. Da man in der ersten Bestürzung an Ansteckung glaubte, und die ältern Gäste des Hôtel-Dieu ein gräßliches Angstgeschrei erhoben, so sind jene Toten, wie man sagt, so schnell beerdigt worden, daß man ihnen nicht einmal die buntscheckigen Narrenkleider auszog, und lustig, wie sie gelebt haben, liegen sie auch lustig im Grabe.

Nichts gleicht der Verwirrung, womit jetzt plötzlich Sicherungsanstalten getroffen wurden. Es bildete sich eine Commission sanitaire, es wurden überall Bureaux de secours eingerichtet, und die Verordnung in Betreff der Salubrité publique sollte schleunigst in Wirksamkeit treten. Da kollidierte man zuerst mit den Interessen einiger tausend Menschen, die den öffentlichen Schmutz als ihre Domäne betrachten. Dieses sind die sogenannten Chiffonniers, die von dem Kehricht, der sich des Tags über vor den Häusern in den Kotwinkeln aufhäuft, ihren Lebensunterhalt ziehen. Mit großen Spitzkörben auf dem Rücken, und einem Hakenstock in der Hand, schlendern diese Menschen, bleiche Schmutzgestalten, durch die Straßen, und wissen mancherlei, was noch brauchbar ist, aus dem Kehricht aufzugabeln und zu verkaufen. Als nun die Polizei, damit der Kot nicht lange auf den Straßen liegen bleibe, die Säuberung derselben in Entreprise gab, und der Kehricht, auf Karren verladen, unmittelbar zur Stadt hinausgebracht ward, aufs freie Feld, wo es den Chiffonniers freistehen sollte, nach Herzenslust darin herumzufischen: da klagten diese Menschen, daß sie, wo nicht ganz brotlos, doch wenigstens in ihrem Erwerbe geschmälert worden, daß dieser Erwerb ein verjährtes Recht sei, gleichsam ein Eigentum, dessen man sie nicht nach Willkür berauben könne. Es ist sonderbar, daß die Beweistümer, die sie, in dieser Hinsicht, vorbrachten, ganz dieselben sind, die auch unsere Krautjunker, Zunftherren, Gildemeister, Zehntenprediger, Fakultätsgenossen, und sonstige Vorrechtsbeflissene vorzubringen pflegen, wenn die alten Mißbräuche, wovon sie Nutzen ziehen, der Kehricht des Mittelalters, endlich fortgeräumt werden sollen, damit durch den verjährten Moder und Dunst unser jetziges Leben nicht verpestet werde. Als ihre Protestationen nichts halfen, suchten die Chiffonniers, gewalttätig die Reinigungsreform zu hintertreiben; sie versuchten eine kleine Kontrerevolution, und zwar in Verbindung mit alten Weibern, den Revendeuses, denen man verboten hatte, das übelriechende Zeug, das sie größtenteils von den Chiffonniers erhandeln, längs den Kais zum Wiederverkaufe auszukramen. Da sahen wir nun die widerwärtigste Emeute: die neuen Reinigungskarren wurden zerschlagen und in die Seine geschmissen; die Chiffonniers barrikadierten sich bei der Porte St.-Denis; mit ihren Regenschirmen fochten die alten Trödelweiber auf dem Châtelet; der Generalmarsch erscholl; Casimir Périer ließ seine Myrmidonen aus ihren Butiken heraustrommeln; der Bürgerthron zitterte; die Rente fiel; die Karlisten jauchzten. Letztere hatten endlich ihre natürlichsten Alliierten gefunden, Lumpensammler und alte Trödelweiber, die sich jetzt mit denselben Prinzipien geltend machten, als Verfechter des Herkömmlichen, der überlieferten Erbkehrichtsinteressen, der Verfaultheiten aller Art.

Als die Emeute der Chiffonniers durch bewaffnete Macht gedämpft worden, und die Cholera noch immer nicht so wütend um sich griff, wie gewisse Leute es wünschten, die bei jeder Volksnot und Volksaufregung, wenn auch nicht den Sieg ihrer eigenen Sache, doch wenigstens den Untergang der jetzigen Regierung erhoffen, da vernahm man plötzlich das Gerücht: die vielen Menschen, die so rasch zur Erde bestattet würden, stürben nicht durch eine Krankheit, sondern durch Gift. Gift, hieß es, habe man in alle Lebensmittel zu streuen gewußt, auf den Gemüsemärkten, bei den Bäckern, bei den Fleischern, bei den Weinhändlern. Je wunderlicher die Erzählungen lauteten, desto begieriger wurden sie vom Volke aufgegriffen, und selbst die kopfschüttelnden Zweifler mußten ihnen Glauben schenken, als des Polizeipräfekten Bekanntmachung erschien. Die Polizei, welcher hier, wie überall, weniger daran gelegen ist, die Verbrechen zu vereiteln, als vielmehr sie gewußt zu haben, wollte entweder mit ihrer allgemeinen Wissenschaft prahlen, oder sie gedachte, bei jenen Vergiftungsgerüchten, sie mögen wahr oder falsch sein, wenigstens von der Regierung jeden Argwohn abzuwenden: genug, durch ihre unglückselige Bekanntmachung, worin sie ausdrücklich sagte, daß sie den Giftmischern auf der Spur sei, ward das böse Gerücht offiziell bestätigt, und ganz Paris geriet in die grauenhafteste Todesbestürzung.

»Das ist unerhört«, schrieen die ältesten Leute, die selbst in den grimmigsten Revolutionszeiten keine solche Frevel erfahren hatten. »Franzosen, wir sind entehrt!« riefen die Männer, und schlugen sich vor die Stirne. Die Weiber, mit ihren kleinen Kindern, die sie angstvoll an ihr Herz drückten, weinten bitterlich, und jammerten: daß die unschuldigen Würmchen in ihren Armen stürben. Die armen Leute wagten weder zu essen noch zu trinken, und rangen die Hände vor Schmerz und Wut. Es war als ob die Welt unterginge. Besonders an den Straßenecken, wo die rotangestrichenen Weinläden stehen, sammelten und berieten sich die Gruppen, und dort war es meistens, wo man die Menschen, die verdächtig aussahen, durchsuchte, und wehe ihnen, wenn man irgend etwas Verdächtiges in ihren Taschen fand! Wie wilde Tiere, wie Rasende, fiel dann das Volk über sie her. Sehr viele retteten sich durch Geistesgegenwart; viele wurden durch die Entschlossenheit der Kommunalgarden, die an jenem Tage überall herumpatrouillierten, der Gefahr entrissen; andere wurden schwer verwundet und verstümmelt; sechs Menschen wurden aufs unbarmherzigste ermordet. Es gibt keinen gräßlichern Anblick, als solchen Volkszorn, wenn er nach Blut lechzt und seine wehrlosen Opfer hinwürgt. Dann wälzt sich durch die Straßen ein dunkles Menschenmeer, worin hie und da die Ouvriers in Hemdärmeln, wie weiße Sturzwellen, hervorschäumen, und das heult und braust, gnadenlos, heidnisch, dämonisch. An der Straße St.-Denis hörte ich den altberühmten Ruf »A la lanterne!« und mit Wut erzählten mir einige Stimmen, man hänge einen Giftmischer. Die einen sagten, er sei ein Karlist, man habe ein brevêt de lys in seiner Tasche gefunden; die andern sagten, es sei ein Priester, ein solcher sei alles fähig. Auf der Straße Vaugirard, wo man zwei Menschen, die ein weißes Pulver bei sich gehabt, ermordete, sah ich einen dieser Unglücklichen, als er noch etwas röchelte, und eben die alten Weiber ihre Holzschuhe von den Füßen zogen und ihn damit so lange auf den Kopf schlugen, bis er tot war. Er war ganz nackt, und blutrünstig zerschlagen und zerquetscht; nicht bloß die Kleider, sondern auch die Haare, die Scham, die Lippen und die Nase waren ihm abgerissen, und ein wüster Mensch band dem Leichname einen Strick um die Füße, und schleifte ihn damit durch die Straße, während er beständig schrie: »Voilà le Choléra-morbus!« Ein wunderschönes, wutblasses Weibsbild mit entblößten Brüsten und blutbedeckten Händen stand dabei, und gab dem Leichname, als er ihr nahe kam, noch einen Tritt mit dem Fuße. Sie lachte, und bat mich, ihrem zärtlichen Handwerke einige Franks zu zollen, damit sie sich dafür ein schwarzes Trauerkleid kaufe; denn ihre Mutter sei vor einigen Stunden gestorben, an Gift.

Des andern Tags ergab sich aus den öffentlichen Blättern, daß die unglücklichen Menschen, die man so grausam ermordet hatte, ganz unschuldig gewesen, daß die verdächtigen Pulver, die man bei ihnen gefunden, entweder aus Kampfer, oder Chlorüre, oder sonstigen Schutzmitteln gegen die Cholera bestanden, und daß die vorgeblich Vergifteten ganz natürlich an der herrschenden Seuche gestorben waren. Das hiesige Volk, das, wie das Volk überall, rasch in Leidenschaft geratend, zu Greueln verleitet werden kann, kehrt jedoch ebenso rasch zur Milde zurück, und bereut mit rührendem Kummer seine Untat, wenn es die Stimme der Besonnenheit vernimmt. Mit solcher Stimme haben die Journale gleich des andern Morgens das Volk zu beschwichtigen und zu besänftigen gewußt, und, es mag als ein Triumph der Presse signalisiert werden, daß sie im Stande war, dem Unheile, welches die Polizei angerichtet, so schnell Einhalt zu tun. Rügen muß ich hier das Benehmen einiger Leute, die eben nicht zur untern Klasse gehören, und sich doch vom Unwillen so weit hinreißen ließen, daß sie die Partei der Karlisten öffentlich der Giftmischerei bezüchtigten. So weit darf die Leidenschaft uns nie führen; wahrlich, ich würde mich sehr lange bedenken, ehe ich gegen meine giftigsten Feinde solche gräßliche Beschuldigung ausspräche. Mit Recht, in dieser Hinsicht, beklagten sich die Karlisten. Nur daß sie dabei so laut schimpfend sich gebärdeten, könnte mir Argwohn einflößen; das ist sonst nicht die Sprache der Unschuld. Aber es hat, nach der Überzeugung der Bestunterrichteten, gar keine Vergiftung stattgefunden. Man hat vielleicht Scheinvergiftungen angezettelt, man hat vielleicht wirklich einige Elende gedungen, die allerlei unschädliche Pulver auf die Lebensmittel streuten, um das Volk in Unruhe zu setzen und aufzureizen; war dieses letztere der Fall, so muß man dem Volke sein tumultuarisches Verfahren nicht zu hoch anrechnen, um so mehr, da es nicht aus Privathaß entstand, sondern, »im Interesse des allgemeinen Wohls, ganz nach den Prinzipien der Abschreckungstheorie«. Ja, die Karlisten waren vielleicht in die Grube gestützt, die sie der Regierung gegraben; nicht dieser, noch viel weniger den Republikanern, wurden die Vergiftungen allgemein zugeschrieben, sondern jener Partei, »die immer durch die Waffen besiegt, durch feige Mittel sich immer wieder erhob, die immer nur durch das Unglück Frankreichs zu Glück und Macht gelangte, und die jetzt, die Hülfe der Kosaken entbehrend, wohl leichtlich zu gewöhnlichem Gifte ihre Zuflucht nehmen konnte«. So ungefähr äußerte sich der »Constitutionnel«.

Was ich selbst an dem Tage, wo jene Totschläge stattfanden, an besonderer Einsicht gewann, das war die Überzeugung daß die Macht der ältern Bourbone nie und nimmermehr in Frankreich gedeihen wird. Ich hatte aus den verschiedenen Menschengruppen die merkwürdigsten Worte gehört; ich hatte tief hinabgeschaut in das Herz des Volkes; es kennt seine Leute.

Seitdem ist hier alles ruhig; l'ordre règne à Paris, würde Horatius Sebastiani sagen. Eine Totenstille herrscht in ganz Paris. Ein steinerner Ernst liegt auf allen Gesichtern. Mehrere Abende lang sah man sogar auf den Boulevards wenig Menschen, und diese eilten einander schnell vorüber, die Hand oder ein Tuch vor dem Munde. Die Theater sind wie ausgestorben. Wenn ich in einen Salon trete, sind die Leute verwundert, mich noch in Paris zu sehen, da ich doch hier keine notwendigen Geschäfte habe. Die meisten Fremden, namentlich meine Landsleute, sind gleich abgereist. Gehorsame Eltern hatten von ihren Kindern Befehl erhalten, schleunigst nach Hause zu kommen. Gottesfürchtige Söhne erfüllten unverzüglich die zärtliche Bitte ihrer lieben Eltern, die ihre Rückkehr in die Heimat wünschten; ehre Vater und Mutter, damit du lange lebest auf Erden! Bei andern erwachte plötzlich eine unendliche Sehnsucht nach dem teuern Vaterlande, nach den romantischen Gauen des ehrwürdigen Rheins, nach den geliebten Bergen, nach dem holdseligen Schwaben, dem Lande der frommen Minne, der Frauentreue, der gemütlichen Lieder und der gesündern Luft. Man sagt, auf dem Hôtel de Ville seien seitdem über 120 000 Pässe ausgegeben worden. Obgleich die Cholera sichtbar zunächst die ärmere Klasse angriff, so haben doch die Reichen gleich die Flucht ergriffen. Gewissen Parvenüs war es nicht zu verdenken, daß sie flohen; denn sie dachten wohl, die Cholera, die weit her aus Asien kommt, weiß nicht, daß wir in der letzten Zeit viel Geld an der Börse verdient haben, und sie hält uns vielleicht noch für einen armen Lump, und läßt uns ins Gras beißen. Hr. Aguado, einer der reichsten Bankiers und Ritter der Ehrenlegion, war Feldmarschall bei jener großen Retirade. Der Ritter soll beständig mit wahnsinniger Angst zum Kutschenfenster hinausgesehen, und seinen blauen Bedienten, der hinten aufstand, für den leibhaftigen Tod, den Cholera-morbus, gehalten haben.

Das Volk murrte bitter, als es sah, wie die Reichen flohen, und bepackt mit Ärzten und Apotheken sich nach gesündern Gegenden retteten. Mit Unmut sah der Arme, daß das Geld auch ein Schutzmittel gegen den Tod geworden. Der größte Teil des Justemilieu und der haute Finance ist seitdem ebenfalls davon gegangen und lebt auf seinen Schlössern. Die eigentlichen Repräsentanten des Reichtums, die Herren v. Rothschild, sind jedoch ruhig in Paris geblieben, hierdurch beurkundend, daß sie nicht bloß in Geldgeschäften großartig und kühn sind. Auch Casimir Périer zeigte sich großartig und kühn, indem er nach dem Ausbruche der Cholera das Hôtel-Dieu besuchte; sogar seine Gegner mußte es betrüben, daß er in der Folge dessen, bei seiner bekannten Reizbarkeit, selbst von der Cholera ergriffen worden. Er ist ihr jedoch nicht unterlegen, denn er selber ist eine schlimmere Krankheit. Auch der junge Kronprinz, der Herzog von Orléans, welcher in Begleitung Périers das Hospital besuchte, verdient die schönste Anerkennung. Die ganze königliche Familie hat sich, in dieser trostlosen Zeit, ebenfalls rühmlich bewiesen. Beim Ausbruche der Cholera versammelte die gute Königin ihre Freunde und Diener, und verteilte unter ihnen Leibbinden von Flanell, die sie meistens selbst verfertigt hat. Die Sitten der alten Chevalerie sind nicht erloschen; sie sind nur ins Bürgerliche umgewandelt; hohe Damen versehen ihre Kämpen jetzt mit minder poetischen, aber gesündern Schärpen. Wir leben ja nicht mehr in den alten Helm- und Harnischzeiten des kriegerischen Rittertums, sondern in der friedlichen Bürgerzeit der warmen Leibbinden und Unterjacken; wir leben nicht mehr im eisernen Zeitalter, sondern im flanellenen. Flanell ist wirklich jetzt der beste Panzer gegen die Angriffe des schlimmsten Feindes, gegen die Cholera. »Venus würde heutzutage«, sagt »Figaro«, »einen Gürtel von Flanell tragen.« Ich selbst stecke bis am Halse in Flanell, und dünke mich dadurch cholerafest. Auch der König trägt jetzt eine Leibbinde vom besten Bürgerflanell.

Ich darf nicht unerwähnt lassen, daß er, der Bürgerkönig, bei dem allgemeinen Unglücke viel Geld für die armen Bürger hergegeben und sich bürgerlich mitfühlend und edel benommen hat. – Da ich mal im Zuge bin, will ich auch den Erzbischof von Paris loben, welcher ebenfalls im Hôtel-Dieu, nachdem der Kronprinz und Périer dort ihren Besuch abgestattet, die Kranken zu trösten kam. Er hatte längst prophezeit, daß Gott die Cholera als Strafgericht schicken werde um ein Volk zu züchtigen, »welches den allerchristlichsten König fortgejagt und das katholische Religionsprivilegium in der Charte abgeschafft hat«. Jetzt, wo der Zorn Gottes die Sünder heimsucht, will Hr. v. Quelen sein Gebet zum Himmel schicken und Gnade erflehen, wenigstens für die Unschuldigen; denn es sterben auch viele Karlisten. Außerdem hat Hr. v. Quelen, der Erzbischof, sein Schloß Conflans angeboten, zur Errichtung eines Hospitals. Die Regierung hat aber dieses Anerbieten abgelehnt, da dieses Schloß in wüstem, zerstörtem Zustande ist, und die Reparaturen zu viel kosten würden. Außerdem hatte der Erzbischof verlangt, daß man ihm in diesem Hospitale freie Hand lassen müsse. Man durfte aber die Seelen der armen Kranken, deren Leiber schon an einem schrecklichen Übel litten, nicht den quälenden Rettungsversuchen aussetzen, die der Erzbischof und seine geistlichen Gehülfen beabsichtigten; man wollte die verstockten Revolutionssünder lieber ohne Mahnung an ewige Verdammnis und Höllenqual, ohne Beicht und Ölung, an der bloßen Cholera sterben lassen. Obgleich man behauptet, daß der Katholizismus eine passende Religion sei für so unglückliche Zeiten, wie die jetzigen, so wollen doch die Franzosen sich nicht mehr dazu bequemen, aus Furcht, sie würden diese Krankheitsreligion alsdann auch in glücklichen Tagen behalten müssen.

Es gehen jetzt viele verkleidete Priester im Volke herum, und behaupten, ein geweihter Rosenkranz sei ein Schutzmittel gegen die Cholera. Die Saint-Simonisten rechnen zu den Vorzügen ihrer Religion, daß kein Saint-Simonist an der herrschenden Krankheit sterben könne; denn da der Fortschritt ein Naturgesetz sei, und der soziale Fortschritt im Saint-Simonismus liege, so dürfe, solange die Zahl seiner Apostel noch unzureichend ist, keiner von denselben sterben. Die Bonapartisten behaupten: wenn man die Cholera an sich verspüre, so solle man gleich zur Vendômesäule hinaufschauen: man bleibe alsdann am Leben. So hat jeder seinen Glauben in dieser Zeit der Not. Was mich betrifft, ich glaube an Flanell. Gute Diät kann auch nicht schaden, nur muß man wieder nicht zu wenig essen, wie gewisse Leute, die des Nachts die Leibschmerzen des Hungers für Cholera halten. Es ist spaßhaft, wenn man sieht, mit welcher Poltronerie die Leute jetzt bei Tische sitzen, und die menschenfreundlichsten Gerichte mit Mißtrauen betrachten, und tiefseufzend die besten Bissen hinunterschlucken. Man soll, haben ihnen die Ärzte gesagt, keine Furcht haben und jeden Ärger vermeiden; nun aber fürchten sie, daß sie sich mal unversehens ärgern möchten, und ärgern sich wieder, daß sie deshalb Furcht hatten. Sie sind jetzt die Liebe selbst, und gebrauchen oft das Wort mon Dieu, und ihre Stimme ist hingehaucht milde, wie die einer Wöchnerin. Dabei riechen sie wie ambulante Apotheken, fühlen sich oft nach dem Bauche, und mit zitternden Augen fragen sie, jede Stunde, nach der Zahl der Toten. Daß man diese Zahl nie genau wußte, oder vielmehr, daß man von der Unrichtigkeit der angegebenen Zahl überzeugt war, füllte die Gemüter mit vagem Schrecken und steigerte die Angst ins Unermeßliche. In der Tat, die Journale haben seitdem eingestanden, daß in Einem Tage, nämlich den zehnten April, an die zweitausend Menschen gestorben sind. Das Volk ließ sich nicht offiziell täuschen, und klagte beständig, daß mehr Menschen stürben, als man angebe. Mein Barbier erzählte mir, daß eine alte Frau auf dem Faubourg Montmartre die ganze Nacht am Fenster sitzen geblieben, um die Leichen zu zählen, die man vorbeitrüge; sie habe dreihundert Leichen gezählt, worauf sie selbst, als der Morgen anbrach, von dem Froste und den Krämpfen der Cholera ergriffen ward und bald verschied. Wo man nur hinsah auf den Straßen, erblickte man Leichenzüge, oder, was noch melancholischer aussieht, Leichenwagen, denen niemand folgte. Da die vorhandenen Leichenwagen nicht zureichten, mußte man allerlei andere Fuhrwerke gebrauchen, die, mit schwarzem Tuch überzogen, abenteuerlich genug aussahen. Auch daran fehlte es zuletzt, und ich sah Särge in Fiakern fortbringen; man legte sie in die Mitte, so daß aus den offenen Seitentüren die beiden Enden herausstanden. Widerwärtig war es anzuschauen, wenn die großen Möbelwagen, die man beim Ausziehen gebraucht, jetzt gleichsam als Totenomnibusse, als omnibus mortuis, herumfuhren, und sich in den verschiedenen Straßen die Särge aufladen ließen, und sie dutzendweise zur Ruhestätte brachten.

Die Nähe eines Kirchhofs, wo die Leichenzüge zusammentrafen, gewährte erst recht den trostlosesten Anblick. Als ich einen guten Bekannten besuchen wollte und eben zur rechten Zeit kam, wo man seine Leiche auflud, erfaßte mich die trübe Grille, eine Ehre, die er mir mal erwiesen, zu erwidern, und ich nahm eine Kutsche und begleitete ihn nach Père-la-Chaise. Hier nun, in der Nähe dieses Kirchhofs, hielt plötzlich mein Kutscher still, und als ich, aus meinen Träumen erwachend, mich umsah, erblickte ich nichts als Himmel und Särge. Ich war unter einige hundert Leichenwagen geraten, die vor dem engen Kirchhofstore gleichsam Queue machten, und in dieser schwarzen Umgebung, unfähig mich herauszuziehen, mußte ich einige Stunden ausdauern. Aus Langerweile frug ich den Kutscher nach dem Namen meiner Nachbarleiche, und, wehmütiger Zufall! er nannte mir da eine junge Frau, deren Wagen einige Monate vorher, als ich zu Lointier nach einem Balle fuhr, in ähnlicher Weise einige Zeit neben dem meinigen stille halten mußte. Nur daß die junge Frau damals mit ihrem hastigen Blumenköpfchen und lebhaften Mondscheingesichtchen öfters zum Kutschenfenster hinausblickte, und über die Verzögerung ihre holdeste Mißlaune ausdrückte. Jetzt war sie sehr still und vielleicht blau. Manchmal jedoch, wenn die Trauerpferde an den Leichenwagen sich schaudernd unruhig bewegten, wollte es mich bedünken, als regte sich die Ungeduld in den Toten selbst, als seien sie des Wartens müde, als hätten sie Eile ins Grab zu kommen; und wie nun gar an dem Kirchhofstore ein Kutscher dem andern vorauseilen wollte, und der Zug in Unordnung geriet, die Gendarmen mit blanken Säbeln dazwischen fuhren, hie und da ein Schreien und Fluchen entstand, einige Wagen umstürzten, die Särge auseinander fielen, die Leichen hervorkamen: da glaubte ich die entsetzlichste aller Emeuten zu sehen, eine Totenemeute.

Ich will, um die Gemüter zu schonen, hier nicht erzählen, was ich auf dem Père-la-Chaise gesehen habe. Genug, gefesteter Mann wie ich bin, konnte ich mich doch des tiefsten Grauens nicht erwehren. Man kann an den Sterbebetten das Sterben lernen und nachher mit heiterer Ruhe den Tod erwarten; aber das Begrabenwerden, unter die Choleraleichen, in die Kalkgräber, das kann man nicht lernen. Ich rettete mich so rasch als möglich auf den höchsten Hügel des Kirchhofs, wo man die Stadt so schön vor sich liegen sieht. Eben war die Sonne untergegangen, ihre letzten Strahlen schienen wehmütig Abschied zu nehmen, die Nebel der Dämmerung umhüllten wie weiße Laken das kranke Paris, und ich weinte bitterlich über die unglückliche Stadt, die Stadt der Freiheit, der Begeisterung und des Martyrtums, die Heilandstadt, die für die weltliche Erlösung der Menschheit schon so viel gelitten!

Dass Heinrich Heine ein großer England-Freund gewesen sei, lässt sich nicht behaupten. Mitte April 1827 reist er erstmals nach London, wo er, unterbrochen nur von Abstechern in die Seebäder Brighton und Ramsgate, bis zum August des Jahres bleibt. Die englische Hauptstadt, die damals schon anderthalb Millionen Einwohner hat, fasziniert ihn anfänglich sehr, er lobt ihre »Großartigkeit«, fühlt sich jedoch auch schon bald »etwas verloren«. London präsentiert sich, im Positiven wie im Negativen, als Vorzeigemetropole der beginnenden Industrialisierung, die in England weiter vorangekommen ist als anderswo. Das Geschäftsleben pulsiert und hat ein Proletariat angelockt, das in finsteren Vierteln haust und sich für all die schlecht entlohnten Arbeiten bereithält, die man ihm zumutet. Heine, dem das englische Klima mit seinen »Nebeln und schleichender Nässe« mehr zusetzt, als ihm lieb ist, wird zudem mit einer britischen Besonderheit konfrontiert, die auch heutigen London-Touristen noch die Laune verderben kann: »Fürchterlich kostspielig ist das Leben«, schreibt er grimmig nach Hause und macht daraus den Beginn einer wundervollen Feindschaft, der er in der Folge, auch wenn er zwischenzeitlich eines Besseren belehrt wird, geradezu unerschrocken die Treue hält. Fallen seine »Englischen Fragmente«, die er in den vierten Band der »Reisebilder« mit aufnimmt, noch gemäßigt aus, so fühlt sich Heine, der übrigens auch die Amerikaner nicht mag (denen die Engländer »ihre schlechtesten Eigenschaften zurückließen«), später weder an »political correctness« noch an »die feine englische Art« gebunden: »Es wird mir flau zumute, wenn ich bedenke, daß Shakespeare am Ende doch ein Engländer ist, und dem widerwärtigsten Volk angehört, das Gott in seinem Zorne erschaffen hat«, schreibt er. »Welch ein widerwärtiges Volk, welch ein unerquickliches Land! Wie steifleinern, wie hausbacken, wie selbstsüchtig, wie eng, wie englisch! Ein Land, welches längst der Ozean ver-

schluckt hätte, wenn er nicht befürchtete, daß es ihm Übel-
keiten im Magen verursachen möchte (...) Ein Volk, ein
graues, gähnendes Ungeheuer, dessen Atem nichts als Stick-
luft und tödliche Langeweile, und das sich gewiß mit einem
kolossalen Schiffstau am Ende selbst aufhängt.« Zusammen-
fassend: »Es sind wunderliche Käuze, diese Engländer. Ich
kann sie nicht leiden. Sie sind erstens langweilig, und dann
sind sie ungesellig, eigensüchtig, sie quäken wie die Frösche,
sie sind geborene Feinde aller guter Musik, sie gehen in die
Kirche mit vergoldeten Gebetbüchern, und sie verachten
uns Deutsche, weil wir Sauerkraut essen.«

7.

EIN FEUCHTER WIND, EIN KAHLES LAND
DEUTSCHLAND. EIN WINTERMÄRCHEN

Heine war 1831 nach Paris übergesiedelt; zwölf Jahre später, im Oktober 1843, kehrte er erstmalig in die Heimat zurück. Die Ziele, die er mit seiner Reise verfolgte, waren bescheiden: In Hamburg wollte er seine Mutter besuchen, die gerade bei einem Großbrand ihre Wohnung verloren hatte; außerdem stand ein Besuch bei seinem Verleger Campe an, mit dem er sich gerne stritt. Am 29. Oktober trifft Heine in Hamburg ein, wo er bis zum 6. Dezember bleibt. Tags darauf tritt er die Heimreise an, die ihn über Hannover, Bückeburg, Minden, den Teutoburger Wald, Unna, Hagen, Köln und Aachen zurück nach Paris führt, wo er am 16. Dezember eintrifft. Gleich nach seiner Rückkehr macht er sich an die Ausarbeitung des »humoristischen Reise-Epos«, das mit seinen »versifizierte(n) Reisebilder(n) (...) ein ganz neues Genre« darbot und eines seiner berühmtesten Werke werden sollte. Heine ist mit Feuereifer bei der Sache: »Es schreibt in mir«, vermerkt er. Als Campe das fertige Manuskript zu lesen bekommt, hat ihm sein streitlustiger Autor bereits mitgeteilt, dass er diesmal auf jegliche Vorzensur verzichtet habe, trotzdem aber oder gerade deswegen mit der Unterstützung seines Verlegers rechne. Campe, gewitzt durch zahllose Grabenkämpfe mit der Zensur, möchte das Buch nur veröffentlichen, wenn es vorher entschärft worden ist, was sein Autor nicht einsieht: Er erklärt, dass er »nichts mehr ändern könne«. Als Autor möchte er nicht wieder »von unten herauf mißverstanden werden, wo ich leider mich von Ihnen zu allzu ängstlicher Zahmheit bereden ließ«. Schließlich kommt es zu einem Kompromiss: Heine stimmt zu, dass ein neutraler Dritter, der Hamburger Journalist François Wille, das Manuskript des »Wintermärchens« »vorzensieren« soll; seinen Streichungsvorschlägen will er folgen.

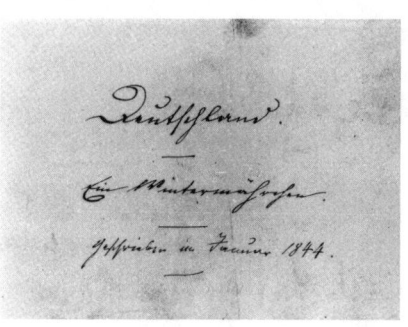

Titelblatt des »Wintermärchens«, Manuskript von Heines Hand.

Wille erweist sich als dankbarer »Zensor«, denn er hat kaum etwas auszusetzen, lässt sich viel lieber begeistern. An Heine schreibt er: »In mir ist beim Lesen die gleiche göttliche Lust aufgegangen, mit welcher der Genius es gezeugt und empfangen. Der lachende, alle Dummheit und Lüge der Welt spielend überwindende Humor, der selige Übermut des Scherzes und Witzes, die ganze Glückseligkeit der Weltbefreiung durch Kunst und Poesie sind mit den preciösen Versen auch in mir eingezogen. Ich freue mich über Sie, über die Welt, über mich, daß Sie das prächtige tolle Ding gemacht, daß ich es zuerst genossen, und daß es zur Welt gekommen ist.«

Willes Begeisterung vermochten die Zensoren nicht zu teilen; auf sie kam Schwerstarbeit zu. Im September 1844 erschien das »Wintermärchen« als Anhang der »Neuen Gedichte«, einen Monat später riskierte Campe eine Separatausgabe. Beide Editionen lösten heftiges Missvergnügen aus: »Sie atmen wieder solchen revolutionären Geist und Tendenz und sind so gehässig und unverschämt gegen Preußen und unsern erhabenen Monarchen gerichtet, daß mir ein Verbot unerläßlich erscheint«, befand der preußische Gesandte in Hamburg und konnte sich dabei auf ein behördeninternes Gutachten stützen, das »fast durchgehend in Verse gebrachte, gemeingefährliche Schandreden über den

Charakter des deutschen Volkes, die politisch-sozialen Institute Deutschlands und ins Besondere die brutalsten Ausfälle auf die geheiligte Person des diesseitigen Staatsoberhauptes« ausgemacht hatte. Prompt wurde das »Wintermärchen« in Preußen verboten und der Zensor, der nicht verhindert hatte, dass die erste Auflage zumindest in Hamburg ausgeliefert werden konnte, unter Androhung einer saftigen Geldstrafe abgemahnt.

Auch die Literaturkritik tat sich wiederum schwer mit Heine, der als Autor galt, den man entweder schätzte oder verabscheute. So beklagte man auch am »Wintermärchen« den »alten, wohlbekannten Cynismus«, »liederliche Genialität«, »scandalöse Personalien« und die »rote Ruhmschminke«, die der Autor seiner »eigenen Person angelegt hat«, musste jedoch auch widerstrebend zugeben, dass dem Leser »schmetternde Schläge des zündenden Witzes« und »grelle Schlaglichter (...) das tiefste Dunkel der Zeitnacht auf einen Augenblick blendend erhellen«.

Heine hat in seinem »Wintermärchen« die Enttäuschung über ein Wiedersehen, das nicht gelingen konnte, in ihr Gegenteil verkehrt. Mit Scherz, Satire, Ironie und tieferer Bedeutung, seinen bewährten Mitteln, verleiht er einer Hoffnung Ausdruck, die nicht nur für Deutschland gilt: »Ein neues Lied, ein besseres Lied / O Freunde, will ich Euch dichten! / Wir wollen hier auf Erden schon / Das Himmelreich errichten. / Wir wollen auf Erden glücklich sein, / Und wollen nicht mehr darben; / Verschlemmen soll nicht der faule Bauch / Was fleißige Hände erwarben. / Es wächst hienieden Brot genug / Für alle Menschenkinder.«

Deutschland

Ein Wintermärchen

Vorwort

Das nachstehende Gedicht schrieb ich im diesjährigen Monat Januar zu Paris, und die freie Luft des Ortes wehete in manche Strophe weit schärfer hinein, als mir eigentlich lieb war. Ich unterließ nicht, schon gleich zu mildern und auszuscheiden, was mit dem deutschen Klima unverträglich schien. Nichtsdestoweniger, als ich das Manuskript im Monat März an meinen Verleger nach Hamburg schickte, wurden mir noch mannigfache Bedenklichkeiten in Erwägung gestellt. Ich mußte mich dem fatalen Geschäfte des Umarbeitens nochmals unterziehen, und da mag es wohl geschehen sein, daß die ernsten Töne mehr als nötig abgedämpft oder von den Schellen des Humors gar zu heiter überklingelt wurden. Einigen nackten Gedanken habe ich im hastigen Unmut ihre Feigenblätter wieder abgerissen, und zimperlich spröde Ohren habe ich vielleicht verletzt. Es ist mir leid, aber ich tröste mich mit dem Bewußtsein, daß größere Autoren sich ähnliche Vergehen zu Schulden kommen ließen. (...) Ach, ich vergesse, daß wir in einer sehr bürgerlichen Zeit leben, und ich sehe leider voraus, daß viele Töchter gebildeter Stände an der Spree, wo nicht gar an der Alster, über mein armes Gedicht die mehr oder minder gebogenen Näschen rümpfen werden! Was ich aber mit noch größerem Leidwesen voraussehe, das ist das Zeter jener Pharisäer der Nationalität, die jetzt mit den Antipathien der Regierungen Hand in Hand gehen, auch die volle Liebe und Hochachtung der Zensur genießen und in der Tagespresse den Ton angeben können, wo es gilt, jene Gegner zu befehden, die auch zugleich die Gegner ihrer allerhöchsten Herrschaften sind. Wir sind im Herzen gewappnet gegen das Mißfallen dieser heldenmütigen Lakaien in schwarz-rot-goldner Livree. (...) Beruhigt Euch, ich liebe das Vaterland eben so sehr, wie Ihr. Wegen dieser Liebe habe ich dreizehn Lebensjahre im Exile verlebt, und wegen eben dieser Liebe kehre ich wieder zurück ins Exil, vielleicht für immer, jedenfalls ohne zu flennen oder eine schiefmäulige Duldergrimasse zu schneiden. Ich bin der Freund der Franzosen, wie ich der Freund aller Menschen bin, wenn sie vernünftig und gut sind, und weil ich selber nicht so dumm oder so schlecht bin, als daß ich wünschen sollte, daß meine Deutschen und die Franzosen, die beiden auserwählten Völker der Humanität, sich die Hälse brächen zum Besten von England und Rußland und zur Schadenfreude aller Junker und Pfaffen dieses Erdballs. Seid ruhig, ich werde den Rhein nimmermehr den Franzosen abtreten, schon aus dem ganz einfachen Grunde: weil mir der Rhein gehört. Ja, mir gehört er, durch unveräußerliches Geburtsrecht, ich bin des freien Rheins noch weit freierer Sohn, an seinem Ufer stand meine Wiege, und ich sehe gar nicht ein, warum der Rhein irgend einem Andern gehören soll als den Landeskindern. Elsaß und Lothringen kann ich freilich dem deutschen Reiche nicht so leicht einverleiben, wie Ihr es tut, denn die Leute in jenen Landen hängen fest an Frankreich wegen der Rechte, die sie durch die französische Staatsumwälzung gewonnen, wegen jener Gleichheitsgesetze und freien Institutionen, die dem bürgerlichen Gemüte sehr angenehm sind, aber dem Magen der großen Menge dennoch Vieles zu wünschen übrig lassen. Indessen, die Elsasser und Lothringer werden sich wieder an Deutschland anschließen, wenn wir das vollenden, was die Franzosen begonnen haben, wenn wir diese überflügeln in der Tat, wie wir es schon getan im Gedanken, wenn wir uns bis zu den letzten Folgerungen desselben emporschwingen, wenn wir die Dienstbarkeit bis in ihrem letzten Schlupfwinkel, dem Himmel, zerstören, wenn wir den Gott, der auf Erden im Menschen wohnt, aus seiner Erniedrigung retten, wenn wir die Erlöser Gottes werden, wenn wir das arme, glückenterbte Volk und den verhöhnten Genius und die geschändete Schönheit wieder in ihre Würde einsetzen, wie unsere großen Meister gesagt und gesungen, und wie wir es wollen, wir, die Jünger – ja, nicht bloß Elsaß und Lothringen, sondern ganz Frankreich wird uns alsdann zufallen, ganz Europa, die ganze Welt – die ganze Welt wird deutsch werden! Von dieser Sendung und Universalherrschaft Deutschlands träume ich oft, wenn ich unter Eichen wandle. Das ist *mein* Patriotismus.

Ich werde in einem nächsten Buche auf dieses Thema zurückkommen, mit letzter Entschlossenheit, mit strenger Rücksichtslosigkeit, jedenfalls mit Loyalität. Den entschiedensten Widerspruch werde ich zu achten wissen, wenn er aus einer Überzeugung hervorgeht. Selbst der rohesten Feindseligkeit will ich alsdann geduldig verzeihen; ich will sogar der Dummheit Rede stehen, wenn sie nur ehrlich gemeint ist. Meine ganze schweigende Verachtung widme ich hingegen dem gesinnungslosen Wichte, der aus leidiger Scheelsucht oder unsauberer Privatgiftigkeit meinen guten Leumund in der öffentlichen Meinung herabzuwürdigen sucht, und dabei die Maske des Patriotismus, wo nicht gar die der Religion und der Moral, benutzt. Der anarchische Zustand der deutschen politischen und literarischen Zeitungsblätterwelt ward in solcher Beziehung zuweilen mit einem Talente ausgebeutet, das ich schier bewundern mußte. Wahrhaftig, Schufterle ist nicht tot, er lebt noch immer und steht seit Jahren an der Spitze einer wohlorganisierten Bande von literarischen Strauchdieben, die in den böhmischen Wäldern unserer Tagespresse ihr Wesen treiben, hinter jedem Busch, hinter jedem Blatt versteckt liegen und dem leisesten Pfiff ihres würdigen Hauptmanns gehorchen.

(...)

Hamburg, den 17. September 1844.   *Heinrich Heine.*

Caput I

Im traurigen Monat November wars,
Die Tage wurden trüber,
Der Wind riß von den Bäumen das Laub,
Da reist ich nach Deutschland hinüber.

Und als ich an die Grenze kam,
Da fühlt ich ein stärkeres Klopfen
In meiner Brust, ich glaube sogar
Die Augen begunnen zu tropfen.

Und als ich die deutsche Sprache vernahm,
Da ward mir seltsam zu Mute;
Ich meinte nicht anders, als ob das Herz
Recht angenehm verblute.

Ein kleines Harfenmädchen sang.
Sie sang mit wahrem Gefühle
Und falscher Stimme, doch ward ich sehr
Gerühret von ihrem Spiele.

Sie sang von Liebe und Liebesgram,
Aufopfrung und Wiederfinden
Dort oben, in jener besseren Welt,
Wo alle Leiden schwinden.

Sie sang vom irdischen Jammertal,
Von Freuden, die bald zerronnen,
Vom Jenseits, wo die Seele schwelgt
Verklärt in ewgen Wonnen.

Sie sang das alte Entsagungslied,
Das Eiapopeia vom Himmel,
Womit man einlullt, wenn es greint,
Das Volk, den großen Lümmel.

Ich kenne die Weise, ich kenne den Text,
Ich kenn auch die Herren Verfasser;
Ich weiß, sie tranken heimlich Wein
Und predigten öffentlich Wasser.

Ein neues Lied, ein besseres Lied,
O Freunde, will ich Euch dichten!
Wir wollen hier auf Erden schon
Das Himmelreich errichten.

Wir wollen auf Erden glücklich sein,
Und wollen nicht mehr darben;
Verschlemmen soll nicht der faule Bauch
Was fleißige Hände erwarben.

Es wächst hienieden Brot genug
Für alle Menschenkinder,
Auch Rosen und Myrten, Schönheit und Lust,
Und Zuckererbsen nicht minder.

Ja, Zuckererbsen für jedermann,
Sobald die Schoten platzen!
Den Himmel überlassen wir
Den Engeln und den Spatzen.

Und wachsen uns Flügel nach dem Tod,
So wollen wir Euch besuchen
Dort oben, und wir, wir essen mit Euch
Die seligsten Torten und Kuchen.

Ein neues Lied, ein besseres Lied,
Es klingt wie Flöten und Geigen!
Das Miserere ist vorbei,
Die Sterbeglocken schweigen.

Die Jungfer Europa ist verlobt
Mit dem schönen Geniusse
Der Freiheit, sie liegen einander im Arm,
Und schwelgen im ersten Kusse.

Und fehlt der Pfaffensegen dabei,
Die Ehe wird gültig nicht minder –
Es lebe Bräutigam und Braut,
Und ihre zukünftigen Kinder!

Ein Hochzeitkarmen ist mein Lied,
Das bessere, das neue!
In meiner Seele gehen auf
Die Sterne der höchsten Weihe –

Begeisterte Sterne, sie lodern wild,
Zerfließen in Flammenbächen –
Ich fühle mich wunderbar erstarkt,
Ich könnte Eichen zerbrechen!

Seit ich auf deutsche Erde trat,
Durchströmen mich Zaubersäfte –
Der Riese hat wieder die Mutter berührt,
Und es wuchsen ihm neu die Kräfte.

Caput II

Während die Kleine von Himmelslust
Getrillert und musizieret,
Ward von den preußischen Douaniers
Mein Koffer visitieret.

Beschnüffelten Alles, kramten herum
In Hemden, Hosen, Schnupftüchern;
Sie suchten nach Spitzen, nach Bijouterien,
Auch nach verbotenen Büchern.

Ihr Toren, die Ihr im Koffer sucht!
Hier werdet Ihr nichts entdecken!

Die Contrebande, die mit mir reist,
Die hab ich im Kopfe stecken.

Hier hab ich Spitzen, die feiner sind
Als die von Brüssel und Mecheln,
Und pack ich einst meine Spitzen aus,
Sie werden Euch sticheln und hecheln.

Im Kopfe trage ich Bijouterien,
Der Zukunft Krondiamanten,
Die Tempelkleinodien des neuen Gotts,
Des großen Unbekannten.

Und viele Bücher trag ich im Kopf!
Ich darf es Euch versichern,
Mein Kopf ist ein zwitscherndes Vogelnest
Von konfiszierlichen Büchern.

Glaubt mir, in Satans Bibliothek
Kann es nicht schlimmere geben;
Sie sind gefährlicher noch als die
Von Hoffmann von Fallersleben! –

Ein Passagier, der neben mir stand,
Bemerkte mir, ich hätte
Jetzt vor mir den preußischen Zollverein,
Die große Douanenkette.

»Der Zollverein« – bemerkte er –
»Wird unser Volkstum begründen,
Er wird das zersplitterte Vaterland
Zu einem Ganzen verbinden.

Er gibt die äußere Einheit uns,
Die sogenannt materielle;
Die geistige Einheit gibt uns die Zensur,
Die wahrhaft ideelle –

Sie gibt die innere Einheit uns,
Die Einheit im Denken und Sinnen;
Ein einiges Deutschland tut uns not,
Einig nach Außen und Innen.«

Und als ich an die Rheinbrück kam,
Wohl an die Hafenschanze,
Da sah ich fließen den Vater Rhein
Im stillen Mondenglanze.

Sei mir gegrüßt, mein Vater Rhein,
Wie ist es dir ergangen?
Ich habe oft an dich gedacht
Mit Sehnsucht und Verlangen.

So sprach ich, da hört ich im Wasser tief
Gar seltsam grämliche Töne,
Wie Hüsteln eines alten Manns,
Ein Brümmeln und weiches Gestöhne:

»Willkommen, mein Junge, das ist mir lieb,
Daß du mich nicht vergessen;
Seit dreizehn Jahren sah ich dich nicht,
Mir ging es schlecht unterdessen.

Zu Biberich hab ich Steine verschluckt,
Wahrhaftig, sie schmeckten nicht lecker!
Doch schwerer liegen im Magen mir
Die Verse von Niklas Becker.

Er hat mich besungen, als ob ich noch
Die reinste Jungfer wäre,
Die sich von niemand rauben läßt
Das Kränzlein ihrer Ehre.

Wenn ich es höre, das dumme Lied,
Dann möcht ich mir zerraufen
Den weißen Bart, ich möchte fürwahr
Mich in mir selbst ersaufen!

Daß ich keine reine Jungfer bin,
Die Franzosen wissen es besser,
Sie haben mit meinem Wasser so oft
Vermischt ihr Siegergewässer.

Das dumme Lied und der dumme Kerl!
Er hat mich schmählich blamieret,

Gewissermaßen hat er mich auch
Politisch kompromittiert.

Denn kehren jetzt die Franzosen zurück,
So muß ich vor ihnen erröten,
Ich, der um ihre Rückkehr so oft
Mit Tränen zum Himmel gebeten.

Ich habe sie immer so lieb gehabt,
Die lieben kleinen Französchen —
Singen und springen sie noch wie sonst?
Tragen noch weiße Höschen?

Ich möchte sie gerne wiedersehn,
Doch fürcht ich die Persiflage,
Von wegen des verwünschten Lieds,
Von wegen der Blamage.

Der Alfred de Musset, der Gassenbub,
Der kommt an ihrer Spitze
Vielleicht als Tambour, und trommelt mir vor
All seine schlechten Witze.«

So klagte der arme Vater Rhein,
Konnt sich nicht zufrieden geben.
Ich sprach zu ihm manch tröstendes Wort,
Um ihm das Herz zu heben:

O fürchte nicht, mein Vater Rhein.
Den spöttelnden Scherz der Franzosen;
Sie sind die alten Franzosen nicht mehr,
Auch tragen sie andere Hosen.

Die Hosen sind rot und nicht mehr weiß,
Sie haben auch andere Knöpfe,
Sie singen nicht mehr, sie springen nicht mehr,
Sie senken nachdenklich die Köpfe.

Sie philosophieren und sprechen jetzt
Von Kant, von Fischte und Hegel,
Sie rauchen Tabak, sie trinken Bier,
Und manche schieben auch Kegel.

Sie werden Philister ganz wie wir
Und treiben es endlich noch ärger;

Sie sind keine Voltairianer mehr,
Sie werden Hengstenberger.

Der Alfred de Musset, das ist wahr,
Ist noch ein Gassenjunge;
Doch fürchte nichts, wir fesseln ihm
Die schändliche Spötterzunge.

Und trommelt er dir einen schlechten Witz,
So pfeifen wir ihm einen schlimmern,
Wir pfeifen ihm vor, was ihm passiert
Bei schönen Frauenzimmern.

Gib dich zufrieden, Vater Rhein,
Denk nicht an schlechte Lieder,
Ein besseres Lied vernimmst du bald –
Leb wohl, wir sehen uns wieder.

Caput VIII

Von Cöllen bis Hagen kostet die Post
Fünf Taler sechs Groschen Preußisch.
Die Diligence war leider besetzt
Und ich kam in die offene Beichais.

Ein Spätherbstmorgen, feucht und grau,
Im Schlamme keuchte der Wagen;
Doch trotz des schlechten Wetters und Wegs
Durchströmte mich süßes Behagen.

Das ist ja meine Heimatluft!
Die glühende Wange empfand es!
Und dieser Landstraßenkot, er ist
Der Dreck meines Vaterlandes!

Die Pferde wedelten mit dem Schwanz
So traulich wie alte Bekannte,
Und ihre Mistküchlein dünkten mir schön
Wie die Äpfel der Atalante!

Wir fuhren durch Mühlheim. Die Stadt ist nett,
Die Menschen still und fleißig.
War dort zuletzt im Monat Mai
Des Jahres Einunddreißig.

Damals stand alles im Blütenschmuck
Und die Sonnenlichter lachten,
Die Vögel sangen sehnsuchtvoll,
Und die Menschen hofften und dachten –

Sie dachten: »Die magere Ritterschaft
Wird bald von hinnen reisen.
Und der Abschiedstrunk wird ihnen kredenzt
Aus langen Flaschen von Eisen!

Und die Freiheit kommt mit Spiel und Tanz,
Mit der Fahne, der weiß-blau-roten;
Vielleicht holt sie sogar aus dem Grab
Den Bonaparte, den Toten!«

Ach Gott! die Ritter sind immer noch hier,
Und manche dieser Gäuche,
Die spindeldürre gekommen ins Land,
Die haben jetzt dicke Bäuche.

Die blassen Kanaillen, die ausgesehn
Wie Liebe, Glauben und Hoffen,
Sie haben seitdem in unserm Wein
Sich rote Nasen gesoffen – – –

Und die Freiheit hat sich den Fuß verrenkt,
Kann nicht mehr springen und stürmen;
Die Trikolore in Paris
Schaut traurig herab von den Türmen.

Der Kaiser ist auferstanden seitdem,
Doch die englischen Würmer haben
Aus ihm einen stillen Mann gemacht,
Und er ließ sich wieder begraben.

Hab selber sein Leichenbegängnis gesehn,
Ich sah den goldenen Wagen
Und die goldenen Siegesgöttinnen drauf,
Die den goldenen Sarg getragen.

Den Elysäischen Feldern entlang,
Durch des Triumphes Bogen,
Wohl durch den Nebel, wohl über den Schnee
Kam langsam der Zug gezogen.

Mißtönend schauerlich war die Musik.
Die Musikanten starrten
Vor Kälte. Wehmütig grüßten mich
Die Adler der Standarten.

Die Menschen schauten so geisterhaft
In alter Erinnrung verloren –
Der imperiale Märchentraum
War wieder herauf beschworen.

Ich weinte an jenem Tag. Mir sind
Die Tränen ins Auge gekommen,
Als ich den verschollenen Liebesruf,
Das Vive l'Empereur! vernommen.

Caput XII

Im nächtlichen Walde humpelt dahin
Die Chaise. Da kracht es plötzlich –
Ein Rad ging los. Wir halten still.
Das ist nicht sehr ergötzlich.

Der Postillon steigt ab und eilt
Ins Dorf, und ich verweile
Um Mitternacht allein im Wald.
Ringsum ertönt ein Geheule.

Das sind die Wölfe, die heulen so wild,
Mit ausgehungerten Stimmen.
Wie Lichter in der Dunkelheit
Die feurigen Augen glimmen.

Sie hörten von meiner Ankunft gewiß,
Die Bestien, und mir zu Ehre
Illuminierten sie den Wald
Und singen sie ihre Chöre.

Das ist ein Ständchen, ich merke es jetzt,
Ich soll gefeiert werden!
Ich warf mich gleich in Positur
Und sprach mit gerührten Gebärden:

»Mitwölfe! Ich bin glücklich heut
In Eurer Mitte zu weilen,
Wo so viel edle Gemüter mir
Mit Liebe entgegenheulen.

Was ich in diesem Augenblick
Empfinde, ist unermeßlich;
Ach! diese schöne Stunde bleibt
Mir ewig unvergeßlich.

Ich danke Euch für das Vertraun,
Womit Ihr mich beehret
Und das Ihr in jeder Prüfungszeit
Durch treue Beweise bewähret.

Mitwölfe! Ihr zweifeltet nie an mir,
Ihr ließet Euch nicht fangen
Von Schelmen, die Euch gesagt, ich sei
Zu den Hunden übergegangen,

Ich sei abtrünnig und werde bald
Hofrat in der Lämmerhürde –
Dergleichen zu widersprechen war
Ganz unter meiner Würde.

Der Schafpelz, den ich umgehängt
Zuweilen, um mich zu wärmen,
Glaubt mirs, er brachte mich nie dahin,
Für das Glück der Schafe zu schwärmen.

Ich bin kein Schaf, ich bin kein Hund,
Kein Hofrat und kein Schellfisch –
Ich bin ein Wolf geblieben, mein Herz
Und meine Zähne sind wölfisch.

Ich bin ein Wolf und werde stets
Auch heulen mit den Wölfen –
Ja, zählt auf mich und helft Euch selbst,
Dann wird auch Gott Euch helfen!«

Das war die Rede, die ich hielt,
Ganz ohne Vorbereitung;
Verstümmelt hat Kolb sie abgedruckt
In der Allgemeinen Zeitung.

Ein feuchter Wind, ein kahles Land,
Die Chaise wackelt im Schlamme,
Doch singt es und klingt es in meinem Gemüt:
Sonne, du klagende Flamme!

Das ist der Schlußreim des alten Lieds,
Das oft meine Amme gesungen –
»Sonne, du klagende Flamme!« das hat
Wie Waldhornruf geklungen.

Es kommt im Lied ein Mörder vor,
Der lebt' in Lust und Freude;
Man findet ihn endlich im Walde gehenkt,
An einer grauen Weide.

Des Mörders Todesurteil war
Genagelt am Weidenstamme;
Das haben die Rächer der Feme getan –
Sonne, du klagende Flamme!

Die Sonne war Kläger, sie hatte bewirkt,
Daß man den Mörder verdamme.
Ottilie hatte sterbend geschrien:
Sonne, du klagende Flamme!

Und denk ich des Liedes, so denk ich auch
Der Amme, der lieben Alten;
Ich sehe wieder ihr braunes Gesicht,
Mit allen Runzeln und Falten.

Sie war geboren im Münsterland,
Und wußte, in großer Menge,
Gespenstergeschichten, grausenhaft,
Und Märchen und Volksgesänge.

Wie pochte mein Herz, wenn die alte Frau
Von der Königstochter erzählte,
Die einsam auf der Heide saß
Und die goldnen Haare strählte.

Die Gänse mußte sie hüten dort
Als Gänsemagd, und trieb sie

Am Abend die Gänse wieder durchs Tor,
Gar traurig stehen blieb sie.

Denn angenagelt über dem Tor
Sah sie ein Roßhaupt ragen,
Das war der Kopf des armen Pferds,
Das sie in die Fremde getragen.

Die Königstochter seufzte tief:
O, Falada, daß du hangest!
Der Pferdekopf herunter rief:
O wehe! daß du gangest!

Die Königstochter seufzte tief:
Wenn das meine Mutter wüßte!
Der Pferdekopf herunter rief:
Ihr Herze brechen müßte!

Mit stockendem Atem horchte ich hin,
Wenn die Alte ernster und leiser
Zu sprechen begann und vom Rotbart sprach,
Von unserem heimlichen Kaiser.

Sie hat mir versichert, er sei nicht tot,
Wie da glauben die Gelehrten,
Er hause versteckt in einem Berg
Mit seinen Waffengefährten.

Kyffhäuser ist der Berg genannt,
Und drinnen ist eine Höhle;
Die Ampeln erhellen so geisterhaft
Die hochgewölbten Säle.

Ein Marstall ist der erste Saal,
Und dorten kann man sehen
Viel tausend Pferde, blankgeschirrt,
Die an den Krippen stehen.

Sie sind gesattelt und gezäumt,
Jedoch von diesen Rossen
Kein einziges wiehert, kein einziges stampft,
Sind still, wie aus Eisen gegossen.

Im zweiten Saale, auf der Streu,
Sieht man Soldaten liegen,

Viel tausend Soldaten, bärtiges Volk,
Mit kriegerisch trotzigen Zügen.

Sie sind gerüstet von Kopf bis Fuß,
Doch alle diese Braven,
Sie rühren sich nicht, bewegen sich nicht,
Sie liegen fest und schlafen.

Hochaufgestapelt im dritten Saal
Sind Schwerter, Streitäxte, Speere,
Harnische, Helme, von Silber und Stahl,
Altfränkische Feuergewehre.

Sehr wenig Kanonen, jedoch genug
Um eine Trophäe zu bilden.
Hoch ragt daraus eine Fahne hervor,
Die Farbe ist schwarz-rot-gülden.

Der Kaiser bewohnt den vierten Saal.
Schon seit Jahrhunderten sitzt er
Auf steinernem Stuhl, am steinernen Tisch,
Das Haupt auf den Armen stützt er.

Sein Bart, der bis zur Erde wuchs,
Ist rot wie Feuerflammen,
Zuweilen zwinkert er mit dem Aug,
Zieht manchmal die Braunen zusammen.

Schläft er oder denkt er nach?
Man kanns nicht genau ermitteln;
Doch wenn die rechte Stunde kommt,
Wird er gewaltig sich rütteln.

Die gute Fahne ergreift er dann
Und ruft: zu Pferd! zu Pferde!
Sein reisiges Volk erwacht und springt
Lautrasselnd empor von der Erde.

Ein jeder schwingt sich auf sein Roß,
Das wiehert und stampft mit den Hufen!
Sie reiten hinaus in die klirrende Welt,
Und die Trompeten rufen.

Sie reiten gut, sie schlagen gut,
Sie haben ausgeschlafen.

Der Kaiser hält ein strenges Gericht,
Er will die Mörder bestrafen –

Die Mörder, die gemeuchelt einst
Die teure, wundersame,
Goldlockigte Jungfrau Germania –
Sonne, du klagende Flamme!

Wohl mancher, der sich geborgen geglaubt,
Und lachend auf seinem Schloß saß,
Er wird nicht entgehen dem rächenden Strang,
Dem Zorne Barbarossas! – – –

Wie klingen sie lieblich, wie klingen sie süß,
Die Märchen der alten Amme!
Mein abergläubisches Herze jauchzt:
Sonne, du klagende Flamme!

Caput XVIII

Minden ist eine feste Burg,
Hat gute Wehr und Waffen!
Mit preußischen Festungen hab ich jedoch
Nicht gerne was zu schaffen.

Wir kamen dort an zur Abendzeit.
Die Planken der Zugbrück stöhnten
So schaurig, als wir hinübergerollt;
Die dunklen Gräben gähnten.

Die hohen Bastionen schauten mich an,
So drohend und verdrossen;
Das große Tor ging rasselnd auf,
Ward rasselnd wieder geschlossen.

Ach! meine Seele ward betrübt,
Wie des Odysseus Seele,
Als er gehört, daß Polyphem
Den Felsblock schob vor die Höhle.

Es trat an den Wagen ein Korporal
Und frug uns: wie wir hießen?
Ich heiße Niemand, bin Augenarzt
Und steche den Star den Riesen.

Im Wirtshaus ward mir noch schlimmer zu Mut,
Das Essen wollt mir nicht schmecken.
Ging schlafen sogleich, doch schlief ich nicht,
Mich drückten so schwer die Decken.

Es war ein breites Federbett,
Gardinen von rotem Damaste,
Der Himmel von verblichenem Gold,
Mit einem schmutzigen Quaste.

Verfluchter Quast! der die ganze Nacht
Die liebe Ruhe mir raubte!
Er hing mir, wie des Damokles Schwert,
So drohend über dem Haupte!

Schien manchmal ein Schlangenkopf zu sein,
Und ich hörte ihn heimlich zischen:
Du bist und bleibst in der Festung jetzt,
Du kannst nicht mehr entwischen!

O, daß ich wäre – seufzte ich –
Daß ich zu Hause wäre,
Bei meiner lieben Frau in Paris,
Im Faubourg-Poissonière!

Ich fühlte, wie über die Stirne mir
Auch manchmal etwas gestrichen,
Gleich einer kalten Zensorhand,
Und meine Gedanken wichen –

Gendarmen in Leichenlaken gehüllt,
Ein weißes Spukgewirre,
Umringte mein Bett, ich hörte auch
Unheimliches Kettengeklirre.

Ach! die Gespenster schleppten mich fort
Und ich hab mich endlich befunden
An einer steilen Felsenwand;
Dort war ich festgebunden.

Der böse schmutzige Betthimmelquast!
Ich fand ihn gleichfalls wieder,
Doch sah er jetzt wie ein Geier aus,
Mit Krallen und schwarzem Gefieder.

Er glich dem preußischen Adler jetzt,
Und hielt meinen Leib umklammert;
Er fraß mir die Leber aus der Brust,
Ich habe gestöhnt und gejammert.

Ich jammerte lange – da krähte der Hahn,
Und der Fiebertraum erblaßte.
Ich lag zu Minden im schwitzenden Bett,
Der Adler ward wieder zum Quaste.

Ich reiste fort mit Extrapost,
Und schöpfte freien Odem
Erst draußen in der freien Natur,
Auf bückeburgschem Boden.

Caput XX

Von Harburg fuhr ich in einer Stund
Nach Hamburg. Es war schon Abend.
Die Sterne am Himmel grüßten mich,
Die Luft war lind und labend.

Und als ich zu meiner Frau Mutter kam,
Erschrak sie fast vor Freude;
Sie rief: »mein liebes Kind!« und schlug
Zusammen die Hände beide.

»Mein liebes Kind, wohl dreizehn Jahr
Verflossen unterdessen!
Du wirst gewiß sehr hungrig sein –
Sag an, was willst du essen?

Ich habe Fisch und Gänsefleisch
Und schöne Apfelsinen.«
So gib mir Fisch und Gänsefleisch
Und schöne Apfelsinen.

Und als ich aß mit großem Apptit,
Die Mutter ward glücklich und munter,
Sie frug wohl dies, sie frug wohl das,
Verfängliche Fragen mitunter.

»Mein liebes Kind! und wirst du auch
Recht sorgsam gepflegt in der Fremde?
Versteht deine Frau die Haushaltung,
Und flickt sie dir Strümpfe und Hemde?«

Der Fisch ist gut, lieb Mütterlein,
Doch muß man ihn schweigend verzehren;
Man kriegt so leicht eine Grät in den Hals,
Du darfst mich jetzt nicht stören.

Und als ich den braven Fisch verzehrt,
Die Gans ward aufgetragen.
Die Mutter frug wieder wohl dies, wohl das,
Mitunter verfängliche Fragen.

»Mein liebes Kind! in welchem Land
Läßt sich am besten leben?
Hier oder in Frankreich? und welchem Volk
Wirst du den Vorzug geben?«

Die deutsche Gans, lieb Mütterlein,
Ist gut, jedoch die Franzosen,
Sie stopfen die Gänse besser als wir,
Auch haben sie bessere Saucen. –

Und als die Gans sich wieder empfahl,
Da machten ihre Aufwartung
Die Apfelsinen, sie schmeckten so süß,
Ganz über alle Erwartung.

Die Mutter aber fing wieder an
Zu fragen sehr vergnüglich,
Nach tausend Dingen, mitunter sogar
Nach Dingen, die sehr anzüglich.

»Mein liebes Kind! wie denkst du jetzt?
Treibst du noch immer aus Neigung
Die Politik? Zu welcher Partei
Gehörst du mit Überzeugung?«

Die Apfelsinen, lieb Mütterlein,
Sind gut, und mit wahrem Vergnügen
Verschlucke ich den süßen Saft,
Und ich lasse die Schalen liegen.

Die Stadt, zur Hälfte abgebrannt,
Wird aufgebaut allmählig;
Wie 'n Pudel, der halb geschoren ist,
Sieht Hamburg aus, trübselig.

Gar manche Gassen fehlen mir,
Die ich nur ungern vermisse –
Wo ist das Haus, wo ich geküßt
Der Liebe erste Küsse?

Wo ist die Druckerei, wo ich
Die Reisebilder druckte?
Wo ist der Austerkeller, wo ich
Die ersten Austern schluckte?

Und der Dreckwall, wo ist der Dreckwall hin?
Ich kann ihn vergeblich suchen!
Wo ist der Pavillon, wo ich
Gegessen so manchen Kuchen?

Wo ist das Rathaus, worin der Senat
Und die Bürgerschaft gethronet?
Ein Raub der Flammen! Die Flamme hat
Das Heiligste nicht verschonet.

Die Leute seufzten noch vor Angst,
Und mit wehmütgem Gesichte
Erzählten sie mir vom großen Brand
Die schreckliche Geschichte:

»Es brannte an allen Ecken zugleich,
Man sah nur Rauch und Flammen!
Die Kirchentürme loderten auf
Und stürzten krachend zusammen.

Die alte Börse ist verbrannt,
Wo unsere Väter gewandelt
Und mit einander Jahrhunderte lang
So redlich als möglich gehandelt.

Die Bank, die silberne Seele der Stadt,
Und die Bücher, wo eingeschrieben

Jedweden Mannes Banko-Wert,
Gottlob! sie sind uns geblieben!

Gottlob! man kollektierte für uns
Selbst bei den fernsten Nationen –
Ein gutes Geschäft – die Kollekte betrug
Wohl an die acht Millionen.

Aus allen Ländern floß das Geld
In unsre offnen Hände,
Auch Viktualien nahmen wir an,
Verschmähten keine Spende.

Man schickte uns Kleider und Betten genug,
Auch Brot und Fleisch und Suppen!
Der König von Preußen wollte sogar
Uns schicken seine Truppen.

Der materielle Schaden ward
Vergütet, das ließ sich schätzen –
Jedoch der Schrecken, unseren Schreck,
Den kann uns niemand ersetzen!«

Aufmunternd sprach ich: Ich lieben Leut,
Ihr müßt nicht jammern und flennen,
Troja war eine bessere Stadt
Und mußte doch verbrennen.

Baut Eure Häuser wieder auf
Und trocknet Eure Pfützen,
Und schafft Euch beßre Gesetze an
Und beßre Feuerspritzen.

Gießt nicht zu viel Cayenne-Piment
In Eure Mokturtelsuppen,
Auch Eure Karpfen sind Euch nicht gesund,
Ihr kocht sie so fett mit den Schuppen.

Kalkuten schaden Euch nicht viel,
Doch hütet Euch vor der Tücke
Des Vogels, der sein Ei gelegt
In des Bürgermeisters Perücke. – –

Wer dieser fatale Vogel ist,
Ich brauch es Euch nicht zu sagen –

Denk ich an ihn, so dreht sich herum
Das Essen in meinem Magen.

Caput XXII

Noch mehr verändert als die Stadt
Sind mir die Menschen erschienen,
Sie gehn so betrübt und gebrochen herum,
Wie wandelnde Ruinen.

Die mageren sind noch dünner jetzt,
Noch fetter sind die feisten,
Die Kinder sind alt, die Alten sind
Kindisch geworden, die meisten.

Gar manche, die ich als Kälber verließ,
Fand ich als Ochsen wieder;
Gar manches kleine Gänschen ward
Zur Gans mit stolzem Gefieder.

Die alte Gudel fand ich geschminkt
Und geputzt wie eine Sirene;
Hat schwarze Locken sich angeschafft
Und blendend weiße Zähne.

Am besten hat sich konserviert
Mein Freund, der Papierverkäufer;
Sein Haar ward gelb und umwallt sein Haupt,
Sieht aus wie Johannes der Täufer.

Den **** den sah ich nur von fern,
Er huschte mir rasch vorüber;
Ich höre, sein Geist ist abgebrannt
Und war versichert bei Biber.

Auch meinen alten Zensor sah
Ich wieder. Im Nebel, gebücket,
Begegnet er mir auf dem Gänsemarkt,
Schien sehr darnieder gedrücket.

Wir schüttelten uns die Hände, es schwamm
Im Auge des Manns eine Träne.
Wie freute er sich, mich wieder zu sehn!
Es war eine rührende Szene. –

Nicht alle fand ich. Mancher hat
Das Zeitliche gesegnet.
Ach! meinem Gumpelino sogar
Bin ich nicht mehr begegnet.

Der Edle hatte ausgehaucht
Die große Seele soeben,
Und wird als verklärter Seraph jetzt
Am Throne Jehovahs schweben.

Vergebens suchte ich überall
Den krummen Adonis, der Tassen
Und Nachtgeschirr von Porzellan
Feil bot in Hamburgs Gassen.

Sarras, der treue Pudel, ist tot.
Ein großer Verlust! Ich wette,
Daß Campe lieber ein ganzes Schock
Schriftsteller verloren hätte. − −

Die Population des Hamburger Staats
Besteht, seit Menschengedenken,
Aus Juden und Christen; es pflegen auch
Die letztren nicht viel zu verschenken.

Die Christen sind alle ziemlich gut,
Auch essen sie gut zu Mittag,
Und ihre Wechsel bezahlen sie prompt,
Noch vor dem letzten Respittag.

Die Juden teilen sich wieder ein
In zwei verschiedne Parteien;
Die Alten gehn in die Synagog,
Und in den Tempel die Neuen.

Die Neuen essen Schweinefleisch,
Zeigen sich widersetzig,
Sind Demokraten; die Alten sind
Vielmehr aristokrätzig.

Ich liebe die Alten, ich liebe die Neun −
Doch schwör ich, beim ewigen Gotte,
Ich liebe gewisse Fischchen noch mehr,
Man heißt sie geräucherte Sprotte.

Caput XXIV

Wie ich die enge Sahltrepp hinauf
Gekommen, ich kann es nicht sagen;
Es haben unsichtbare Geister mich
Vielleicht hinaufgetragen.

Hier, in Hammonias Kämmerlein,
Verflossen mir schnell die Stunden.
Die Göttin gestand die Sympathie,
Die sie immer für mich empfunden.

»Siehst du« – sprach sie – »in früherer Zeit
War mir am meisten teuer
Der Sänger, der den Messias besang
Auf seiner frommen Leier.

Dort auf der Kommode steht noch jetzt
Die Büste von meinem Klopstock,
Jedoch seit Jahren dient sie mir
Nur noch als Haubenkopfstock.

Du bist mein Liebling jetzt, es hängt
Dein Bildnis zu Häupten des Bettes;
Und, siehst du, ein frischer Lorbeer umkränzt
Den Rahmen des holden Porträtes.

Nur daß du meine Söhne so oft
Genergelt, ich muß es gestehen,
Hat mich zuweilen tief verletzt;
Das darf nicht mehr geschehen.

Es hat die Zeit dich hoffentlich
Von solcher Unart geheilet,
Und dir eine größere Toleranz
Sogar für Narren erteilet.

Doch sprich, wie kam der Gedanke dir,
Zu reisen nach dem Norden
In solcher Jahrzeit? Das Wetter ist
Schon winterlich geworden!«

O, meine Göttin! – erwiderte ich –
Es schlafen tief im Grunde

Des Menschenherzens Gedanken, die oft
Erwachen zur unrechten Stunde.

Es ging mir äußerlich ziemlich gut,
Doch innerlich war ich beklommen,
Und die Beklemmnis täglich wuchs –
Ich hatte das Heimweh bekommen.

Die sonst so leichte französische Luft,
Sie fing mich an zu drücken;
Ich mußte Atem schöpfen hier
In Deutschland, um nicht zu ersticken.

Ich sehnte mich nach Torfgeruch,
Nach deutschem Tabaksdampfe;
Es bebte mein Fuß vor Ungeduld,
Daß er deutschen Boden stampfe.

Ich seufzte des Nachts, und sehnte mich,
Daß ich sie wiedersähe,
Die alte Frau, die am Dammtor wohnt;
Das Lottchen wohnt in der Nähe.

Auch jenem edlen alten Herrn,
Der immer mich ausgescholten
Und immer großmütig beschützt, auch ihm
Hat mancher Seufzer gegolten.

Ich wollte wieder aus seinem Mund
Vernehmen den »dummen Jungen!«
Das hat mir immer wie Musik
Im Herzen nachgeklungen.

Ich sehnte mich nach dem blauen Rauch,
Der aufsteigt aus deutschen Schornsteinen,
Nach niedersächsischen Nachtigalln,
Nach stillen Buchenhainen.

Ich sehnte mich nach den Plätzen sogar,
Nach jenen Leidensstationen,
Wo ich geschleppt das Jugendkreuz
Und meine Dornenkronen.

Ich wollte weinen, wo ich einst
Geweint die bittersten Tränen –

Ich glaube, Vaterlandsliebe nennt
Man dieses törigte Sehnen.

Ich spreche nicht gern davon; es ist
Nur eine Krankheit im Grunde.
Verschämten Gemütes, verberge ich stets
Dem Publiko meine Wunde.

Fatal ist mir das Lumpenpack,
Das, um die Herzen zu rühren,
Den Patriotismus trägt zur Schau
Mit allen seinen Geschwüren.

Schamlose schäbbige Bettler sinds,
Almosen wollen sie haben –
Ein'n Pfennig Popularität
Für Menzel und seine Schwaben!

O meine Göttin, du hast mich heut
In weicher Stimmung gefunden;
Bin etwas krank, doch pfleg ich mich,
Und ich werde bald gesunden.

Ja, ich bin krank, und du könntest mir
Die Seele sehr erfrischen
Durch eine gute Tasse Tee;
Du mußt ihn mit Rum vermischen.

Caput XXV

Die Göttin hat mir Tee gekocht
Und Rum hineingegossen;
Sie selber aber hat den Rum
Ganz ohne Tee genossen.

An meine Schulter lehnte sie
Ihr Haupt (die Mauerkrone,
Die Mütze, ward etwas zerknittert davon)
Und sie sprach mit sanftem Tone:

»Ich dachte manchmal mit Schrecken dran,
Daß du in dem sittenlosen
Paris so ganz ohne Aufsicht lebst,
Bei jenen frivolen Franzosen.

Du schlenderst dort herum und hast
Nicht mal an deiner Seite
Einen treuen deutschen Verleger, der dich
Als Mentor warne und leite.

Und die Verführung ist dort so groß,
Dort gibt es so viele Sylphiden,
Die ungesund, und gar zu leicht
Verliert man den Seelenfrieden.

Geh nicht zurück und bleib bei uns;
Hier herrschen noch Zucht und Sitte,
Und manches stille Vergnügen blüht
Auch hier, in unserer Mitte.

Bleib bei uns in Deutschland, es wird dir hier
Jetzt besser als ehmals munden;
Wir schreiten fort, du hast gewiß
Den Fortschritt selbst gefunden.

Auch die Zensur ist nicht mehr streng,
Hoffmann wird älter und milder
Und streicht nicht mehr im Jugendzorn
Dir deine Reisebilder.

Du selbst bist älter und milder jetzt,
Wirst dich in manches schicken,
Und wirst sogar die Vergangenheit
In besserem Lichte erblicken.

Ja, daß es uns früher so schrecklich ging,
In Deutschland, ist Übertreibung;
Man konnte entrinnen der Knechtschaft, wie einst
In Rom, durch Selbstentleibung.

Gedankenfreiheit genoß das Volk,
Sie war für die großen Massen,
Beschränkung traf nur die geringe Zahl
Derjengen, die drucken lassen.

Gesetzlose Willkür herrschte nie,
Dem schlimmsten Demagogen
Ward niemals ohne Urteilspruch
Die Staatskokarde entzogen.

So übel war es in Deutschland nie,
Trotz aller Zeitbedrängnis –
Glaub mir, verhungert ist nie ein Mensch
In einem deutschen Gefängnis.

Es blühte in der Vergangenheit
So manche schöne Erscheinung
Des Glaubens und der Gemütlichkeit;
Jetzt herrscht nur Zweifel, Verneinung.

Die praktische äußere Freiheit wird einst
Das Ideal vertilgen,
Das wir im Busen getragen – es war
So rein wie der Traum der Liljen!

Auch unsre schöne Poesie
Erlischt, sie ist schon ein wenig
Erloschen; mit andern Königen stirbt
Auch Freiligraths Mohrenkönig.

Der Enkel wird essen und trinken genug,
Doch nicht in beschaulicher Stille;
Es poltert heran ein Spektakelstück,
Zu Ende geht die Idylle.

O, könntest du schweigen, ich würde dir
Das Buch des Schicksals entsiegeln,
Ich ließe dir spätere Zeiten sehn
In meinen Zauberspiegeln.

Was ich den sterblichen Menschen nie
Gezeigt, ich möcht es dir zeigen:
Die Zukunft deines Vaterlands –
Doch ach! du kannst nicht schweigen!«

Mein Gott, o Göttin! – rief ich entzückt –
Das wäre mein größtes Vergnügen,
Laß mich das künftige Deutschland sehn –
Ich bin ein Mann und verschwiegen.

Ich will dir schwören jeden Eid,
Den du nur magst begehren,
Mein Schweigen zu verbürgen dir –
Sag an, wie soll ich schwören?

Doch jene erwiderte: »Schwöre mir
In Vater Abrahams Weise,
Wie er Eliesern schwören ließ,
Als dieser sich gab auf die Reise.

Heb auf das Gewand und lege die Hand
Hier unten an meine Hüften,
Und schwöre mir Verschwiegenheit
In Reden und in Schriften!«

Ein feierlicher Moment! Ich war
Wie angeweht vom Hauche
Der Vorzeit, als ich schwur den Eid,
Nach uraltem Erzväterbrauche.

Ich hob das Gewand der Göttin auf
Und legte an ihre Hüften
Die Hand, gelobend Verschwiegenheit
In Reden und in Schriften.

Caput XXVII

Was sich in jener Wundernacht
Des Weitern zugetragen,
Erzähl ich Euch ein andermal,
In warmen Sommertagen.

Das alte Geschlecht der Heuchelei
Verschwindet Gott sei Dank heut,
Es sinkt allmählig ins Grab, es stirbt
An seiner Lügenkrankheit.

Es wächst heran ein neues Geschlecht,
Ganz ohne Schminke und Sünden,
Mit freien Gedanken, mit freier Lust –
Dem werde ich Alles verkünden.

Schon knospet die Jugend, welche versteht
Des Dichters Stolz und Güte,
Und sich an seinem Herzen wärmt,
An seinem Sonnengemüte.

Mein Herz ist liebend wie das Licht,
Und rein und keusch wie das Feuer;

Die edelsten Grazien haben gestimmt
Die Saiten meiner Leier.

Es ist dieselbe Leier, die einst
Mein Vater ließ ertönen,
Der selige Herr Aristophanes,
Der Liebling der Kamönen.

Es ist die Leier, worauf er einst
Den Paisteteros besungen,
Der um die Basileia gefreit,
Mit ihr sich emporgeschwungen.

Im letzten Kapitel hab ich versucht
Ein bißchen nachzuahmen
Den Schluß der »Vögel«, die sind gewiß
Das beste von Vaters Dramen.

Die »Frösche« sind auch vortrefflich. Man gibt
In deutscher Übersetzung
Sie jetzt auf der Bühne von Berlin,
Zu königlicher Ergetzung.

Der König liebt das Stück. Das zeugt
Von gutem antiken Geschmacke;
Den Alten amüsierte weit mehr
Modernes Froschgequacke.

Der König liebt das Stück. Jedoch
Wär noch der Autor am Leben,
Ich riete ihm nicht sich in Person
Nach Preußen zu begeben.

Dem wirklichen Aristophanes,
Dem ginge es schlecht, dem Armen;
Wir würden ihn bald begleitet sehn
Mit Chören von Gendarmen.

Der Pöbel bekäm die Erlaubnis bald
Zu schimpfen statt zu wedeln;
Die Polizei erhielte Befehl
Zu fahnden auf den Edeln.

O König! Ich meine es gut mit dir
Und will einen Rat dir geben:

Die toten Dichter, verehre sie nur,
Doch schone die da leben.

Beleidge lebendige Dichter nicht,
Sie haben Flammen und Waffen,
Die furchtbarer sind als Jovis Blitz,
Den ja der Poet erschaffen.

Beleidge die Götter, die alten und neun,
Des ganzen Olymps Gelichter,
Und den höchsten Jehovah obendrein –
Beleidge nur nicht den Dichter!

Die Götter bestrafen freilich sehr hart
Des Menschen Missetaten,
Das Höllenfeuer ist ziemlich heiß,
Dort muß man schmoren und braten –

Doch Heilige gibt es, die aus der Glut
Losbeten den Sünder; durch Spenden
An Kirchen und Seelenmessen wird
Erworben ein hohes Verwenden.

Und am Ende der Tage kommt Christus herab
Und bricht die Pforten der Hölle;
Und hält er auch ein strenges Gericht,
Entschlüpfen wird mancher Geselle.

Doch gibt es Höllen, aus deren Haft
Unmöglich jede Befreiung;
Hier hilft kein Beten, ohnmächtig ist hier
Des Welterlösers Verzeihung.

Kennst du die Hölle des Dante nicht,
Die schrecklichen Terzetten?
Wen da der Dichter hineingesperrt,
Den kann kein Gott mehr retten –

Kein Gott, kein Heiland erlöst ihn je
Aus diesen singenden Flammen!
Nimm dich in acht, daß wir dich nicht
Zu solcher Hölle verdammen.

8.

DER GEDANKE GEHT DER TAT VORAUS
ÜBER LITERATUR UND PHILOSOPHIE

Heinrich Heine hörte in Berlin bei Hegel Philosophie, aber er war, nach eigenem Bekunden, kein Philosoph. Vielleicht hat er gerade deshalb die zeitgenössische Philosophie besser verstanden als manche seiner gelehrten Zeitgenossen, die den deutschen Idealismus, vertreten durch Kant, Fichte, Schelling und Hegel, noch tiefsinniger machen wollten, als er schon war.

1835 legte Heine in Paris das Buch »De l'Allemagne« vor, eine »Überschau deutscher Geistesvorgänge«, die er für wichtig hielt, weil »die Erzeugnisse unserer schönen Blumen« den Franzosen »nur stumme Blumen« sind, »solange sie die Bedeutung der Religion und der Philosophie in Deutschland nicht kennen«. Den Franzosen nämlich »ist die stille Heimlichkeit, das ahnungs- und erinnerungssüchtige Traumleben, das selbst in den leidenschaftlich bewegtesten Dichtungen der Deutschen beständig hervortritt«, noch immer »unbegreiflich (...) Mit Verwunderung betrachten sie uns Deutsche, die wir oft sieben Jahre die blauen Augen der Geliebten anflehen, ehe wir es wagen, mit entschlossenem Arm ihre Hüften zu umschlingen. Sie sehen uns an mit Verwunderung, wenn wir erst die ganze Geschichte der französischen Revolution samt allen Kommentarien gründlich durchstudieren und die letzten Supplementbände abwarten, ehe wir diese Arbeit ins Deutsche übertragen (...)«

Heines zunächst auf Französisch erscheinende Literatur- und Philosophiegeschichte enthält die Bücher »Die romantische Schule« und »Zur Geschichte der Religion und Philosophie in Deutschland«, von denen Letzteres in Auszügen vorgestellt wird (siehe S. 236 ff.). Beide Bücher gehören zusammen und sind einem Gedankengang verpflichtet, der das literarische Selbstverständnis der Romantik aus den vorangegangenen Anstrengungen der deutschen Philosophie ableitet, die sich am liebsten mit Grundsatzfragen beschäftigte. Heine, Romantiker a. D., setzt sich mit seiner Darstellung von Philosophie und Literatur gegen ein Werk ab, das 1813 erschienen war, ebenfalls »De l'Allemagne« hieß und von einer Autorin namens Madame de Staël (1766–1817) stammte, die Deutschland bereist hatte und dabei das »Volk der Dichter und Denker« entdeckte. Heine hält das Deutschland-Bild der Madame de Staël für eine Karikatur: »Die gute Dame sah bei uns nur, was sie sehen wollte: ein nebelhaftes Geisterland, wo die Menschen ohne Leiber, ganz Tugend, über Schneegefilde wandeln, und sich nur von Moral und Metaphysik unterhalten (...) Sie sieht überall Spiritualismus, sie preist unsere Ehrlichkeit, unsere Tugend, unsere Geistesbildung – sie sieht nicht unsere Zuchthäuser, unsere Bordelle, unsere Kasernen.«

Die falsche Romantik, von der Heine nichts mehr wissen will, ist so wabernd und »katholisch«, dass sie, »obwohl sie nur aus einem Haufen Würmer bestand«, »der heilige Fischer zu Rom sehr gut zu benutzen weiß, um damit Seelen zu ködern«. Heine betont, im Anschluss an Hegel, den deutschen Sonderweg in Philosophie und Literatur, der auch daraus resultiert, dass die Deutschen, politisch gegängelt, sich Zeit lassen mussten und ihre Freiheit in der Theorie suchten, während sie anderswo, in Frankreich zum Beispiel, schon Praxis geworden war. Dieser Sonderweg bringt nicht nur Nachteile mit sich, sondern hat auch Vorteile: Das Denken, unbeeinflusst vom politischen Tagesgeschäft und Betriebsamkeit um jeden Preis, kann sich vertiefen und den Dingen auf den Grund gehen.

Als Philosoph ist der Schriftsteller Heine Anhänger des »Pantheismus« gewesen, jener altehrwürdigen Lehre, die davon ausgeht, dass Gott nicht zu trennen sei von seiner Schöpfung und gleichermaßen im All, in der Natur, im Menschen wohne, ohne sich als Person fassen zu lassen – eine ebenso erhabene wie bequeme Vorstellung, die man auch als »vornehme Form des Atheismus« ansehen kann (Schopenhauer). Heine erkennt im Pantheismus »die verborgene Religion Deutschlands«. Ihr hängen, »eingestanden oder nicht«, die meisten der »größeren Geister« an. Ein Pantheist beschäftigt sich zwar gern mit höheren Dingen, muss deshalb aber nicht weltfremd sein; dem Fortschritt steht er nicht im Wege: »Die politische Revolution, die sich auf die Prinzipien des französischen Materialismus stützt, wird in den Pantheisten keine Gegner finden, sondern Gehilfen (...) Wir befördern das Wohlsein der Materie, das materielle Glück der Völker, nicht weil wir gleich den Materialisten den Geist verachten, sondern weil wir wissen, daß die Göttlichkeit des Menschen sich auch in seiner leiblichen Erscheinung kund gibt (...)«

Mit der »Romantischen Schule« und seiner »Geschichte der Religion und Philosophie in Deutschland« hat Heine die damals wie heute verbreitete Vermutung, »daß man kein Philosoph sei, wenn man gut schriebe«, eindrucksvoll bestätigt. Dafür erhält er sogar ein Lob seines wohl prominentesten Gegners, des Fürsten Metternich: »Ich empfehle Ihnen dieses Werk«, schreibt der, »weil es die Quintessenz der Absichten und Hoffnungen der Bagage, mit der wir uns beschäftigen, enthält. Zugleich ist das Heine'sche Produkt ein wahres Meisterstück in Beziehung auf Stil und Darstellung.« Er »ist der größte Kopf unter den Verschworenen«.

Heine erzählt von Literatur und Philosophie, als sei darin ein geheimer Roman verborgen, der sich, hat man sich einmal eingelesen, als ebenso amüsant wie lehrreich erweist, zumal er nicht als beschlossene Sache endet, sondern mit dem Hinweis: Fortsetzung folgt ...

Zur Geschichte der Religion und Philosophie in Deutschland

Erstes Buch

(. . .)

Ich glaube, es ist nicht Talentlosigkeit, was die meisten deutschen Gelehrten davon abhält, über Religion und Philosophie sich populär auszusprechen. Ich glaube, es ist Scheu vor den Resultaten ihres eigenen Denkens, die sie nicht wagen, dem Volke mitzuteilen. Ich, ich habe nicht diese Scheu, denn ich bin kein Gelehrter, ich selber bin Volk. Ich bin kein Gelehrter, ich gehöre nicht zu den siebenhundert Weisen Deutschlands. Ich stehe mit dem großen Haufen vor den Pforten ihrer Weisheit, und ist da irgend eine Wahrheit durchgeschlüpft, und ist diese Wahrheit bis zu mir gelangt, dann ist sie weit genug: – ich schreibe sie mit hübschen Buchstaben auf Papier und gebe sie dem Setzer; der setzt sie in Blei und gibt sie dem Drucker; dieser druckt sie und sie gehört dann der ganzen Welt.

Die Religion, deren wir uns in Deutschland erfreuen, ist das Christentum. Ich werde also zu erzählen haben: was das Christentum ist, wie es römischer Katholizismus geworden, wie aus diesem der Protestantismus und aus dem Protestantismus die deutsche Philosophie hervorging.

Indem ich nun mit Besprechung der Religion beginne, bitte ich im voraus alle frommen Seelen, sich bei Leibe nicht zu ängstigen. Fürchtet nichts, fromme Seelen! Keine profanierende Scherze sollen Euer Ohr verletzen. Diese sind allenfalls noch nützlich in Deutschland, wo es gilt, die Macht der Religion, für den Augenblick, zu neutralisieren. Wir sind nämlich dort in derselben Lage wie Ihr vor der Revolution, als das Christentum im untrennbarsten Bündnisse stand mit dem alten Regime. Dieses konnte nicht zerstört werden, solange noch jenes seinen Einfluß übte auf die Menge. Voltaire mußte sein scharfes Gelächter erheben, ehe Sanson sein Beil fallen lassen konnte. Jedoch wie durch dieses Beil, so wurde auch durch jenes Lachen im Grunde nichts bewiesen, sondern nur bewirkt. Voltaire hat nur den Leib des Christentums verletzen können. Alle seine Späße, die aus der Kirchengeschichte geschöpft, alle seine Witze über Dogmatik und Kultus, über die Bibel, dieses heiligste Buch der Menschheit, über die Jungfrau Maria, diese schönste Blume der Poesie, das ganze Dictionnaire philosophischer Pfeile, das er gegen Klerus und Priesterschaft losschoß, verletzte nur den sterblichen Leib des Christentums, nicht dessen inneres Wesen, nicht dessen tieferen Geist, nicht dessen ewige Seele.

Denn das Christentum ist eine Idee, und als solche unzerstörbar und unsterblich, wie jede Idee. Was ist aber diese Idee?

Eben weil man diese Idee noch nicht klar begriffen und Äußerlichkeiten für die Hauptsache gehalten hat, gibt es noch keine Geschichte des Christentums. Zwei entgegengesetzte Parteien schreiben die Kirchengeschichte und widersprechen sich beständig, doch die eine, eben so wenig wie die andere, wird jemals bestimmt aussagen: was eigentlich jene Idee ist, die dem Christentum als Mittelpunkt dient, die sich in dessen Symbolik, im Dogma wie im Kultus, und in dessen ganzer Geschichte zu offenbaren strebt, und im wirklichen Leben der christlichen Völker manifestiert hat! Weder Baronius, der katholische Kardinal, noch der protestantische Hofrat Schröckh entdeckt uns, was eigentlich jene Idee war. Und wenn Ihr alle Folianten der Mansischen Konziliensammlung, des Assemanischen Kodex der Liturgien und die ganze Historia ecclesiastica von Saccharelli durchblättert, werdet Ihr doch nicht einsehen, was eigentlich die Idee des Christentums war. Was seht Ihr denn in den Historien der orientalischen und der occidentalischen Kirchen? In jener, der orientalischen Kirchengeschichte, seht Ihr nichts als dogmatische Spitzfündigkeiten, wo sich die altgriechische Sophistik wieder kund gibt; in dieser, in der occidentalischen Kirchengeschichte, seht Ihr nichts als disziplinarische, die kirchlichen Interessen betreffende Zwiste, wobei die altrömische Rechtskasuistik und Regierungskunst, mit neuen Formen und Zwangsmitteln, sich wieder geltend machen. In der Tat, wie man in Konstantinopel über den Logos stritt, so stritt man in Rom über das Verhältnis der weltlichen zur geistlichen Macht; und wie etwa dort über Homousios, so befehdete man sich hier über Investitur. Aber die byzantinischen Fragen: ob der Logos dem Gott-Vater Homousios sei? ob Maria Gottgebärerin heißen soll oder Menschengebärerin? ob Christus in Ermangelung der Speise hungern mußte, oder nur deswegen hungerte, weil er hungern wollte? alle diese Fragen haben im Hintergrund lauter Hofintrigen, deren Lösung davon abhängt, was in den Gemächern des Sacri Palatii gezischelt und gekichert wird, ob z. B. Eudoxia fällt oder Pulcheria; – denn diese Dame haßt den Nestorius, den Verräter ihrer Liebeshändel, jene haßt den Cyrillus, welchen Pulcheria beschützt, alles bezieht sich zuletzt auf lauter Weiber- und Hämmlingsgeklätsche, und im Dogma wird eigentlich der Mann und im Manne eine Partei verfolgt oder befördert. Eben so gehts im Occident; Rom wollte herrschen; »als seine Legionen gefallen, schickte es Dogmen in die Provinzen«; alle Glaubenszwiste hatten römische Usurpationen zum Grunde; es galt, die Obergewalt des römischen Bischofs zu konsolidieren. Dieser war über eigentliche Glaubenspunkte immer sehr nachsichtig, spie aber Feuer und Flamme, sobald die Rechte der Kirche angegriffen wurden; er disputierte nicht viel über die Personen in Christus, sondern über die Konsequenzen der Isidorschen Dekretalen; er zentralisierte seine Gewalt durch kanonisches Recht, Einsetzung der Bischöfe, Herabwürdigung der fürstlichen Macht, Mönchsorden, Zölibat usw. Aber war dieses das Christentum? Offenbart sich uns aus der Lektüre dieser Geschichten die Idee des Christentums? Was ist diese Idee?

Wie sich diese Idee historisch gebildet und in der Erscheinungswelt manifestiert, ließe sich wohl schon in den ersten Jahrhunderten nach Christi Geburt entdecken, wenn wir namentlich in der Geschichte der Manichäer und der Gnostiker vorurteilsfrei nachforschen. Obgleich erstere verketzert und letztere verschrien sind und die Kirche sie verdammt hat, so erhielt sich doch ihr Einfluß auf das Dogma, aus ihrer Symbolik entwickelte sich die katholische Kunst, und ihre Denkweise durchdrang das ganze Leben der christlichen Völker. Die Manichäer sind ihrer letzten Gründe nach nicht sehr verschieden von den Gnostikern. Die Lehre von den beiden Prinzipien, dem guten und dem bösen, die sich bekämpfen, ist beiden eigen. Die einen, die Manichäer, erhielten diese Lehre aus der altpersischen Religion, wo Ormuz, das Licht, dem Ariman, der Finsternis, feindlich entgegengesetzt ist. Die anderen, die eigentlichen Gnostiker, glaubten vielmehr an die Präexistenz des guten Prinzips, und erklärten die Entstehung des bösen Prinzips durch Emanation, durch Generationen von Äonen, die, je mehr sie von ihrem Ursprung entfernt sind, sich desto trüber verschlechtert. Nach Cerinthus war der Erschaffer unserer Welt keineswegs der höchste Gott, sondern nur eine Emanation desselben, einer von den Äonen, der eigentliche Demiurgos, der allmählig ausgeartet ist, und jetzt, als böses Prinzip, dem aus dem höchsten Gott unmittelbar entsprungenen Logos, dem guten Prinzip, feindselig gegenüber stehe. Diese gnostische Weltansicht ist urindisch und sie führte mit sich die Lehre von der

Inkarnation Gottes, von der Abtötung des Fleisches, vom geistigen Insichselbstversenken, sie gebar das asketisch beschauliche Mönchsleben, welches die reinste Blüte der christlichen Idee. Diese Idee hat sich in der Dogmatik nur sehr verworren und im Kultus nur sehr trübe aussprechen können. Doch sehen wir überall die Lehre von den beiden Prinzipien hervortreten; dem guten Christus steht der böse Satan entgegen; die Welt des Geistes wird durch Christus, die Welt der Materie durch Satan repräsentiert; jenem gehört unsere Seele, diesem unser Leib; und die ganze Erscheinungswelt, die Natur, ist demnach ursprünglich böse, und Satan, der Fürst der Finsternis, will uns damit ins Verderben locken, und es gilt allen sinnlichen Freuden des Lebens zu entsagen, unsern Leib, das Lehn Satans, zu peinigen, damit die Seele sich desto herrlicher emporschwinge in den lichten Himmel, in das strahlende Reich Christi.

Diese Weltansicht, die eigentliche Idee des Christentums, hatte sich, unglaublich schnell, über das ganze römische Reich verbreitet, wie eine ansteckende Krankheit, das ganze Mittelalter hindurch dauerten die Leiden, manchmal Fieberwut, manchmal Abspannung, und wir Modernen fühlen noch immer Krämpfe und Schwäche in den Gliedern. Ist auch mancher von uns schon genesen, so kann er doch der allgemeinen Lazarettluft nicht entrinnen, und er fühlt sich unglücklich als der einzig Gesunde unter lauter Siechen. Einst wenn die Menschheit ihre völlige Gesundheit wieder erlangt, wenn der Friede zwischen Leib und Seele wieder hergestellt, und sie wieder in ursprünglicher Harmonie sich durchdringen: dann wird man den künstlichen Hader, den das Christentum zwischen beiden gestiftet, kaum begreifen können. Die glücklichern und schöneren Generationen, die, gezeugt durch freie Wahlumarmung, in einer Religion der Freude emporblühen, werden wehmütig lächeln über ihre armen Vorfahren, die sich aller Genüsse dieser schönen Erde trübsinnig enthielten, und, durch Abtötung der warmen farbigen Sinnlichkeit, fast zu kalten Gespenstern verblichen sind! Ja, ich sage es bestimmt, unsere Nachkommen werden schöner und glücklicher sein als wir. Denn ich glaube an den Fortschritt, ich glaube, die Menschheit ist zur Glückseligkeit bestimmt, und ich hege also eine größere Meinung von der Gottheit als jene frommen Leute, die da wähnen, er habe den Menschen nur zum Leiden erschaffen. Schon hier auf Erden möchte ich, durch die Segnungen freier politischer und industrieller Institutionen, jene Seligkeit etablieren, die, nach der Meinung der Frommen, erst am jüngsten Tage, im Himmel, stattfinden soll. Jenes ist vielleicht eben so wie dieses eine törigte Hoffnung, und es gibt keine Auferstehung der Menschheit, weder im politisch moralischen, noch im apostolisch katholischen Sinne.

Die Menschheit ist vielleicht zu ewigem Elend bestimmt, die Völker sind vielleicht auf ewig verdammt von Despoten zertreten, von den Spießgesellen derselben exploitiert, und von den Lakaien verhöhnt zu werden.

Ach in diesem Falle müßte man das Christentum, selbst wenn man es als Irrtum erkannt, dennoch zu erhalten suchen, man müßte in der Mönchskutte und barfuß durch Europa laufen, und die Nichtigkeit aller irdischen Güter und Entsagung predigen, und den gegeißelten und verspotteten Menschen das tröstende Kruzifix vorhalten, und ihnen nach dem Tode, dort oben, alle sieben Himmel versprechen.

Vielleicht eben, weil die Großen dieser Erde ihrer Obermacht gewiß sind, und im Herzen beschlossen haben sie ewig zu unserem Unglück zu mißbrauchen, sind sie von der Notwendigkeit des Christentums für ihre Völker überzeugt, und es ist im Grunde ein zartes Menschlichkeitsgefühl, daß sie sich für die Erhaltung dieser Religion so viele Mühe geben!

Das endliche Schicksal des Christentums ist also davon abhängig, ob wir dessen noch bedürfen. Diese Religion war eine Wohltat für die leidende Menschheit während achtzehn Jahrhunderten, sie war providentiell, göttlich, heilig. Alles was sie der Zivilisation genützt, indem sie die Starken zähmte und die Zahmen stärkte, die Völker verband durch gleiches Gefühl und gleiche Sprache, und was sonst noch von ihren Apologeten hervorgerühmt wird, das ist sogar noch unbedeutend in Vergleichung mit jener großen Tröstung, die sie durch sich selbst den Menschen angedeihen lassen. Ewiger Ruhm gebührt dem Symbol jenes leidenden Gottes, des Heilands mit der Dornenkrone, des gekreuzigten Christus, dessen Blut gleichsam der lindernde Balsam war, der in die Wunden der Menschheit herabrann. Besonders der Dichter wird die schauerliche Erhabenheit dieses Symbols mit Ehrfurcht anerkennen. Das ganze System von Symbolen, die sich ausgesprochen in der Kunst und im Leben des Mittelalters, wird zu allen Zeiten die Bewunderung der Dichter erregen. In der Tat, welche kolossale Konsequenz in der christlichen Kunst, namentlich in der Architektur! Diese gotischen Dome, wie stehen sie im Einklang mit dem Kultus, und wie offenbart sich in ihnen die Idee der Kirche selber! Alles strebt da empor, alles transsubstanziiert sich: der Stein sproßt aus in Ästen und Laubwerk und wird Baum; die Frucht des Weinstocks und der Ähre wird Blut und Fleisch; der Mensch wird Gott; Gott wird reiner Geist! Ein ergiebiger, unversiegbar kostbarer Stoff für die Dichter ist das christliche Leben im Mittelalter. Nur durch das Christentum konnten auf dieser Erde sich Zustände bilden, die so kecke Kontraste, so bunte Schmerzen, und so abenteuerliche Schönheiten enthalten, daß man meinen sollte, dergleichen habe niemals in der Wirklichkeit existiert, und das alles sei ein kolossaler Fiebertraum, es sei der Fiebertraum eines wahnsinnigen Gottes. Die Natur selber schien sich damals phantastisch zu vermummen; indessen obgleich der Mensch, befangen in abstrakten Grübeleien, sich verdrießlich von ihr abwendete, so weckte sie ihn doch manchmal mit einer Stimme, die so schauerlich süß, so entsetzlich liebevoll, so zaubergewaltig war, daß der Mensch unwillkürlich aufhorchte, und lächelte, und erschrak, und gar zu Tode erkrankte. Die Geschichte von der Baseler Nachtigall kommt mir hier ins Gedächtnis, und da Ihr sie wahrscheinlich nicht kennt, so will ich sie erzählen.

Im Mai 1433, zur Zeit des Konzils, ging eine Gesellschaft Geistlicher in einem Gehölze bei Basel spazieren, Prälaten und Doktoren, Mönche von allen Farben, und sie disputierten über theologische Streitigkeiten, und distinguierten und argumentierten, oder stritten über Anraten, Expektativen und Reservationen, oder untersuchten, ob Thomas von Aquino ein größerer Philosoph sei als Bonaventura, was weiß ich! Aber plötzlich, mitten in ihren dogmatischen und abstrakten Diskussionen, hielten sie inne, und blieben wie angewurzelt stehen vor einem blühenden Lindenbaum, worauf eine Nachtigall saß, die in den weichsten und zärtlichsten Melodien jauchzte und schluchzte. Es ward den gelehrten Herren dabei so wunderselig zu Mute, die warmen Frühlingstöne drangen ihnen in die scholastisch verklausulierten Herzen, ihre Gefühle erwachten aus dem dumpfen Winterschlaf, sie sahen sich an mit staunendem Entzücken; – als endlich einer von ihnen die scharfsinnige Bemerkung machte, daß solches nicht mit rechten Dingen zugehe, daß diese Nachtigall wohl ein Teufel sein könne, daß dieser Teufel sie mit seinen holdseligen Lauten von ihren christlichen Gesprächen abziehen, und zu Wollust und sonstig süßen Sünden verlocken wolle, und er hub an zu exorzieren, wahrscheinlich mit der damals üblichen Formel: adjuro te per eum, qui venturus est, judicare vivos et mortuos etc. etc. Bei dieser Beschwörung, sagt man, habe der Vogel geantwortet: »ja, ich bin ein böser Geist!« und sei lachend davongeflogen, diejenigen aber, die seinen Gesang gehört, sollen noch selbigen Tages erkrankt und bald darauf gestorben sein.

Diese Geschichte bedarf wohl keines Kommentars. Sie trägt ganz das grauenhafte Gepräge einer Zeit, die alles, was süß und lieblich war, als Teufelei verschrie. Die Nachtigall sogar wurde verleumdet und man schlug ein Kreuz, wenn sie sang. Der wahre Christ spazierte, mit ängstlich verschlossenen Sinnen, wie ein abstraktes Gespenst, in der blühenden Natur umher. Dieses Verhältnis des Christen zur Natur werde ich vielleicht in einem späteren Buche weitläuftiger erörtern, wenn ich, zum Verständnis der neuromantischen Literatur, den deutschen Volksglauben gründlich besprechen muß. Vorläufig kann ich nur bemerken, daß französische Schriftsteller, mißleitet durch deutsche Autoritäten, in großem Irrtume sind, wenn sie annehmen, der Volksglauben sei während des Mittelalters überall in Europa derselbe gewesen. Nur über das gute Prinzip, über das Reich Christi, hegte man in ganz Europa dieselben Ansichten; dafür sorgte die römische Kirche, und wer hier von der vorgeschriebenen Meinung abwich, war ein Ketzer. Aber über das böse Prinzip, über das Reich des Satans, herrschten verschiedene Ansichten in den verschiedenen Ländern, und im germanischen Norden hatte man ganz andere Vorstellungen davon, wie im romanischen Süden. Dieses entstand dadurch, daß die christliche Priesterschaft die vorgefundenen alten Nationalgötter nicht als leere Hirngespinste verwarf, sondern ihnen eine wirkliche Existenz einräumte, aber dabei behauptete, alle diese Götter seien lauter Teufel und Teufelinnen gewesen, die durch den Sieg Christi ihre Macht über die Menschen verloren und sie jetzt durch Lust und List zur Sünde verlocken wollen. Der ganze Olymp wurde nun eine luftige Hölle, und wenn ein Dichter des Mittelalters die griechischen Göttergeschichten noch so schön besang, so sah der fromme Christ darin doch nur Spuk und Teufel. Der düstere Wahn der Mönche traf am härtesten die arme Venus; absonderlich diese galt für eine Tochter Beelzebubs, und der gute Ritter Tanhüser sagt ihr sogar ins Gesicht:

O, Venus, schöne Fraue mein,
Ihr seid eine Teufelinne!

Den Tanhüser hatte sie nämlich verlockt in jene wunderbare Höhle, welche man den Venusberg hieß und wovon die Sage ging, daß die schöne Göttin dort mit ihren Fräulein und Gesponsen, unter Spiel und Tänzen, das lüderlichste Leben führe. Die arme Diana sogar, trotz ihrer Keuschheit, war vor einem ähnlichen Schicksal nicht sicher, und man ließ sie nächtlich mit ihren Nymphen durch die Wälder ziehen, und daher die Sage von dem wütenden Heer, von der wilden Jagd. Hier zeigt sich noch ganz die gnostische Ansicht von der Verschlechterung des ehemals Göttlichen, und in dieser Umgestaltung des früheren Nationalglaubens manifestiert sich am tiefsinnigsten die Idee des Christentums.

Der Nationalglaube in Europa, im Norden noch viel mehr als im Süden, war pantheistisch, seine Mysterien und Symbole bezogen sich auf einen Naturdienst, in jedem Elemente verehrte man wunderbare Wesen, in jedem Baume atmete eine Gottheit, die ganze Erscheinungswelt war durchgöttert; das Christentum verkehrte diese Ansicht, und an die Stelle einer durchgötterten Natur trat eine durchteufelte.

(...)

Als Grundzug im Charakter der deutschen Dämonen sehen wir, daß alles Idealische von ihnen abgestreift, daß in ihnen das Gemeine und Gräßliche gemischt ist. Je plump vertraulicher sie an uns herantreten, desto grauenhafter ihre Wirkung. Nichts ist unheimlicher als unsere Poltergeister, Kobolde und Wichtelmännchen.

(...)

Der Mensch läßt aber nicht gern ab von dem, was ihm und seinen Vorfahren teuer und lieb war, und heimlich krämpen sich seine Empfindungen daran fest, selbst wenn man es verderbt und entstellt hat. Daher erhält sich jener verkehrte Volksglaube vielleicht noch länger als das Christentum in Deutschland, welches nicht wie jener in der Nationalität wurzelt. Zur Zeit der Reformation schwand sehr schnell der Glaube an die katholischen Legenden, aber keineswegs der Glaube an Zauber und Hexerei.

Luther glaubt nicht mehr an katholische Wunder, aber er glaubt noch an Teufelswesen. Seine »Tischreden« sind voll kurioser Geschichtchen von Satanskünsten, Kobolden und Hexen. Er selber in seinen Nöten glaubte manchmal mit dem leibhaftigen Gott-sei-bei-uns zu kämpfen. Auf der Wartburg, wo er das neue Testament übersetzte, ward er so sehr vom Teufel gestört, daß er ihm das Tintenfaß an den Kopf schmiß. Seitdem hat der Teufel eine große Scheu vor Tinte, aber noch weit mehr vor Druckerschwärze.

(...)

Obgleich ich für unsern großen Meister Martin Luther den größten Respekt hege, so will es mich doch bedünken, als habe er den Charakter des Satans ganz verkannt. Dieser denkt durchaus nicht mit solcher Geringschätzung vom Leibe, wie hier erwähnt wird. Was man auch Böses vom Teufel erzählen mag, so hat man ihm doch nie nachsagen können, daß er ein Spiritualist sei.

Aber mehr noch als die Gesinnung des Teufels verkannte Martin Luther die Gesinnung des Papstes und der katholischen Kirche. Bei meiner strengen Unparteilichkeit muß ich beide, eben so wie den Teufel, gegen den allzueifrigen Mann in Schutz nehmen. Ja, wenn man mich aufs Gewissen früge, würde ich eingestehn, daß der Papst, Leo X., eigentlich weit vernünftiger war, als Luther, und daß dieser die letzten Gründe der katholischen Kirche gar nicht begriffen hat. Denn Luther hatte nicht begriffen, daß die Idee des Christentums, die Vernichtung der Sinnlichkeit, gar zu sehr in Widerspruch war mit der menschlichen Natur, als daß sie jemals im Leben ganz ausführbar gewesen sei; er hatte nicht begriffen, daß der Katholizismus gleichsam ein Konkordat war zwischen Gott und dem Teufel, d. h. zwischen dem Geist und der Materie, wodurch die Alleinherrschaft des Geistes in der Theorie ausgesprochen wird, aber die Materie in den Stand gesetzt wird alle ihre annullierten Rechte in der Praxis auszuüben. Daher ein kluges System von Zugeständnissen, welche die Kirche zum Besten der Sinnlichkeit gemacht hat, obgleich immer unter Formen, welche jeden Akt der Sinnlichkeit fletrieren und dem Geiste seine höhnischen Usurpationen verwahren. Du darfst den zärtlichen Neigungen des Herzens Gehör geben und ein schönes Mädchen umarmen, aber du mußt eingestehn, daß es eine schändliche Sünde war, und für diese Sünde mußt du Abbuße tun. Daß diese Abbuße durch Geld geschehen konnte, war eben so wohltätig für die Menschheit, wie nützlich für die Kirche. Die Kirche ließ so zu sagen Wergeld bezahlen für jeden fleischlichen Genuß, und da entstand eine Taxe für alle Sorten von Sünden, und es gab heilige Colporteurs, welche, im Namen der römischen Kirche, die Ablaßzettel für jede taxierte Sünde im Lande feil boten, und ein solcher war jener Tetzel, wogegen Luther zuerst auftrat. Unsere Historiker meinen, dieses Protestieren gegen den Ablaßhandel sei ein geringfügiges Ereignis gewesen, und erst durch römischen Starrsinn sei Luther, der anfangs nur gegen einen Mißbrauch der Kirche geeifert, dahin getrieben worden, die ganze Kirchenautorität in ihrer höchsten Spitze anzugreifen. Aber das ist eben ein Irrtum, der Ablaßhandel war kein Mißbrauch, er war eine Konsequenz des ganzen Kirchensystems, und indem Luther ihn angriff, hatte er die Kirche selbst angegriffen, und diese mußte ihn als Ketzer verdammen. Leo X., der feine Florentiner, der Schüler des Polizian, der Freund des Raffael, der griechische Philosoph mit der dreifachen Krone, die ihm das Konklav vielleicht deshalb erteilte, weil er an einer Krankheit litt, die keineswegs durch christliche Abstinenz entsteht und damals noch sehr gefährlich war ... Leo von Medicis, wie mußte er lächeln über den armen, keuschen, einfältigen Mönch, der da wähnte, das Evangelium sei die Charte des Christentums, und diese Charte müsse eine Wahrheit sein! Er hat vielleicht gar nicht gemerkt, was Luther wollte, indem er damals viel zu sehr beschäftigt war mit dem Bau der Peterskirche, dessen Kosten eben mit den Ablaßgeldern bestritten wurden, so daß die Sünde ganz eigentlich das Geld hergab zum Bau dieser Kirche, die dadurch gleichsam ein Monument sinnlicher Lust wurde, wie jene Pyramide, die ein ägyptisches Freudenmädchen für das Geld erbaute, das sie durch Prostitution erworben.

(...)

Der Kampf gegen den Katholizismus in Deutschland war nichts anders als ein Krieg, den der Spiritualismus begann, als er einsah, daß er nur den Titel der Herrschaft führte, und nur de jure herrschte, während der Sensualismus, durch hergebrachten Unterschleif, die wirkliche Herrschaft ausübte und de facto herrschte; – die Ablaßkrämer wurden fortgejagt, die hübschen Priesterkonkubinen wurden gegen kalte Eheweiber umgetauscht, die reizenden Madonnenbilder wurden zerbrochen, es entstand hie und da der sinnenfeindlichste Puritanismus. Der Kampf gegen den Katholizismus in Frankreich, im siebenzehnten und achtzehnten Jahrhundert, war hingegen ein Krieg, den der Sensualismus begann, als er sah, daß er de facto herrschte und dennoch jeder Akt seiner Herrschaft von dem Spiritualismus, der de jure zu herrschen behauptete, als illegitim verhöhnt und in der empfindlichsten Weise fletriert wurde. Statt daß man nun in Deutschland mit keuschem Ernste kämpfte, kämpfte man in Frankreich mit schlüpfrigem Spaße; und statt daß man dort eine theologische

Disputation führte, dichtete man hier irgend eine lustige Satire. Der Gegenstand dieser letzteren war gewöhnlich, den Widerspruch zu zeigen, worin der Mensch mit sich selbst gerät, wenn er ganz Geist sein will; und da erblühten die köstlichsten Historien von frommen Männern, welche ihrer tierischen Natur unwillkürlich unterliegen oder gar alsdann den Schein der Heiligkeit retten wollen, und zur Heuchelei ihre Zuflucht nehmen. Schon die Königin von Navarra schilderte in ihren Novellen solche Mißstände, das Verhältnis der Mönche zu den Weibern ist ihr gewöhnliches Thema, und sie will alsdann nicht bloß unser Zwerchfell, sondern auch das Mönchstum erschüttern. Die boshafteste Blüte solcher komischen Polemik ist unstreitig der »Tartüff« von Molière; denn dieser ist nicht bloß gegen den Jesuitismus seiner Zeit gerichtet, sondern gegen das Christentum selbst, ja gegen die Idee des Christentums, gegen den Spiritualismus.

(. . .)

Darum eben ist Molière so groß, weil er, gleich Aristophanes und Cervantes, nicht bloß temporelle Zufälligkeiten, sondern das Ewig-Lächerliche, die Urschwächen der Menschheit, persifliert. Voltaire, der immer nur das Zeitliche und Unwesentliche angriff, muß ihm in dieser Beziehung nachstehen.

Jene Persiflage aber, namentlich die Voltairesche, hat in Frankreich ihre Mission erfüllt, und wer sie weiter fortsetzen wollte, handelte eben so unzeitgemäß, wie unklug. Denn wenn man die letzten sichtbaren Reste des Katholizismus vertilgen würde, könnte es sich leicht ereignen, daß die Idee desselben sich in eine neue Form, gleichsam in einen neuen Leib flüchtet, und, sogar den Namen Christentum ablegend, in dieser Umwandlung uns noch weit verdrießlicher belästigen könnte, als in ihrer jetzigen gebrochenen, ruinierten und allgemein diskreditierten Gestalt. Ja, es hat sein Gutes, daß der Spiritualismus durch eine Religion und eine Priesterschaft repräsentiert werde, wovon die erstere ihre beste Kraft schon verloren und letztere mit dem ganzen Freiheitsenthusiasmus unserer Zeit in direkter Opposition steht.

(. . .)

Ich habe oben geäußert, daß es eigentlich der Spiritualismus war, welcher bei uns den Katholizismus angriff. Aber dieses gilt nur vom Anfang der Reformation; sobald der Spiritualismus in das alte Kirchengebäude Bresche geschossen, stürzte der Sensualismus hervor mit all seiner lang verhaltenen Glut, und Deutschland wurde der wildeste Tummelplatz von Freiheitsrausch und

Sinnenlust. Die unterdrückten Bauern hatten in der neuen Lehre geistliche Waffen gefunden, mit denen sie den Krieg gegen die Aristokratie führen konnten; die Lust zu einem solchen Kriege war schon seit anderthalb Jahrhundert vorhanden. Zu Münster lief der Sensualismus nackt durch die Straßen, in der Gestalt des Jan van Leiden, und legte sich mit seinen zwölf Weibern in jene große Bettstelle, welche noch heute auf dem dortigen Rathause zu sehen ist. Die Klosterpforten öffneten sich überall, und Nonnen und Mönchlein stürzten sich in die Arme und schnäbelten sich. Ja, die äußere Geschichte jener Zeit besteht fast aus lauter sensualischen Emeuten; wie wenig Resultate davon geblieben, wie der Spiritualismus jene Tumultuanten wieder unterdrückte, wie er allmählig im Norden seine Herrschaft sicherte, aber durch einen Feind, den er im eigenen Busen erzogen, nämlich durch die Philosophie, zu Tode verwundet wurde, sehen wir später.

(. . .)

Wie von der Reformation, so hat man auch von ihren Helden sehr falsche Begriffe in Frankreich. Die nächste Ursache dieses Nichtbegreifens liegt wohl darin, daß Luther nicht bloß der größte, sondern auch der deutscheste Mann unserer Geschichte ist; daß in seinem Charakter alle Tugenden und Fehler der Deutschen aufs großartigste vereinigt sind, daß er auch persönlich das wunderbare Deutschland repräsentiert. Dann hatte er auch Eigenschaften, die wir selten vereinigt finden, und die wir gewöhnlich sogar als feindliche Gegensätze antreffen. Er war zugleich ein träumerischer Mystiker und ein praktischer Mann in der Tat. Seine Gedanken hatten nicht bloß Flügel, sondern auch Hände; er sprach und handelte. Er war nicht bloß die Zunge, sondern auch das Schwert seiner Zeit. Auch war er zugleich ein kalter scholastischer Wortklauber und ein begeisterter, gottberauschter Prophet. Wenn er des Tags über mit seinen dogmatischen Distinktionen sich mühsam abgearbeitet, dann griff er des Abends zu seiner Flöte, und betrachtete die Sterne und zerfloß in Melodie und Andacht. Derselbe Mann, der wie ein Fischweib schimpfen konnte, er konnte auch weich sein, wie eine zarte Jungfrau. Er war manchmal wild wie der Sturm, der die Eiche entwurzelt, und dann war er wieder sanft wie der Zephyr, der mit Veilchen kost. Er war voll der schauerlichsten Gottesfurcht, voll Aufopferung zu Ehren des heiligen Geistes, er konnte sich ganz versenken ins reine Geisttum; und dennoch kannte er sehr gut die Herrlichkeiten dieser Erde, und wußte sie zu schätzen, und aus seinem

Munde erblühte der famose Wahlspruch: Wer nicht liebt Wein, Weiber und Gesang, der bleibt ein Narr sein Lebenlang. Er war ein kompletter Mensch, ich möchte sagen: ein absoluter Mensch, in welchem Geist und Materie nicht getrennt sind. Ihn einen Spiritualisten nennen, wäre daher eben so irrig, als nennte man ihn einen Sensualisten. Wie soll ich sagen, er hatte etwas Ursprüngliches, Unbegreifliches, Mirakulöses, wie wir es bei allen providentiellen Männern finden, etwas Schauerlich-Naives, etwas Tölpelhaft-Kluges, etwas Erhaben-Borniertes, etwas Unbezwingbar-Dämonisches.

Luthers Vater war Bergmann zu Mansfeld, und da war der Knabe oft bei ihm in der unterirdischen Werkstatt, wo die mächtigen Metalle wachsen und die starken Urquellen rieseln, und das junge Herz hatte vielleicht unbewußt die geheimsten Naturkräfte in sich eingesogen, oder wurde gar gefeit von den Berggeistern. Daher mag auch so viel Erdstoff, so viel Leidenschaftschlacke an ihm kleben geblieben sein, wie man dergleichen ihm hinlänglich vorwirft. Man hat aber Unrecht, ohne jene irdische Beimischung hätte er nicht ein Mann der Tat sein können. Reine Geister können nicht handeln. Erfahren wir doch aus Jung Stillings Gespensterlehre, daß die Geister sich zwar recht farbig und bestimmt versichtbaren können, auch wie lebendige Menschen zu gehen, zu laufen, zu tanzen, und alle möglichen Gebärden zu machen verstehen, daß sie aber nichts Materielles, nicht den kleinsten Nachttisch, von seiner Stelle fortzubewegen vermögen.

Ruhm dem Luther! Ewiger Ruhm dem teuren Manne, dem wir die Rettung unserer edelsten Güter verdanken, und von dessen Wohltaten wir noch heute leben! Es ziemt uns wenig, über die Beschränktheit seiner Ansichten zu klagen. Der Zwerg, der auf den Schultern des Riesen steht, kann freilich weiter schauen als dieser selbst, besonders wenn er eine Brille aufgesetzt; aber zu der erhöhten Anschauung fehlt das hohe Gefühl, das Riesenherz, das wir uns nicht aneignen können. Es ziemt uns noch weniger, über seine Fehler ein herbes Urteil zu fällen; diese Fehler haben uns mehr genutzt, als die Tugenden von tausend andern. Die Feinheit des Erasmus und die Milde des Melanchthon hätten uns nimmer so weit gebracht wie manchmal die göttliche Brutalität des Bruder Martin. Ja, der Irrtum in Betreff des Beginnes, wie ich ihn oben angedeutet, hat die kostbarsten Früchte getragen, Früchte, woran sich die ganze Menschheit erquickt. Von dem Reichstage an, wo Luther die Autorität des Papstes leugnet und öffentlich erklärt: »daß man seine Lehre durch die Aussprüche der Bibel selbst oder durch vernünftige Gründe widerlegen müsse!« da beginnt ein neues Zeitalter in Deutschland. Die Kette, womit der heilige Bonifaz die deutsche Kirche an Rom gefesselt, wird entzwei gehauen. Diese Kirche, die vorher einen integrierenden Teil der großen Hierarchie bildete, zerfällt in religiöse Demokrazien. Die Religion selber wird eine andere; es verschwindet daraus das indisch gnostische Element, und wir sehen, wie sich wieder das judäisch-deistische Element darin erhebt. Es entsteht das evangelische Christentum. Indem die notwendigsten Ansprüche der Materie nicht bloß berücksichtigt, sondern auch legitimiert werden, wird die Religion wieder eine Wahrheit. Der Priester wird ein Mensch, und nimmt ein Weib und zeugt Kinder, wie Gott es verlangt. Dagegen Gott selbst wird wieder ein himmlischer Hagestolz ohne Familie; die Legitimität seines Sohnes wird bestritten; die Heiligen werden abgedankt; den Engeln werden die Flügel beschnitten; die Muttergottes verliert alle ihre Ansprüche an die himmlische Krone und es wird ihr untersagt Wunder zu tun. Überhaupt von nun an, besonders seit die Naturwissenschaften so große Fortschritte machen, hören die Wunder auf. Sei es nun, daß es den lieben Gott verdrießt, wenn ihm die Physiker so mißtrauisch auf die Finger sehen, sei es auch, daß er nicht gern mit Bosko konkurrieren will: sogar in der jüngsten Zeit, wo die Religion so sehr gefährdet ist, hat er es verschmäht, sie durch irgend ein eklatantes Wunder zu unterstützen. Vielleicht wird er von jetzt an, bei allen neuen Religionen, die er auf dieser Erde einführt, sich auf gar keine heiligen Kunststücke mehr einlassen, und die Wahrheiten der neuen Lehren immer durch die Vernunft beweisen; was auch am vernünftigsten ist.

(...)

Indem Luther den Satz aussprach, daß man seine Lehre nur durch die Bibel selber, oder durch vernünftige Gründe, widerlegen müsse, war der menschlichen Vernunft das Recht eingeräumt, die Bibel zu erklären und sie, die Vernunft, war als oberste Richterin in allen religiösen Streitfragen anerkannt. Dadurch entstand in Deutschland die sogenannte Geistesfreiheit, oder, wie man sie ebenfalls nennt, die Denkfreiheit. Das Denken ward ein Recht und die Befugnisse der Vernunft wurden legitim. Freilich, schon seit einigen Jahrhunderten hatte man ziemlich frei denken und reden können, und die Scholastiker haben über Dinge disputiert, wovon wir kaum begreifen, wie man sie im Mittelalter auch nur aussprechen durfte. Aber dieses geschah vermittelst der Distinktion, welche man zwischen theologischer und philosophischer Wahrheit machte, eine Distinktion, wodurch man sich gegen Ketzerei ausdrücklich verwahrte; und das geschah auch nur innerhalb den Hörsälen der Universitäten, und in einem gotisch abstrusen Latein, wovon doch das Volk nichts verstehen konnte, so daß wenig Schaden für die Kirche dabei zu befürchten war. Dennoch hatte die Kirche solches Verfahren nie eigentlich erlaubt, und dann und wann hat sie auch wirklich einen armen Scholastiker verbrannt. Jetzt aber, seit Luther, machte man gar keine Distinktion mehr zwischen theologischer und philosophischer Wahrheit, und man disputierte auf öffentlichem Markt, und in der deutschen Landessprache und ohne Scheu und Furcht. Die Fürsten, welche die Reformation annahmen, haben diese Denkfreiheit legitimisiert, und eine wichtige, weltwichtige Blüte derselben ist die deutsche Philosophie.

In der Tat, nicht einmal in Griechenland hat der menschliche Geist sich so frei aussprechen können wie in Deutschland, seit der Mitte des vorigen Jahrhunderts bis zur französischen Invasion. Namentlich in Preußen herrschte eine grenzenlose Gedankenfreiheit. Der Marquis von Brandenburg hatte begriffen, daß er, der nur durch das protestantische Prinzip ein legitimer König von Preußen sein konnte, auch die protestantische Denkfreiheit aufrecht erhalten mußte.

Seitdem freilich haben sich die Dinge verändert, und der natürliche Schirmvogt unserer protestantischen Denkfreiheit hat sich, zur Unterdrückung derselben, mit der ultramontanen Partei verständigt, und er benutzt oft dazu die Waffe, die das Papsttum zuerst gegen uns ersonnen und angewandt: die Zensur.

Sonderbar! Wir Deutschen sind das stärkste und das klügste Volk. Unsere Fürstengeschlechter sitzen auf allen Thronen Europas, unsere Rothschilde beherrschen alle Börsen der Welt, unsere Gelehrten regieren in allen Wissenschaften, wir haben das Pulver erfunden und die Buchdruckerei; – und dennoch, wer bei uns eine Pistole losschießt bezahlt drei Taler Strafe, und wenn wir in den »Hamburger Correspondent« setzen wollen: »meine liebe Gattin ist in Wochen gekommen, mit einem Töchterlein, schön wie die Freiheit!« dann greift der Herr Doktor Hoffmann zu seinem Rotstift und streicht uns »die Freiheit«.

Wird dieses noch lange geschehen können? Ich weiß nicht. Aber ich weiß, die Frage der Preßfreiheit, die jetzt in Deutschland so heftig diskutiert wird, knüpft sich bedeutungsvoll an die obigen Betrachtungen, und ich glaube ihre Lösung ist nicht schwer, wenn man bedenkt, daß die Preßfreiheit nichts anderes ist, als die Konsequenz der Denkfreiheit und folglich ein protestantisches Recht. Für Rechte dieser Art hat der Deutsche schon sein bestes Blut gegeben, und er dürfte wohl dahin gebracht werden, noch einmal in die Schranken zu treten.

Dasselbe ist anwendbar auf die Frage von der akademischen Freiheit, die jetzt so leidenschaftlich die Gemüter in Deutschland bewegt. Seit man entdeckt zu haben glaubt, daß auf den Universitäten am meisten politische Aufregung, nämlich Freiheitsliebe, herrscht, seitdem wird den Souveränen von allen Seiten insinuiert, daß man diese Institute unterdrücken, oder doch wenigstens in gewöhnliche Unterrichtsanstalten verwandeln müsse. Da werden nun Plane geschmiedet und das Pro und Contra diskutiert. Die öffentlichen Gegner der Universitäten, eben so wenig wie die öffentlichen Verteidiger, die wir bisher vernommen, scheinen aber die letzten Gründe der Frage nicht zu verstehen. Jene begreifen nicht, daß die Jugend überall, und unter allen Disziplinen, für die Interessen der Freiheit begeistert sein wird, und daß, wenn man die Universitäten unterdrückt, jene begeisterte Jugend anderswo, und vielleicht, in Verbindung mit der Jugend des Handelsstands und der Gewerbe, sich desto tatkräftiger aussprechen wird. Die Verteidiger suchen nur zu beweisen, daß mit den Universitäten auch die Blüte der deutschen Wissenschaftlichkeit zu Grunde ginge, daß eben die akademische Freiheit den Studien so nützlich sei, daß die Jugend dadurch so hübsch Gelegenheit finde, sich vielseitig auszubilden usw. Als ob es auf einige griechische Vokabeln oder einige Roheiten mehr oder weniger hier ankomme!

Und was gölte den Fürsten alle Wissenschaft, Studien oder Bildung, wenn die heilige Sicherheit ihrer Throne gefährdet stünde! Sie waren heroisch genug, alle jene relativen Güter für das einzig absolute, für ihre absolute Herrschaft aufzuopfern. Denn diese ist ihnen von Gott anvertraut und wo der Himmel gebietet, müssen alle irdischen Rücksichten weichen.

Mißverstand ist sowohl auf Seiten der armen Professoren, die als Vertreter, wie auf Seiten der Regierungsbeamten, die als Gegner der Universitäten öffentlich auftreten. Nur die katholische Propaganda in Deutschland begreift die Bedeutung derselben, diese frommen Obskuranten sind die gefährlichsten Gegner unseres Universitätssystems, diese wirken dagegen meuchlerisch mit Lug und Trug, und gar, wenn sich einer von ihnen den liebevollen Anschein gibt, als wollte er den Universitäten das Wort reden, offenbart sich die jesuitische Intrige. Wohl wissen diese feigen Heuchler, was hier auf dem Spiel steht zu gewinnen. Denn mit den Universitäten fällt auch die protestantische Kirche, die seit der Reformation nur in jenen wurzelt, so daß die ganze protestantische Kirchengeschichte der letzten Jahrhunderte fast nur aus den theologischen Streitigkeiten der Wittenberger, Leipziger, Tübinger und Halleschen Universitätsgelehrten besteht. Die Konsistorien sind nur der schwache Abglanz der theologischen Fakultät, sie verlieren mit dieser allen Halt und Charakter, und sinken in die öde Abhängigkeit der Ministerien oder gar der Polizei.

Doch laßt uns solchen melancholischen Betrachtungen nicht zu viel Raum geben, um so mehr, da wir hier noch von dem providentiellen Manne zu reden haben, durch welchen so Großes für das deutsche Volk geschehen. Ich habe oben gezeigt, wie wir durch ihn zur größten Denkfreiheit gelangt. Aber dieser Martin Luther gab uns nicht bloß die Freiheit der Bewegung, sondern auch das Mittel der Bewegung, dem Geist gab er nämlich einen Leib. Er gab dem Gedanken auch das Wort. Er schuf die deutsche Sprache.

Dieses geschah, indem er die Bibel übersetzte.

In der Tat, der göttliche Verfasser dieses Buchs scheint es eben so gut wie wir andere gewußt zu haben, daß es gar nicht gleichgültig ist durch wen man übersetzt wird, und er wählte selber seinen Übersetzer, und verlieh ihm die wundersame Kraft, aus einer toten Sprache, die gleichsam schon begraben war, in eine andere Sprache zu übersetzen, die noch gar nicht lebte.

Man besaß zwar die Vulgata, die man verstand, so wie auch die Septuaginta, die man schon verstehen konnte. Aber die Kenntnis des Hebräischen war in der christlichen Welt ganz erloschen. Nur die Juden, die sich, hie und da, in einem Winkel dieser Welt verborgen hielten, bewahrten noch die Traditionen dieser Sprache. Wie ein Gespenst, das einen Schatz bewacht, der ihm einst im Leben anvertraut worden, so saß dieses gemordete Volk, dieses Volk-Gespenst, in seinen dunklen Ghettos und bewahrte dort die hebräische Bibel; und in diese verrufenen Schlupfwinkel sah man die deutschen Gelehrten heimlich hinabsteigen, um den Schatz zu heben, um die Kenntnis der hebräischen Sprache zu erwerben.

Als die katholische Geistlichkeit merkte, daß ihr von dieser Seite Gefahr drohte, daß das Volk auf diesem Seitenweg zum wirklichen Wort Gottes gelangen und die römischen Fälschungen entdecken konnte: da hätte man gern auch die jüdische Tradition unterdrückt, und man ging damit um, alle hebräischen Bücher zu vernichten, und am Rhein begann die Bücherverfolgung, wogegen unser vortrefflicher Doktor Reuchlin so glorreich gekämpft hat. Die Kölner Theologen, die damals agierten, besonders Hochstraaten, waren keineswegs so geistesbeschränkt, wie der tapfere Mitkämpfer Reuchlins, Ritter Ulrich von Hutten sie in seinen »litteris obscurorum virorum« schildert. Es galt die Unterdrückung der hebräischen Sprache. Als Reuchlin siegte, konnte Luther sein Werk beginnen. In einem Briefe, den dieser damals an Reuchlin schrieb, scheint er schon zu fühlen, wie wichtig der Sieg war, den jener erfochten, und in einer abhängig schwierigen Stellung erfochten, während er, der Augustinermönch, ganz unabhängig stand; sehr naiv sagt er in diesem Briefe: ego nihil timeo, quia nihil habeo.

Wie aber Luther zu der Sprache gelangt ist, worin er seine Bibel übersetzte, ist mir bis auf diese Stunde unbegreiflich. (...)

Aber ich weiß, daß durch diese Bibel, wovon die junge Presse, die schwarze Kunst, Tausende von Exemplaren ins Volk schleuderte, die Lutherische Sprache in wenigen Jahren über ganz Deutschland verbreitet und zur allgemeinen Schriftsprache erhoben wurde. Diese Schriftsprache herrscht noch immer in Deutschland, und gibt diesem politisch und religiös zerstückelten Lande eine literärische Einheit. Ein solches unschätzbares Verdienst mag uns bei dieser Sprache dafür entschädigen, daß sie, in ihrer heutigen Ausbildung, etwas von jener Innigkeit entbehrt, welche wir bei Sprachen, die sich aus einem einzigen Dialekt gebildet, zu finden pflegen. Die Sprache in Luthers Bibel entbehrt jedoch durchaus nicht einer solchen Innigkeit, und dieses alte Buch ist eine ewige Quelle der Verjüngung für unsere Sprache. Alle Ausdrücke und Wendungen, die in der Lutherischen Bibel stehn, sind deutsch, der Schriftsteller darf sie immerhin noch gebrauchen; und da dieses Buch in den Händen der ärmsten Leute ist, so bedürfen diese keiner besonderen gelehrten Anleitung, um sich literarisch aussprechen zu können.

Dieser Umstand wird, wenn bei uns die politische Revolution ausbricht, gar merkwürdige Erscheinungen zur Folge haben. Die

Freiheit wird überall sprechen können und ihre Sprache wird biblisch sein.

Luthers Originalschriften haben ebenfalls dazu beigetragen, die deutsche Sprache zu fixieren. Durch ihre polemische Leidenschaftlichkeit drangen sie tief in das Herz der Zeit. Ihr Ton ist nicht immer sauber. Aber man macht auch keine religiöse Revolution mit Orangenblüte. Zu dem groben Klotz gehört manchmal ein grober Keil. In der Bibel ist Luthers Sprache, aus Ehrfurcht vor dem gegenwärtigen Geist Gottes, immer in eine gewisse Würde gebannt. In seinen Streitschriften hingegen überläßt er sich einer plebejischen Roheit, die oft eben so widerwärtig, wie grandios ist. Seine Ausdrücke und Bilder gleichen dann jenen riesenhaften Steinfiguren, die wir in indischen oder ägyptischen Tempelgrotten finden, und deren grelles Kolorit und abenteuerliche Häßlichkeit uns zugleich abstößt und anzieht. Durch diesen barocken Felsenstil erscheint uns der kühne Mönch manchmal wie ein religiöser Danton, ein Prediger des Berges, der, von der Höhe desselben, die bunten Wortblöcke hinabschmettert auf die Häupter seiner Gegner.

Merkwürdiger und bedeutender als diese prosaischen Schriften sind Luthers Gedichte, die Lieder, die, in Kampf und Not, aus seinem Gemüte entsprossen. Sie gleichen manchmal einer Blume, die auf einem Felsen wächst, manchmal einem Mondstrahl, der über ein bewegtes Meer hinzittert. Luther liebte die Musik, er hat sogar einen Traktat über diese Kunst geschrieben, und seine Lieder sind daher außerordentlich melodisch. Auch in dieser Hinsicht gebührt ihm der Name: Schwan von Eisleben. Aber er war nichts weniger als ein milder Schwan in manchen Gesängen, wo er den Mut der Seinigen anfeuert und sich selber zur wildesten Kampflust begeistert. Ein Schlachtlied war jener trotzige Gesang, womit er und seine Begleiter in Worms einzogen. Der alte Dom zitterte bei diesen neuen Klängen, und die Raben erschraken in ihren obskuren Turmnestern. Jenes Lied, die Marseiller Hymne der Reformation, hat bis auf unsere Tage seine begeisternde Kraft bewahrt.

> Eine feste Burg ist unser Gott,
> Ein gute Wehr und Waffen,
> Er hilft uns frei aus aller Not,
> Die uns jetzt hat betroffen.
> Der alte böse Feind
> Mit Ernst ers jetzt meint,

Groß Macht und viel List
Sein grausam Rüstung ist,
Auf Erd ist nicht seins Gleichen.

Mit unsrer Macht ist nichts getan,
Wir sind gar bald verloren,
Es streit't für uns der rechte Mann,
Den Gott selbst hat erkoren.
Fragst du, wer es ist?
Er heißt Jesus Christ,
Der Herr Zebaoth,
Und ist kein andrer Gott,
Das Feld muß er behalten.

Und wenn die Welt voll Teufel wär
Und wollten uns verschlingen,
So fürchten wir uns nicht so sehr,
Es soll uns doch gelingen;
Der Fürst dieser Welt,
Wie sauer er sich stellt,
Tut er uns doch nicht,
Das macht, er ist gericht't,
Ein Wörtlein kann ihn fällen.

Das Wort sie sollen lassen stahn,
Und keinen Dank dazu haben,
Es ist bei uns wohl auf dem Plan
Mit seinem Geist und Gaben.
Nehmen sie uns den Leib,
Gut, Ehr, Kind und Weib,
Laß fahren dahin,
Sie habens kein Gewinn,
Das Reich muß uns doch bleiben.
(...)

Zweites Buch

(...)

Aber seit Luther hat Deutschland keinen größeren und besseren Mann hervorgebracht, als Gotthold Ephraim Lessing. Diese
beiden sind unser Stolz und unsere Wonne. In der Trübnis der
Gegenwart schauen wir hinauf nach ihren tröstenden Standbil-
dern und sie nicken eine glänzende Verheißung. Ja, kommen wird

auch der dritte Mann, der da vollbringt was Luther begonnen, was Lessing fortgesetzt, und dessen das deutsche Vaterland so sehr bedarf, – der dritte Befreier! – Ich sehe schon seine goldne Rüstung, die aus dem purpurnen Kaisermantel hervorstrahlt, »wie die Sonne aus dem Morgenrot!«

Gleich dem Luther wirkte Lessing nicht nur indem er etwas Bestimmtes tat, sondern indem er das deutsche Volk bis in seine Tiefen aufregte, und indem er eine heilsame Geisterbewegung hervorbrachte, durch seine Kritik, durch seine Polemik. Er war die lebendige Kritik seiner Zeit und sein ganzes Leben war Polemik. Diese Kritik machte sich geltend im weitesten Bereiche des Gedankens und des Gefühls, in der Religion, in der Wissenschaft, in der Kunst. Diese Polemik überwand jeden Gegner und erstarkte nach jedem Siege. Lessing, wie er selbst eingestand, bedurfte eben des Kampfes zu der eignen Geistesentwickelung. Er glich ganz jenem fabelhaften Normann, der die Talente, Kenntnisse und Kräfte derjenigen Männer erbte, die er im Zweikampf erschlug, und in dieser Weise endlich mit allen möglichen Vorzügen und Vortrefflichkeiten begabt war. Begreiflich ist es, daß solch ein streitlustiger Kämpe nicht geringen Lärm in Deutschland verursachte, in dem stillen Deutschland, das damals noch sabbathlich stiller war als heute. Verblüfft wurden die meisten ob seiner literarischen Kühnheit. Aber eben diese kam ihm hülfreich zu statten; denn »Oser!« ist das Geheimnis des Gelingens in der Literatur, eben so wie in der Revolution – und in der Liebe. Vor dem Lessingschen Schwerte zitterten alle. Kein Kopf war vor ihm sicher. Ja, manchen Schädel hat er sogar aus Übermut heruntergeschlagen, und dann war er dabei noch so boshaft, ihn vom Boden aufzuheben, und dem Publikum zu zeigen, daß er inwendig hohl war. Wen sein Schwert nicht erreichen konnte, den tötete er mit den Pfeilen seines Witzes. Die Freunde bewunderten die bunten Schwungfedern dieser Pfeile; die Feinde fühlten die Spitze in ihren Herzen. Der Lessingsche Witz gleicht nicht jenem Enjouement, jener Gaité, jenen springenden Saillies, wie man hier zu Land dergleichen kennt. Sein Witz war kein kleines französisches Windhündchen, das seinem eigenen Schatten nachläuft; sein Witz war vielmehr ein großer deutscher Kater, der mit der Maus spielt, ehe er sie würgt.

Ja, Polemik war die Lust unseres Lessings, und daher überlegte er nie lange, ob auch der Gegner seiner würdig war. So hat er, eben durch seine Polemik, manchen Namen der wohlverdientesten Vergessenheit entrissen. Mehre winzige Schriftstellerlein hat er mit dem geistreichsten Spott, mit dem köstlichsten Humor gleichsam umsponnen, und in den Lessingschen Werken erhalten sie sich nun für ewige Zeiten wie Insekten, die sich in einem Stück Bernstein verfangen. Indem er seine Gegner tötete, machte er sie zugleich unsterblich. Wer von uns hätte jemals etwas von jenem Klotz erfahren, an welchen Lessing so viel Hohn und Scharfsinn verschwendet! Die Felsenblöcke, die er auf diesen armen Antiquar geschleudert und womit er ihn zerschmettert, sind jetzt dessen unverwüstliches Denkmal.

Merkwürdig ist es, daß jener witzigste Mensch in Deutschland, auch zugleich der ehrlichste war. Nichts gleicht seiner Wahrheitsliebe. Lessing machte der Lüge nicht die mindeste Konzession, selbst wenn er dadurch, in der gewöhnlichen Weise der Weltklugen, den Sieg der Wahrheit befördern konnte. Er konnte alles für die Wahrheit tun, nur nicht lügen. Wer darauf denkt, sagte er einst, die Wahrheit unter allerlei Larven und Schminken an den Mann zu bringen, der möchte wohl gern ihr Kuppler sein, aber ihr Liebhaber ist er nie gewesen.

Das schöne Wort Buffons »der Stil ist der Mensch selber!« ist auf niemand anwendbarer als auf Lessing. Seine Schreibart ist ganz wie sein Charakter, wahr, fest, schmucklos, schön und imposant durch die inwohnende Stärke. Sein Stil ist ganz der Stil der römischen Bauwerke: höchste Solidität bei der höchsten Einfachheit; gleich Quadersteinen ruhen die Sätze auf einander, und wie bei jenen das Gesetz der Schwere, so ist bei diesen die logische Schlußfolge das unsichtbare Bindemittel. Daher in der Lessingschen Prosa so wenig von jenen Füllwörtern und Wendungskünsten, die wir bei unserem Periodenbau gleichsam als Mörtel gebrauchen. Noch viel weniger finden wir da jene Gedankenkaryatiden, welche Ihr la belle phrase nennt.

Daß ein Mann wie Lessing niemals glücklich sein konnte, werdet Ihr leicht begreifen. Und wenn er auch nicht die Wahrheit geliebt hätte, und wenn er sie auch nicht selbstwillig überall verfochten hätte, so mußte er doch unglücklich sein; denn er war ein Genie. Alles wird man dir verzeihen, sagte jüngst ein seufzender Dichter, man verzeiht dir deinen Reichtum, man verzeiht dir die hohe Geburt, man verzeiht dir deine Wohlgestalt, man läßt dir sogar Talent hingehen, aber man ist unerbittlich gegen das Genie. Ach! und begegnet ihm auch nicht der böse Wille von außen, so fände das Genie doch schon in sich selber den Feind, der ihm

Elend bereitet. Deshalb ist die Geschichte der großen Männer immer eine Märtyrerlegende; wenn sie auch nicht litten für die große Menschheit, so litten sie doch für ihre eigene Größe, für die große Art ihres Seins, das Unphilisterliche, für ihr Mißbehagen an der prunkenden Gemeinheit, der lächelnden Schlechtigkeit ihrer Umgebung, ein Mißbehagen, welches sie natürlich zu Extravaganzen bringt, z. B. zum Schauspielhaus oder gar zum Spielhaus – wie es dem armen Lessing begegnete.

Mehr als dieses hat ihm aber der böse Leumund nicht nachsagen können, und aus seiner Biographie erfahren wir nur, daß ihm schöne Komödiantinnen amüsanter dünkten als hamburgische Pastöre, und daß stumme Karten ihm bessere Unterhaltung gewährten als schwatzende Wolfianer.

Es ist herzzerreißend, wenn wir in dieser Biographie lesen, wie das Schicksal auch jede Freude diesem Manne versagt hat, und wie es ihm nicht einmal vergönnte in der Umfriedung der Familie sich von seinen täglichen Kämpfen zu erholen. Einmal nur schien Fortuna ihn begünstigen zu wollen, sie gab ihm ein geliebtes Weib, ein Kind – aber dieses Glück war wie der Sonnenstrahl, der den Fittich eines vorüberfliegenden Vogels vergoldet, es schwand eben so schnell, das Weib starb infolge des Wochenbetts, das Kind schon bald nach der Geburt, und über letzteres schrieb er einem Freunde die gräßlich witzigen Worte:

»Meine Freude war nur kurz. Und ich verlor ihn ungern diesen Sohn! Denn er hatte so viel Verstand! so viel Verstand! – Glauben Sie nicht, daß die wenigen Stunden meiner Vaterschaft mich schon zu so einem Affen von Vater gemacht haben! Ich weiß, was ich sage. – War es nicht Verstand, daß man ihn mit eisernen Zangen auf die Welt ziehen mußte? daß er so bald Unrat merkte? – War es nicht Verstand, daß er die erste Gelegenheit ergriff, sich wieder davon zu machen? – Ich wollte es auch einmal so gut haben wie andere Menschen. Aber es ist mir schlecht bekommen.«

Ein Unglück gab es, worüber sich Lessing nie gegen seine Freunde ausgesprochen: dieses war seine schaurige Einsamkeit, sein geistiges Alleinstehn. Einige seiner Zeitgenossen liebten ihn, keiner verstand ihn. Mendelssohn, sein bester Freund, verteidigte ihn mit Eifer, als man ihn des Spinozismus beschuldigte. Verteidigung und Eifer waren eben so lächerlich wie überflüssig. Beruhige dich im Grabe, alter Moses; dein Lessing war zwar auf dem Wege zu diesem entsetzlichen Irrtum, zu diesem jammervollen

Unglück, nämlich zum Spinozismus – aber der Allerhöchste, der Vater im Himmel, hat ihn noch zur rechten Zeit durch den Tod gerettet. Beruhige dich, dein Lessing war kein Spinozist, wie die Verleumdung behauptete; er starb als guter Deist, wie du und Nicolai und Teller und die »Allgemeine deutsche Bibliothek«!

Lessing war nur der Prophet, der aus dem zweiten Testamente ins dritte hinüberdeutete. Ich habe ihn den Fortsetzer des Luther genannt und eigentlich in dieser Eigenschaft habe ich ihn hier zu besprechen. Von seiner Bedeutung für die deutsche Kunst kann ich erst später reden. In dieser hat er nicht bloß durch seine Kritik, sondern auch durch sein Beispiel eine heilsame Reform bewirkt, und diese Seite seiner Tätigkeit wird gewöhnlich zumeist hervorgehoben und beleuchtet. Wir jedoch betrachten ihn von einem anderen Standpunkte aus, und seine philosophischen und theologischen Kämpfe sind uns wichtiger als seine Dramaturgie und seine Dramata. Letztere jedoch, wie alle seine Schriften, haben eine soziale Bedeutung, und »Nathan der Weise« ist im Grunde nicht bloß eine gute Komödie, sondern auch eine philosophisch theologische Abhandlung zu Gunsten des reinen Deismus. Die Kunst war für Lessing ebenfalls eine Tribüne, und wenn man ihn von der Kanzel oder vom Katheder herabstieß, dann sprang er aufs Theater, und sprach dort noch viel deutlicher, und gewann ein noch zahlreicheres Publikum.

Ich sage, Lessing hat den Luther fortgesetzt. Nachdem Luther uns von der Tradition befreit, und die Bibel zur alleinigen Quelle des Christentums erhoben hatte, da entstand, wie ich schon oben erzählt, ein starrer Wortdienst, und der Buchstabe der Bibel herrschte eben so tyrannisch wie einst die Tradition. Zur Befreiung von diesem tyrannischen Buchstaben hat nun Lessing am meisten beigetragen. Wie Luther ebenfalls nicht der einzige war, der die Tradition bekämpft, so kämpfte Lessing zwar nicht allein, aber doch am gewaltigsten gegen den Buchstaben. Hier erschallt am lautesten seine Schlachtstimme. Hier schwingt er sein Schwert am freudigsten, und es leuchtet und tötet. Hier aber auch wird Lessing am stärksten bedrängt von der schwarzen Schar, und in solcher Bedrängnis rief er einst aus:

»O sancta simplicitas! – Aber noch bin ich nicht da, wo der gute Mann, der dieses ausrief, nur noch dieses ausrufen konnte. (Huß rief dieses auf dem Scheiterhaufen.) Erst soll uns hören, erst soll über uns urteilen, wer hören und urteilen kann und will!

O daß Er es könnte, Er, den ich am liebsten zu meinem

Richter haben möchte! – Luther, du! – Großer, verkannter Mann! Und von niemanden mehr verkannt, als von den kurzsichtigen Starrköpfen, die, deine Pantoffeln in der Hand, den von dir gebahnten Weg, schreiend aber gleichgültig, daherschlendern! – Du hast uns von dem Joche der Tradition erlöst: wer erlöset uns von dem unerträglicheren Joche des Buchstabens! Wer bringt uns endlich ein Christentum, wie du es itzt lehren würdest; wie es Christus selbst lehren würde!«

Ja, der Buchstabe, sagte Lessing, sei die letzte Hülle des Christentums, und erst nach Vernichtung dieser Hülle trete hervor der Geist. Dieser Geist ist aber nichts anders, als das, was die Wolfschen Philosophen zu demonstrieren gedacht, was die Philanthropen in ihrem Gemüte gefühlt, was Mendelssohn im Mosaismus gefunden, was die Freimaurer gesungen, was die Poeten gepfiffen, was sich damals in Deutschland unter allen Formen geltend machte: der reine Deismus.

Lessing starb zu Braunschweig, im Jahr 1781, verkannt, gehaßt und verschrien. In demselben Jahre erschien zu Königsberg die »Kritik der reinen Vernunft« von Immanuel Kant. Mit diesem Buche, welches durch sonderbare Verzögerung erst am Ende der achtziger Jahre allgemein bekannt wurde, beginnt eine geistige Revolution in Deutschland, die mit der materiellen Revolution in Frankreich die sonderbarsten Analogien bietet, und dem tieferen Denker eben so wichtig dünken muß wie jene. Sie entwickelt sich mit denselben Phasen, und zwischen beiden herrscht der merkwürdigste Parallelismus. Auf beiden Seiten des Rheines sehen wir denselben Bruch mit der Vergangenheit, der Tradition wird alle Ehrfurcht aufgekündigt; wie hier in Frankreich jedes Recht, so muß dort in Deutschland jeder Gedanke sich justifizieren, und wie hier das Königtum, der Schlußstein der alten sozialen Ordnung, so stürzt dort der Deismus, der Schlußstein des geistigen alten Regimes.

(...)

Drittes Buch

(...)

Die Lebensgeschichte des Immanuel Kant ist schwer zu beschreiben. Denn er hatte weder Leben noch Geschichte. Er lebte ein mechanisch geordnetes, fast abstraktes Hagestolzenleben, in einem stillen, abgelegenen Gäßchen zu Königsberg, einer alten

Stadt an der nordöstlichen Grenze Deutschlands. Ich glaube nicht, daß die große Uhr der dortigen Kathedrale leidenschaftsloser und regelmäßiger ihr äußeres Tagewerk vollbrachte, wie ihr Landsmann Immanuel Kant. Aufstehn, Kaffeetrinken, Schreiben, Kollegienlesen, Essen, Spazierengehn, alles hatte seine bestimmte Zeit, und die Nachbaren wußten ganz genau, daß die Glocke halb vier sei, wenn Immanuel Kant in seinem grauen Leibrock, das spanische Röhrchen in der Hand, aus seiner Haustüre trat, und nach der kleinen Lindenallee wandelte, die man seinetwegen noch jetzt den Philosophengang nennt. Achtmal spazierte er dort auf und ab, in jeder Jahreszeit, und wenn das Wetter trübe war oder die grauen Wolken einen Regen verkündigten, sah man seinen Diener, den alten Lampe, ängstlich besorgt hinter ihm drein wandeln, mit einem langen Regenschirm unter dem Arm, wie ein Bild der Vorsehung.

Sonderbarer Kontrast zwischen dem äußeren Leben des Mannes und seinen zerstörenden, weltzermalmenden Gedanken! Wahrlich, hätten die Bürger von Königsberg die ganze Bedeutung dieses Gedankens geahnt, sie würden vor jenem Manne eine weit grauenhaftere Scheu empfunden haben als vor einem Scharfrichter, vor einem Scharfrichter, der nur Menschen hinrichtet – aber die guten Leute sahen in ihm nichts anderes als einen Professor der Philosophie, und wenn er zur bestimmten Stunde vorbeiwandelte, grüßten sie freundlich, und richteten etwa nach ihm ihre Taschenuhr.

Wenn aber Immanuel Kant, dieser große Zerstörer im Reiche der Gedanken, an Terrorismus den Maximilian Robespierre weit übertraf, so hat er doch mit diesem manche Ähnlichkeiten, die zu einer Vergleichung beider Männer auffordern. Zunächst finden wir in beiden dieselbe unerbittliche, schneidende, poesielose, nüchterne Ehrlichkeit. Dann finden wir in beiden dasselbe Talent des Mißtrauens, nur daß es der eine gegen Gedanken ausübt und Kritik nennt, während der andere es gegen Menschen anwendet und republikanische Tugend betitelt. Im höchsten Grade jedoch zeigt sich in beiden der Typus des Spießbürgertums – die Natur hatte sie bestimmt, Kaffee und Zucker zu wiegen, aber das Schicksal wollte, daß sie andere Dinge abwögen, und legte dem Einen einen König und dem Anderen einen Gott auf die Wagschale ...

Und sie gaben das richtige Gewicht!

Die »Kritik der reinen Vernunft« ist das Hauptwerk von Kant, und wir müssen uns vorzugsweise damit beschäftigen. Keine von allen Schriften Kants hat größere Wichtigkeit. Dieses Buch, wie schon erwähnt, erschien 1781, und wurde erst 1789 allgemein bekannt. Es wurde anfangs ganz übersehen, nur zwei unbedeutende Anzeigen sind damals darüber erschienen, und erst spät wurde durch Artikel von Schütz, Schultz und Reinhold die Aufmerksamkeit des Publikums auf dieses große Buch geleitet. Die Ursache dieser verzögerten Anerkenntnis liegt wohl in der ungewöhnlichen Form und schlechten Schreibart. In Betreff der letztern verdient Kant größeren Tadel, als irgend ein anderer Philosoph; um so mehr, wenn wir seinen vorhergehenden besseren Stil erwägen. Die kürzlich erschienene Sammlung seiner kleinen Schriften enthält die ersten Versuche, und wir wundern uns da über die gute, manchmal sehr witzige Schreibart. Während Kant im Kopfe schon sein großes Werk ausarbeitete, hat er diese kleinen Aufsätze vor sich hingeträllert. Er lächelt da wie ein Soldat, der sich ruhig waffnet, um in eine Schlacht zu gehen, wo er gewiß zu siegen denkt. Unter jenen kleinen Schriften sind besonders merkwürdig: »Allgemeine Naturgeschichte und Theorie des Himmels«, geschrieben schon 1755; »Beobachtungen über das Gefühl des Schönen und Erhabenen«, geschrieben zehn Jahre später, so wie auch »Träume eines Geistersehers«, voll guter Laune in der Art der französischen Essais. Der Witz eines Kant, wie er sich in diesen Schriftchen äußert, hat etwas höchst Eigentümliches. Der Witz rankt da an dem Gedanken, und trotz seiner Schwäche erreicht er dadurch eine erquickliche Höhe. Ohne solche Stütze freilich kann der reichste Witz nicht gedeihen; gleich der Weinrebe, die eines Stabes entbehrt, muß er alsdann kümmerlich am Boden hinkriechen und mit seinen kostbarsten Früchten vermodern.

(...)

Die Philosophen vor Kant haben zwar über den Ursprung unserer Erkenntnisse nachgedacht, und sind, wie wir bereits gezeigt, in zwei verschiedene Wege geraten, je nachdem sie Ideen a priori oder Ideen a posteriori annahmen; über das Erkenntnisvermögen selber, über den Umfang unseres Erkenntnisvermögens, oder über die Grenzen unseres Erkenntnisvermögens ist weniger nachgedacht worden. Dieses ward nun die Aufgabe von Kant, er unterwarf unser Erkenntnisvermögen einer schonungslosen Untersuchung, er sondierte die ganze Tiefe dieses Vermögens und konstatierte alle seine Grenzen. Da fand er nun freilich, daß wir gar nichts wissen können von sehr vielen Dingen, mit denen wir früher in vertrautester Bekanntschaft zu stehen vermeinten. Das war sehr verdrießlich. Aber es war doch immer nützlich, zu wissen, von welchen Dingen wir nichts wissen können. Wer uns vor nutzlosen Wegen warnt, leistet uns einen eben so guten Dienst, wie derjenige, der uns den rechten Weg anzeigt. Kant bewies uns, daß wir von den Dingen, wie sie an und für sich selber sind, nichts wissen, sondern daß wir nur in so fern etwas von ihnen wissen, als sie sich in unserem Geiste reflektieren. Da sind wir nun ganz wie die Gefangenen, wovon Plato, im siebenten Buche vom »Staate«, so Betrübsames erzählt: Diese Unglücklichen, gefesselt an Hals und Schenkeln, so daß sie sich mit dem Kopfe nicht herumdrehen können, sitzen in einem Kerker, der oben offen ist und von obenher erhalten sie einiges Licht. Dieses Licht aber kömmt von einem Feuer, welches hinter ihnen oben brennt, und zwar noch getrennt von ihnen durch eine kleine Mauer. Längs dieser Mauer wandeln Menschen, welche allerlei Statuen, Holz- und Steinbilder vorübertragen und mit einander sprechen. Die armen Gefangenen können nun von diesen Menschen, welche nicht so hoch wie die Mauer, gar nichts sehen, und von den vorbeigetragenen Statuen, die über die Mauer hervorragen, sehen sie nur die Schatten, welche sich an der ihnen gegenüberstehenden Wand dahin bewegen; und sie halten nun diese Schatten für die wirklichen Dinge und getäuscht durch das Echo ihres Kerkers, glauben sie, es seien diese Schatten, welche mit einander sprechen.

Die bisherige Philosophie, die schnüffelnd an den Dingen herumlief, und sich Merkmale derselben einsammelte und sie klassifizierte, hörte auf, als Kant erschien, und dieser lenkte die Forschung zurück in den menschlichen Geist und untersuchte, was sich da kund gab. Nicht mit Unrecht vergleicht er daher seine Philosophie mit dem Verfahren des Kopernikus. Früher, als man die Welt stillstehen und die Sonne um dieselbe herumwandeln ließ, wollten die Himmelsberechnungen nicht sonderlich übereinstimmen; da ließ Kopernikus die Sonne still stehen und die Erde um sie herum wandeln, und siehe! Alles ging nun vortrefflich. Früher lief die Vernunft, gleich der Sonne, um die Erscheinungswelt herum und suchte sie zu beleuchten; Kant aber läßt die Vernunft, die Sonne, stillstehen, und die Erscheinungswelt dreht sich um sie herum und wird beleuchtet, je nachdem sie in den Bereich dieser Sonne kömmt.

Nach diesen wenigen Worten, womit ich die Aufgabe Kants angedeutet, ist jedem begreiflich, daß ich denjenigen Abschnitt seines Buches, worin er die sogenannten Phänomena und Noumena abhandelt, für den wichtigsten Teil, für den Mittelpunkt seiner Philosophie halte. Kant macht nämlich einen Unterschied zwischen den Erscheinungen der Dinge und den Dingen an sich. Da wir von den Dingen nur in so weit etwas wissen können, als sie sich uns durch Erscheinung kund geben, und da also die Dinge nicht, wie sie an und für sich selbst sind, sich uns zeigen: so hat Kant die Dinge, in so fern sie erscheinen, Phänomena, und die Dinge an und für sich: Noumena genannt. Nur von den Dingen als Phänomena können wir etwas wissen, nichts aber können wir von den Dingen wissen als Noumena. Letztere sind nur problematisch, wir können weder sagen, sie existieren, noch: sie existieren nicht. Ja, das Wort Noumen ist nur dem Wort Phänomen nebengesetzt, um von Dingen, in so weit sie uns erkennbar, sprechen zu können, ohne in unserem Urteil die Dinge, die uns nicht erkennbar, zu berühren.

Kant hat also nicht, wie manche Lehrer, die ich nicht nennen will, die Dinge unterschieden in Phänomena und Noumena, in Dinge, welche für uns existieren, und in Dinge, welche für uns nicht existieren. Dieses wäre ein irländischer Bull in der Philosophie. Er hat nur einen Grenzbegriff geben wollen.

Gott ist, nach Kant, ein Noumen. Infolge seiner Argumentation ist jenes transzendentale Idealwesen, welches wir bisher Gott genannt, nichts anders als eine Erdichtung. Es ist durch eine natürliche Illusion entstanden. Ja, Kant zeigt, wie wir von jenem Noumen, von Gott, gar nichts wissen können, und wie sogar jede künftige Beweisführung seiner Existenz unmöglich sei. Die Danteschen Worte: »Laßt die Hoffnung zurück!« schreiben wir über diese Abteilung der »Kritik der reinen Vernunft«.

Ich glaube, man erläßt mir gern die populäre Erörterung dieser Partie, wo »von den Beweisgründen der spekulativen Vernunft, auf das Dasein eines höchsten Wesens zu schließen«, gehandelt wird. Obwohl die eigentliche Widerlegung dieser Beweisgründe nicht viel Raum einnimmt und erst in der zweiten Hälfte des Buches zum Vorschein kommt, so ist sie doch schon von vorn herein aufs absichtlichste eingeleitet, und sie gehört zu dessen Pointen. Es knüpft sich daran die »Kritik aller spekulativen Theologie«, und vernichtet werden die übrigen Luftgebilde der Deisten. Bemerken muß ich, daß Kant, indem er die drei Hauptbeweisarten für das

Dasein Gottes, nämlich den ontologischen, den kosmologischen und den physikotheologischen Beweis angreift, nach meiner Meinung die zwei letzteren, aber nicht den ersteren zu Grunde richten kann. Ich weiß nicht, ob die obigen Ausdrücke hier bekannt sind, und ich gebe daher die Stelle aus der »Kritik der reinen Vernunft«, wo Kant ihre Unterscheidungen formuliert:

»Es sind nur drei Beweisarten vom Dasein Gottes aus spekulativer Vernunft möglich. Alle Wege, die man in dieser Absicht einschlagen mag, fangen entweder von der bestimmten Erfahrung und der dadurch erkannten besonderen Beschaffenheit unserer Sinnenwelt an, und steigen von ihr nach Gesetzen der Kausalität bis zur höchsten Ursache außer der Welt hinauf; oder sie legen nur unbestimmte Erfahrung, das ist irgend ein Dasein zum Grunde, oder sie abstrahieren endlich von aller Erfahrung und schließen gänzlich a priori aus bloßen Begriffen auf das Dasein einer höchsten Ursache. Der erste Beweis ist der physikotheologische, der zweite der kosmologische, der dritte ist der ontologische Beweis. Mehr gibt es ihrer nicht, und mehr kann es ihrer auch nicht geben.«

Nach mehrmaligem Durchstudieren des Kantschen Hauptbuchs glaubte ich zu erkennen, daß die Polemik gegen jene bestehenden Beweise für das Dasein Gottes überall hervorlauscht, und ich würde sie weitläuftiger besprechen, wenn mich nicht ein religiöses Gefühl davon abhielte. Schon daß ich jemanden das Dasein Gottes diskutieren sehe, erregt in mir eine so sonderbare Angst, eine so unheimliche Beklemmung, wie ich sie einst in London zu New-Bedlam empfand, als ich, umgeben von lauter Wahnsinnigen, meinen Führer aus den Augen verlor. »Gott ist alles, was da ist«, und Zweifel an ihm ist Zweifel an das Leben selbst, es ist der Tod.

So verwerflich auch jede Diskussion über das Dasein Gottes ist, desto preislicher ist das Nachdenken über die Natur Gottes. Dieses Nachdenken ist ein wahrhafter Gottesdienst, unser Gemüt wird dadurch abgezogen vom Vergänglichen und Endlichen, und gelangt zum Bewußtsein der Urgüte und der ewigen Harmonie. Dieses Bewußtsein durchschauert den Gefühlsmenschen im Gebet oder bei der Betrachtung kirchlicher Symbole; der Denker findet diese heilige Stimmung in der Ausübung jener erhabenen Geisteskraft, welche wir Vernunft nennen, und deren höchste Aufgabe es ist, die Natur Gottes zu erforschen. Ganz besonders religiöse Menschen beschäftigen sich mit dieser Aufgabe von Kind auf, geheimnisvoll sind sie davon schon bedrängt, durch die erste Regung der Vernunft. Der Verfasser dieser Blätter ist sich einer solchen frühen, ursprünglichen Religiosität, aufs freudigste bewußt, und sie hat ihn nie verlassen. Gott war immer der Anfang und das Ende aller meiner Gedanken. Wenn ich jetzt frage: was ist Gott? was ist seine Natur? so frug ich schon als kleines Kind: wie ist Gott? wie sieht er aus? Und damals konnte ich ganze Tage in den Himmel hinaufsehen, und war des Abends sehr betrübt, daß ich niemals das allerheiligste Angesicht Gottes, sondern immer nur graue, blöde Wolkenfratzen erblickt hatte. Ganz konfus machten mich die Mitteilungen aus der Astronomie, womit man damals, in der Aufklärungsperiode, sogar die kleinsten Kinder nicht verschonte, und ich konnte mich nicht genug wundern, daß alle diese tausend Millionen Sterne, eben so große, schöne Erdkugeln seien, wie die unsrige, und über all dieses leuchtende Weltengewimmel ein einziger Gott waltete. Einst im Traume, erinnere ich mich, sah ich Gott, ganz oben in der weitesten Ferne. Er schaute vergnüglich zu einem kleinen Himmelsfenster hinaus, ein frommes Greisengesicht mit einem kleinen Judenbärtchen, und er streute eine Menge Saatkörner herab, die, während sie vom Himmel niederfielen, im unendlichen Raum gleichsam aufgingen, eine ungeheure Ausdehnung gewannen, bis sie lauter strahlende, blühende, bevölkerte Welten wurden, jede so groß, wie unsere eigene Erdkugel. Ich habe dieses Gesicht nie vergessen können, noch oft im Traume sah ich den heiteren Alten aus seinem kleinen Himmelfenster die Weltensaat herabschütten; ich sah ihn einst sogar mit den Lippen schnalzen, wie unsere Magd, wenn sie den Hühnern ihr Gerstenfutter zuwarf. Ich konnte nur sehen wie die fallenden Saatkörner sich immer zu großen leuchtenden Weltkugeln ausdehnten: aber die etwanigen großen Hühner, die vielleicht irgendwo mit aufgesperrten Schnäbeln lauerten, um mit den hingestreuten Weltkugeln gefüttert zu werden, konnte ich nicht sehen.

Du lächelst, lieber Leser, über die großen Hühner. Diese kindische Ansicht ist aber nicht allzusehr entfernt von der Ansicht der reifsten Deisten. Um von dem außerweltlichen Gott einen Begriff zu geben, haben sich der Orient und der Occident in kindischen Hyperbeln erschöpft. Mit der Unendlichkeit des Raumes und der Zeit hat sich aber die Phantasie der Deisten vergeblich abgequält. Hier zeigt sich ganz ihre Ohnmacht, die Haltlosigkeit ihrer Weltansicht, ihrer Idee von der Natur Gottes. Es betrübt uns daher wenig, wenn diese Idee zu Grunde gerichtet wird.

Dieses Leid aber hat ihnen Kant wirklich angetan, indem er ihre Beweisführungen von der Existenz Gottes zerstörte.

Die Rettung des ontologischen Beweises käme dem Deismus gar nicht besonders heilsam zu statten, denn dieser Beweis ist ebenfalls für den Pantheismus zu gebrauchen. Zu näherem Verständnis bemerke ich, daß der ontologische Beweis derjenige ist, den Descartes aufstellt, und der schon lange vorher im Mittelalter, durch Anselm von Canterbury, in einer ruhenden Gebetform, ausgesprochen worden. Ja, man kann sagen, daß der heilige Augustin schon im zweiten Buche »De libero arbitrio« den ontologischen Beweis aufgestellt hat.

Ich enthalte mich, wie gesagt, aller popularisierenden Erörterung der Kantschen Polemik gegen jene Beweise. Ich begnüge mich zu versichern, daß der Deismus seitdem im Reiche der spekulativen Vernunft erblichen ist. Diese betrübende Todesnachricht bedarf vielleicht einiger Jahrhunderte, ehe sie sich allgemein verbreitet hat – wir aber haben längst Trauer angelegt. De profundis!

Ihr meint, wir könnten jetzt nach Hause gehn? Bei Leibe! es wird noch ein Stück aufgeführt. Nach der Tragödie kommt die Farce. Immanuel Kant hat bis hier den unerbittlichen Philosophen traciert, er hat den Himmel gestürmt, er hat die ganze Besatzung über die Klinge springen lassen, der Oberherr der Welt schwimmt unbewiesen in seinem Blute, es gibt jetzt keine Allbarmherzigkeit mehr, keine Vatergüte, keine jenseitige Belohnung für diesseitige Enthaltsamkeit, die Unsterblichkeit der Seele liegt in den letzten Zügen – das röchelt, das stöhnt – und der alte Lampe steht dabei mit seinem Regenschirm unterm Arm, als betrübter Zuschauer, und Angstschweiß und Tränen rinnen ihm vom Gesichte. Da erbarmt sich Immanuel Kant und zeigt, daß er nicht bloß ein großer Philosoph, sondern auch ein guter Mensch ist, und er überlegt, und halb gutmütig und halb ironisch spricht er: »der alte Lampe muß einen Gott haben, sonst kann der arme Mensch nicht glücklich sein – der Mensch soll aber auf der Welt glücklich sein – das sagt die praktische Vernunft – meinetwegen – so mag auch die praktische Vernunft die Existenz Gottes verbürgen«. In Folge dieses Arguments unterscheidet Kant zwischen der theoretischen Vernunft und der praktischen Vernunft, und mit dieser, wie mit einem Zauberstäbchen, belebte er wieder den Leichnam des Deismus, den die theoretische Vernunft getötet.

Hat vielleicht Kant die Resurrektion nicht bloß des alten

Lampe wegen, sondern auch die Polizei wegen unternommen? Oder hat er wirklich aus Überzeugung gehandelt? Hat er eben dadurch, daß er alle Beweise für das Dasein Gottes zerstörte, uns recht zeigen wollen, wie mißlich es ist, wenn wir nichts von der Existenz Gottes wissen können? Er handelte da fast eben so weise, wie mein westfälischer Freund, welcher alle Laternen auf der Grohnderstraße zu Göttingen zerschlagen hatte, und uns nun dort, im Dunkeln stehend, eine lange Rede hielt über die praktische Notwendigkeit der Laternen, welche er nur deshalb theoretisch zerschlagen habe, um uns zu zeigen, wie wir ohne dieselben nichts sehen können.

Ich habe schon früher erwähnt, daß die »Kritik der reinen Vernunft«, bei ihrem Erscheinen, nicht die geringste Sensation gemacht. Erst mehre Jahre später, als einige scharfsinnige Philosophen Erläuterungen über dieses Buch geschrieben, erregte es die Aufmerksamkeit des Publikums, und im Jahre 1789 war in Deutschland von nichts mehr die Rede als von Kantscher Philosophie, und sie hatte schon in Hülle und Fülle ihre Kommentare, Chrestomathien, Erklärungen, Beurteilungen, Apologien usw. Man braucht nur einen Blick auf den ersten besten philosophischen Katalog zu werfen, und die Unzahl von Schriften, die damals über Kant erschienen, zeugt hinreichend von der geistigen Bewegung, die von diesem einzigen Manne ausging. Bei dem einen zeigte sich ein schäumender Enthusiasmus, bei dem andern eine bittere Verdrießlichkeit, bei vielen eine glotzende Erwartung über den Ausgang dieser geistigen Revolution. Wir hatten Ermeuten in der geistigen Welt eben so gut wie Ihr in der materiellen Welt, und bei dem Niederreißen des alten Dogmatismus echauffierten wir uns eben so sehr wie Ihr beim Sturm der Bastille. Es waren freilich ebenfalls nur ein paar alte Invaliden, welche den Dogmatismus, das ist die Wolfsche Philosophie, verteidigten. Es war eine Revolution, und es fehlte nicht an Greuel. Unter der Partei der Vergangenheit waren die eigentlichen guten Christen über jene Greuel am wenigsten ungehalten. Ja, sie wünschten noch schlimmere Greuel, damit sich das Maß fülle und die Contrerevolution desto schneller als notwendige Reaktion stattfinde. Es gab bei uns Pessimisten in der Philosophie wie bei Euch in der Politik. Manche unserer Pessimisten gingen in der Selbstverblendung so weit, daß sie sich einbildeten, Kant sei mit ihnen in einem geheimen Einverständnis und habe die bisherigen Beweise für das Dasein Gottes nur deshalb zerstört, damit die Welt einsehe, daß man durch die Vernunft nimmermehr zur Erkenntnis Gottes gelange, und daß man sich also hier an der geoffenbarten Religion halten müsse.

Diese große Geisterbewegung hat Kant nicht sowohl durch den Inhalt seiner Schriften hervorgebracht, als vielmehr durch den kritischen Geist, der darin waltete, und der sich jetzt in alle Wissenschaften eindrängte. Alle Disziplinen wurden davon ergriffen. Ja, sogar die Poesie blieb nicht verschont von ihrem Einfluß. Schiller z. B. war ein gewaltsamer Kantianer und seine Kunstansichten sind geschwängert von dem Geist der Kantschen Philosophie. Der schönen Literatur und den schönen Künsten wurde diese Kantsche Philosophie, wegen ihrer abstrakten Trockenheit, sehr schädlich. Zum Glück mischte sie sich nicht in die Kochkunst.

Das deutsche Volk läßt sich nicht leicht bewegen, ist es aber einmal in irgend eine Bahn hineinbewegt, so wird es dieselbe mit beharrlichster Ausdauer bis ans Ende verfolgen. So zeigten wir uns in den Angelegenheiten der Religion. So zeigten wir uns nun auch in der Philosophie. Werden wir uns eben so konsequent weiterbewegen in der Politik?

Deutschland war durch Kant in die philosophische Bahn hineingezogen, und die Philosophie ward eine Nationalsache. Eine schöne Schar großer Denker sproßte plötzlich aus dem deutschen Boden wie hervorgezaubert. Wenn einst, gleich der französischen Revolution, auch die deutsche Philosophie ihren Thiers und ihren Mignet findet, so wird die Geschichte derselben eine eben so merkwürdige Lektüre bieten, und der Deutsche wird sie mit Stolz und der Franzose wird sie mit Bewunderung lesen.

Unter den Schülern Kants ragte schon früher hervor Johann Gottlieb Fichte.

Ich verzweifle fast, von der Bedeutung dieses Mannes einen richtigen Begriff geben zu können. Bei Kant hatten wir nur ein Buch zu betrachten. Hier aber kommt außer dem Buche auch ein Mann in Betrachtung; in diesem Manne sind Gedanke und Gesinnung eins, und in solcher großartigen Einheit, wirken sie auf die Mitwelt. Wir haben daher nicht bloß eine Philosophie zu erörtern, sondern auch einen Charakter, durch den sie gleichsam bedingt wird, und um beider Einfluß zu begreifen, bedürfte es auch wohl einer Darstellung der damaligen Zeitverhältnisse. Welche weitreichende Aufgabe! Vollauf sind wir gewiß entschuldigt, wenn wir hier nur dürftige Mitteilungen bieten.

Schon über den Fichteschen Gedanken ist sehr schwer zu berichten. Auch hier stoßen wir auf eigentümliche Schwierigkeiten. Sie betreffen nicht bloß den Inhalt, sondern auch die Form und die Methode; beides Dinge, womit wir den Ausländer gern zunächst bekannt machen. Zuerst also über die Fichtesche Methode. Diese ist anfänglich ganz dem Kant entlehnt. Bald aber ändert sich diese Methode durch die Natur des Gegenstandes. Kant hatte nämlich nur eine Kritik, also etwas Negatives, Fichte aber hatte späterhin ein System, folglich etwas Positives aufzustellen. Wegen jenes Mangels an einem festen System, hat man der Kantschen Philosophie manchmal den Titel »Philosophie« absprechen wollen. In Beziehung auf Immanuel Kant selber hatte man Recht, keineswegs aber in Beziehung auf die Kantianer, die aus Kants Sätzen eine hinlängliche Anzahl von festen Systemen zusammengebaut. In seinen früheren Schriften bleibt Fichte, wie gesagt, der Kantschen Methode ganz treu, so daß man seine erste Abhandlung als sie anonym erschien, für ein Werk von Kant halten konnte. Da Fichte aber später ein System aufstellt, so gerät er in ein eifriges, gar eigensinniges Konstruieren, und wenn er die ganze Welt konstruiert hat, so beginnt er eben so eifrig und eigensinnig von oben bis unten herab seine Konstruktionen zu demonstrieren. In diesem Konstruieren und Demonstrieren bekundet Fichte eine so zu sagen abstrakte Leidenschaft. Wie in seinem System selbst, so herrscht bald die Subjektivität auch in seinem Vortrag. Kant hingegen legt den Gedanken vor sich hin, und seziert ihn, und zerlegt ihn in seine feinsten Fasern, und seine »Kritik der reinen Vernunft« ist gleichsam das anatomische Theater des Geistes. Er selber bleibt dabei kalt, gefühllos, wie ein echter Wundarzt.

Wie die Methode so auch die Form der Fichteschen Schriften. Sie ist lebendig, aber sie hat auch alle Fehler des Lebens: sie ist unruhig und verwirrsam. Um recht lebendig zu bleiben, verschmäht Fichte die gewöhnliche Terminologie der Philosophen, die ihm etwas Totes dünkt; aber wir geraten dadurch noch viel weniger zum Verständnis. Er hat überhaupt über Verständnis ganz eigene Grillen. Als Reinhold mit ihm gleicher Meinung war, erklärte Fichte, daß ihn niemand besser verstehe wie Reinhold. Als dieser aber später von ihm abwich, erklärte Fichte: er habe ihn nie verstanden. Als er mit Kant differenzierte, ließ er drucken: Kant verstehe sich selber nicht. Ich berühre hier überhaupt die komische Seite unserer Philosophen. Sie klagen beständig über Nichtverstandenwerden. Als Hegel auf dem Todbette lag, sagte er: »nur Einer hat mich verstanden«, aber gleich darauf fügte er verdrießlich hinzu: »und der hat mich auch nicht verstanden«.

In Betreff ihres Inhalts an und für sich hat die Fichtesche Philosophie keine große Bedeutung. Sie hat der Gesellschaft keine Resultate geliefert. Nur in so fern sie eine der merkwürdigsten Phasen der deutschen Philosophie überhaupt ist, nur in so fern sie die Unfruchtbarkeit des Idealismus in seiner letzten Konsequenz beurkundet, und nur in so fern sie den notwendigen Übergang zur heutigen Naturphilosophie bildet, ist der Inhalt der Fichteschen Lehre von einigem Interesse. Da dieser Inhalt also mehr historisch und wissenschaftlich als sozial wichtig ist, will ich ihn nur mit den kürzesten Worten andeuten.

Die Aufgabe, welche sich Fichte stellt, ist: welche Gründe haben wir, anzunehmen, daß unseren Vorstellungen von Dingen auch Dinge außer uns entsprechen? Und dieser Frage gibt er die Lösung: alle Dinge haben Realität nur in unserem Geiste.

Wie die »Kritik der reinen Vernunft« das Hauptbuch von Kant, so ist die »Wissenschaftslehre« das Hauptbuch von Fichte. Dieses Buch ist gleichsam eine Fortsetzung des ersteren. Die Wissenschaftslehre verweist den Geist ebenfalls in sich selbst. Aber wo Kant analysiert, da konstruiert Fichte. Die Wissenschaftslehre beginnt mit einer abstrakten Formel (Ich = Ich), sie erschafft die Welt hervor aus der Tiefe des Geistes, sie fügt die zersetzten Teile wieder zusammen, sie macht den Weg der Abstraktion zurück, bis sie zur Erscheinungswelt gelangt. Diese Erscheinungswelt kann alsdann der Geist für notwendige Handlungen der Intelligenz erklären.

Bei Fichte ist noch die besondere Schwierigkeit, daß er dem Geiste zumutet, sich selber zu beobachten, während er tätig ist. Das Ich soll über seine intellektuellen Handlungen Betrachtungen anstellen während es sie ausführt. Der Gedanke soll sich selber belauschen, während er denkt, während er allmählig warm und wärmer und endlich gar wird. Diese Operation mahnt uns an den Affen, der am Feuerherde vor einem kupfernen Kessel sitzt und seinen eigenen Schwanz kocht. Denn er meinte: die wahre Kochkunst besteht nicht darin, daß man bloß objektiv kocht, sondern auch subjektiv des Kochens bewußt wird.

Es ist ein eigener Umstand, daß die Fichtesche Philosophie immer viel von der Satire auszustehen hatte. Ich sah mal eine Karikatur, die eine Fichtesche Gans vorstellt. Sie hat eine so große Leber, daß sie nicht mehr weiß, ob sie die Gans oder ob sie die

Leber ist. Auf ihrem Bauch steht: Ich = Ich. Jean Paul hat die Fichtesche Philosophie aufs heilloseste persifliert in einem Buche, betitelt »Clavis Fichteana«. Daß der Idealismus in seiner konsequenten Durchführung am Ende gar die Realität der Materie leugnete, das erschien dem großen Publikum als ein Spaß, der zu weit getrieben. Wir mokierten uns nicht übel über das Fichtesche Ich, welches die ganze Erscheinungswelt durch sein bloßes Denken produzierte. Unseren Spöttern kam dabei ein Mißverständnis zu statten, das zu populär geworden, als daß ich es unerwähnt lassen dürfte. Der große Haufe meinte nämlich, das Fichtesche Ich, das sei das Ich von Johann Gottlieb Fichte, und dieses individuelle Ich leugne alle anderen Existenzen. Welche Unverschämtheit! riefen die guten Leute, dieser Mensch glaubt nicht, daß wir existieren, wir die wir weit korpulenter als er und als Bürgermeister und Amtsaktuare sogar seine Vorgesetzten sind! Die Damen fragten: glaubt er nicht wenigstens an die Existenz seiner Frau? Nein? Und das läßt Madame Fichte so hingehn?

Das Fichtesche Ich ist aber kein individuelles Ich, sondern das zum Bewußtsein gekommene allgemeine Welt-Ich. Das Fichtesche Denken ist nicht das Denken eines Individuums, eines bestimmten Menschen, der Johann Gottlieb Fichte heißt; es ist vielmehr ein allgemeines Denken, das sich in einem Individuum manifestiert. So wie man sagt: es regnet, es blitzt usw., so sollte auch Fichte nicht sagen: »ich denke«, sondern: »es denkt«, »das allgemeine Weltdenken denkt in mir«.

Bei einer Vergleichung der französischen Revolution mit der deutschen Philosophie, habe ich einst, mehr aus Scherz als im Ernste, den Fichte mit Napoleon verglichen. Aber, in der Tat, es bieten sich hier bedeutsame Ähnlichkeiten. Nachdem die Kantianer ihr terroristisches Zerstörungswerk vollbracht, erscheint Fichte, wie Napoleon erschienen, nachdem die Konvention ebenfalls mit einer reinen Vernunftkritik die ganze Vergangenheit niedergerissen hatte. Napoleon und Fichte repräsentieren das große unerbittliche Ich, bei welchem Gedanke und Tat eins sind, und die kolossalen Gebäude, welche beide zu konstruieren wissen, zeugen von einem kolossalen Willen. Aber durch die Schrankenlosigkeit dieses Willens gehen jene Gebäude gleich wieder zu Grunde, und die Wissenschaftslehre, wie das Kaiserreich, zerfallen und verschwinden eben so schnell, wie sie entstanden.

Das Kaiserreich gehört nur noch der Geschichte, aber die Bewegung, welche der Kaiser in der Welt hervorgebracht, ist noch immer nicht gestillt und von dieser Bewegung lebt noch unsere Gegenwart. So ist es auch mit der Fichteschen Philosophie. Sie ist ganz untergegangen, aber die Geister sind noch aufgeregt von den Gedanken, die durch Fichte laut geworden, und unberechenbar ist die Nachwirkung seines Wortes. Wenn auch der ganze Transzendental-Idealismus ein Irrtum war, so lebte doch in den Fichteschen Schriften eine stolze Unabhängigkeit, eine Freiheitsliebe, eine Manneswürde, die besonders auf die Jugend einen heilsamen Einfluß übte. Fichtes Ich war ganz übereinstimmend mit seinem unbeugsamen, hartnäckigen, eisernen Charakter. Die Lehre von einem solchen allmächtigen Ich konnte vielleicht nur einem solchen Charakter entsprießen, und ein solcher Charakter mußte, zurückwurzelnd in eine solche Lehre, noch unbeugsamer werden, noch hartnäckiger, noch eiserner.

(...)

Wie es halsstarrigen Menschen eigentümlich, so hat sich Fichte in seiner »Appellation an das Publikum« und seiner gerichtlichen Verantwortung noch derber und greller ausgesprochen, und zwar mit Ausdrücken, die unser tiefstes Gemüt verletzen. Wir, die wir an einen wirklichen Gott glauben, der unseren Sinnen in der unendlichen Ausdehnung, und unserem Geiste in dem unendlichen Gedanken sich offenbart, wir, die wir einen sichtbaren Gott verehren in der Natur und seine unsichtbare Stimme in unserer eigenen Seele vernehmen: wir werden widerwärtig berührt von den grellen Worten, womit Fichte unseren Gott für ein bloßes Hirngespinst erklärt und sogar ironisiert. Es ist zweifelhaft, in der Tat, ob es Ironie oder bloßer Wahnsinn ist, wenn Fichte den lieben Gott von allem sinnlichen Zusatze so rein befreit, daß er ihm sogar die Existenz abspricht, weil Existieren ein sinnlicher Begriff und nur als sinnlicher möglich ist! Die Wissenschaftslehre, sagt er, kennt kein anderes Sein als das sinnliche, und da nur den Gegenständen der Erfahrung ein Sein zugeschrieben werden kann, so ist dieses Prädikat bei Gott nicht zu gebrauchen. Demnach hat der Fichtesche Gott keine Existenz, er *ist* nicht, er manifestiert sich nur als reines Handeln, als eine Ordnung von Begebenheiten, als ordo ordinans, als das Weltgesetz.

Solchermaßen hat der Idealismus die Gottheit durch alle möglichen Abstraktionen so lange durchfiltriert, bis am Ende gar nichts mehr von ihr übrig blieb. Jetzt, wie bei Euch an der Stelle eines Königs, so bei uns an der Stelle eines Gottes, herrschte das Gesetz.

Was ist aber unsinniger, eine loi athée, ein Gesetz, welches keinen Gott hat, oder ein Dieu-loi, ein Gott, der nur ein Gesetz ist?

Der Fichtesche Idealismus gehört zu den kolossalsten Irrtümern, die jemals der menschliche Geist ausgeheckt. Er ist gottloser und verdammlicher als der plumpste Materialismus. Was man Atheismus der Materialisten hier in Frankreich nennt, wäre, wie ich leicht zeigen könnte, noch immer etwas Erbauliches, etwas Frommgläubiges, in Vergleichung mit den Resultaten des Fichteschen Transzendental-Idealismus. So viel weiß ich, beide sind mir zuwider. Beide Ansichten sind auch antipoetisch. Die französischen Materialisten haben eben so schlechte Verse gemacht, wie die deutschen Transzendental-Idealisten. Aber staatsgefährlich ist die Lehre Fichtes keineswegs gewesen, und noch weniger verdiente sie als staatsgefährlich verfolgt zu werden. Um von dieser Irrlehre mißleitet werden zu können, dazu bedurfte man eines spekulativen Scharfsinns, wie er nur bei wenigen Menschen gefunden wird. Dem großen Haufen mit seinen tausend dicken Köpfen war diese Irrlehre ganz unzugänglich. Die Fichtesche Ansicht von Gott hätte also auf rationellem, aber nicht auf polizeilichem Wege widerlegt werden müssen. Wegen Atheismus in der Philosophie angeklagt zu werden, war auch in Deutschland so etwas Befremdliches, daß Fichte wirklich im Anfang gar nicht wußte, was man begehre. Ganz richtig sagte er, die Frage, ob eine Philosophie atheistisch sei oder nicht? klinge einem Philosophen eben so wunderlich, wie etwa einem Mathematiker die Frage: ob ein Dreieck grün oder rot sei?

(...)

Ich habe oben gezeigt, wie die Fichtesche Philosophie aus den dünnsten Abstraktionen aufgebaut, dennoch eine eiserne Unbeugsamkeit in ihren Folgerungen, die bis zur verwegensten Spitze emporstiegen, kund gab. Aber eines frühen Morgens erblicken wir in ihr eine große Veränderung. Das fängt an zu blümeln und zu flennen und wird weich und bescheiden. Aus dem idealistischen Titanen, der auf der Gedankenleiter den Himmel erklettert und mit kecker Hand in dessen leere Gemächer herumgetastet: der wird jetzt etwas gebückt Christliches, das viel von Liebe seufzt. Solches ist nun die zweite Periode von Fichte, die uns hier wenig angeht. Sein ganzes System erleidet die befremdlichsten Modifikationen. In jener Zeit schrieb er ein Buch, welches Ihr jüngst übersetzt: »Die Bestimmung des Menschen«. Ein ähnliches Buch: »Anweisung zum seligen Leben« gehört ebenfalls in jene Periode.

Fichte, der starrsinnige Mann, wie sich von selbst versteht, wollte dieser eignen großen Umwandlung niemals eingeständig sein. Er behauptete, seine Philosophie sei noch immer dieselbe, nur die Ausdrücke seien verändert, verbessert; man habe ihn nie verstanden. Er behauptete auch, die Naturphilosophie, die damals in Deutschland aufkam und den Idealismus verdrängte, sei im Grunde ganz und gar sein eignes System, und sein Schüler, Herr Joseph Schelling, welcher sich von ihm losgesagt und jene neue Philosophie eingeleitet, habe bloß die Ausdrücke umgeschaffen und seine alte Lehre nur durch unerquickliche Zutat erweitert.

Wir gelangen hier zu einer neuen Phase des deutschen Gedankens. Wir erwähnten die Namen Joseph Schelling und Naturphilosophie; da nun ersterer hier fast ganz unbekannt ist, und da auch der Ausdruck Naturphilosophie nicht allgemein verstanden wird, so habe ich beider Bedeutung zu erklären. Erschöpfend können wir solches nun freilich nicht in diesen Blättern; ein späteres Buch werden wir einer solchen Aufgabe widmen. Nur einige eindringende Irrtümer wollen wir hier abweisen, und nur der sozialen Wichtigkeit der erwähnten Philosophie einige Aufmerksamkeit leihen.

Zuerst ist zu erwähnen, daß Fichte nicht so ganz Unrecht hat, wenn er eiferte, des Herrn Joseph Schellings Lehre sei eigentlich die seinige, nur anders formuliert und erweitert. Eben so wie Herr Joseph Schelling lehrte auch Fichte: es gibt nur ein Wesen, das Ich, das Absolute; er lehrte Identität des Idealen und des Realen. In der »Wissenschaftslehre«, wie ich gezeigt, hat Fichte durch intellektuelle Konstruktion aus dem Idealen das Reale konstruieren wollen. Herr Joseph Schelling hat aber die Sache umgekehrt: er suchte aus dem Realen das Ideale herauszudeuten. Um mich noch klarer auszudrücken: von dem Grundsatze ausgehend, daß der Gedanke und die Natur eins und dasselbe seien, gelangt Fichte durch Geistesoperation zur Erscheinungswelt, aus dem Gedanken schafft er die Natur, aus dem Idealen das Reale; dem Herrn Schelling hingegen, während er von demselben Grundsatz ausgeht, wird die Erscheinungswelt zu lauter Ideen, die Natur wird ihm zum Gedanken, das Reale zum Idealen. Beide Richtungen, die von Fichte und die von Herrn Schelling, ergänzen sich daher gewissermaßen. Denn nach jenem erwähnten obersten Grundsatze konnte die Philosophie in zwei Teile zerfallen, und in dem einen Teile würde man zeigen: wie aus der Idee die Natur zur Erscheinung kommt; in dem andern Teil würde man zeigen: wie die Natur sich in lauter Ideen auflöst. Die Philosophie konnte daher zerfallen in transzendentalen Idealismus und in Naturphilosophie. Diese beiden Richtungen hat nun auch Herr Schelling wirklich anerkannt, und die letztere verfolgte er in seinen »Ideen zu einer Philosophie der Natur« und erstere in seinem »System des transzendentalen Idealismus«.

Diese Werke, wovon das eine 1797 und das andere 1800 erschienen, erwähne ich nur deshalb, weil jene ergänzende Richtungen schon in ihrem Titel ausgesprochen sind, nicht weil etwa ein vollständiges System in ihnen enthalten sei. Nein, dieses findet sich in keinem von Herrn Schellings Büchern. Bei ihm gibt es nicht, wie bei Kant und bei Fichte, ein Hauptbuch, welches als Mittelpunkt seiner Philosophie betrachtet werden kann. Es wäre eine Ungerechtigkeit, wenn man Herrn Schelling nach dem Umfange eines Buches und nach der Strenge des Buchstabens beurteilen wollte. Man muß vielmehr seine Bücher chronologisch lesen, die allmähliche Ausbildung seines Gedankens darin verfolgen, und sich dann an seiner Grundidee festhalten. Ja, es scheint mir auch nötig, daß man bei ihm nicht selten unterscheide, wo der Gedanke aufhört und die Poesie anfängt. Denn Herr Schelling ist eines von jenen Geschöpfen, denen die Natur mehr Neigung zur Poesie als poetische Potenz verliehen hat, und die, unfähig den Töchtern des Parnassus zu genügen, sich in die Wälder der Philosophie geflüchtet und dort mit abstrakten Hamadryaden die unfruchtbarste Ehe führen. Ihr Gefühl ist poetisch, aber das Werkzeug, das Wort, ist schwach; sie ringen vergebens nach einer Kunstform, worin sie ihre Gedanken und Erkenntnisse mitteilen können. Die Poesie ist Herrn Schellings Force und Schwäche. Sie ist es, wodurch er sich von Fichte unterscheidet, sowohl zu seinem Vorteil als auch zu seinem Nachteil. Fichte ist nur Philosoph und seine Macht besteht in Dialektik und seine Stärke besteht im Demonstrieren. Dieses aber ist die schwache Seite des Herren Schelling, er lebt mehr in Anschauungen, er fühlt sich nicht heimisch in den kalten Höhen der Logik, er schnappt gern über in die Blumentäler der Symbolik, und seine philosophische Stärke besteht im Konstruieren. Letzteres aber ist eine Geistesfähigkeit, die bei den mittelmäßigen Poeten eben so oft gefunden, wie bei den besten Philosophen.

Nach dieser letzteren Andeutung wird begreiflich, daß Herr Schelling in demjenigen Teile der Philosophie, der bloß transzendentaler Idealismus ist, nur ein Nachbeter von Fichte geblieben und bleiben mußte, daß er aber in der Philosophie der Natur, wo er unter Blumen und Sternen zu wirtschaften hatte, gar gewaltig blühen und strahlen mußte. Diese Richtung ist daher nicht bloß von ihm, sondern auch von den gleichgestimmten Freunden vorzugsweise verfolgt worden, und der Ungestüm, der dabei zum Vorschein kam, war gleichsam nur eine dichterlingsche Reaktion gegen die frühere abstrakte Geistesphilosophie. Wie freigelassene Schulknaben, die den ganzen Tag in engen Sälen unter der Last der Vokabeln und Chiffern geseufzt, so stürmten die Schüler des Herrn Schelling hinaus in die Natur, in das duftende, sonnige Reale, und jauchzten, und schlugen Burzelbäume, und machten einen großen Spektakel.

Der Ausdruck »die Schüler des Herren Schelling« darf hier ebenfalls nicht in seinem gewöhnlichen Sinne genommen werden. Herr Schelling selber sagt, nur in der Art der alten Dichter habe er eine Schule bilden wollen, eine Dichterschule, wo keiner an eine bestimmte Doktrin und durch eine bestimmte Disziplin gebunden ist, sondern wo jeder dem Geiste gehorcht und jeder ihn in seiner Weise offenbart. Er hätte auch sagen können, er stifte eine Prophetenschule, wo die Begeisterten zu prophezeien anfangen, nach Lust und Laune, und in beliebiger Sprechart. Dies taten auch wirklich die Jünger, die des Meisters Geist angeregt, die beschränktesten Köpfe fingen an zu prophezeien, jeder in einer andern Zunge, und es entstand ein großes Pfingstfest in der Philosophie.

Wie das Bedeutendste und Herrlichste zu lauter Mummenschanz und Narretei verwendet werden kann, wie eine Rotte von feigen Schälken und melancholischen Hanswursten im Stande ist, eine große Idee zu kompromittieren, das sehen wir hier bei Gelegenheit der Naturphilosophie. Aber das Ridikül, das ihr die Prophetenschule oder die Dichterschule des Herrn Schelling bereitet, kommt wahrlich nicht auf ihre eigne Rechnung. Denn die Idee der Naturphilosophie ist ja im Grunde nichts anders, als die Idee des Spinoza, der Pantheismus.

Die Lehre des Spinoza und die Naturphilosophie, wie sie Schelling in seiner besseren Periode aufstellte, sind wesentlich eins und dasselbe. Die Deutschen, nachdem sie den Lockeschen Materialismus verschmäht und den Leibnizschen Idealismus bis auf die Spitze getrieben und diesen ebenfalls unfruchtbar erfunden, gelangten endlich zu dem dritten Sohne des Descartes, zu Spinoza. Die Philosophie hat wieder einen großen Kreislauf vollendet,

und man kann sagen, es sei derselbe, den sie schon vor zweitausend Jahren in Griechenland durchlaufen. Aber bei näherer
Vergleichung dieser beiden Kreisläufe zeigt sich eine wesentliche
Verschiedenheit. Die Griechen hatten eben so kühne Skeptiker,
wie wir, die Eleaten haben die Realität der Außenwelt eben so
bestimmt geleugnet, wie unsere neueren Transzendental-Idealisten. Plato hat eben so gut wie Herr Schelling in der Erscheinungswelt die Geisteswelt wiedergefunden. Aber wir haben etwas
voraus vor den Griechen, sowie auch vor den Cartesianischen
Schulen, wir haben etwas vor ihnen voraus, nämlich:

Wir begannen unseren philosophischen Kreislauf mit einer
Prüfung der menschlichen Erkenntnisquellen, mit der Kritik der
reinen Vernunft unseres Immanuel Kant.

Bei Erwähnung Kants kann ich obigen Betrachtungen hinzufü-
gen, daß der Beweis für das Dasein Gottes, den derselbe noch
bestehen lassen, nämlich der sogenannte moralische Beweis, von
Herrn Schelling mit großem Eklat umgestoßen worden. Ich habe
aber oben schon bemerkt, daß dieser Beweis nicht von sonderlicher Stärke war, und daß Kant ihn vielleicht nur aus Gutmütigkeit
bestehen lassen. Der Gott des Herrn Schelling ist das Gott-Welt-
All des Spinoza. Wenigstens war er es im Jahr 1801, im zweiten
Bande der »Zeitschrift für spekulative Physik«. Hier ist Gott die
absolute Identität der Natur und des Denkens, der Materie und
des Geistes, und die absolute Identität ist nicht Ursache des Welt-
Alls, sondern sie ist das Welt-All selbst, sie ist also das Gott-Welt-
All. In diesem gibt es auch keine Gegensätze und Teilungen. Die
absolute Identität ist auch die absolute Totalität. Ein Jahr später
hat Herr Schelling seinen Gott noch mehr entwickelt, nämlich in
einer Schrift, betitelt: »Bruno, oder über das göttliche oder natürliche Prinzip der Dinge«. Dieser Titel erinnert an den edelsten
Märtyrer unserer Doktrin, Jordano Bruno von Nola, glorreichen
Andenkens. Die Italiener behaupten, Herr Schelling habe dem
alten Bruno seine besten Gedanken entlehnt, und sie beschuldigen ihn des Plagiats. Sie haben Unrecht, denn es gibt kein Plagiat
in der Philosophie. Anno 1804 erschien der Gott des Herren
Schelling endlich ganz fertig in einer Schrift, betitelt: »Philosophie und Religion«. Hier finden wir in ihrer Vollständigkeit die
Lehre vom Absoluten. Hier wird das Absolute in drei Formeln
ausgedrückt. Die erste ist die kategorische: das Absolute ist weder
das Ideale noch das Reale (weder Geist noch Materie), sondern es
ist die Identität beider. Die zweite Formel ist die hypothetische:

wenn ein Subjekt und ein Objekt vorhanden ist, so ist das Absolute die wesentliche Gleichheit dieser beiden. Die dritte Formel ist die disjunktive: es ist nur Ein Sein, aber dies Eine kann zu gleicher Zeit, oder abwechselnd, als ganz ideal oder als ganz real betrachtet werden. Die erste Formel ist ganz negativ, die zweite setzt eine Bedingung voraus, die noch schwerer zu begreifen ist, als das Bedingte selbst, und die dritte Formel ist ganz die des Spinoza: die absolute Substanz ist erkennbar entweder als Denken oder als Ausdehnung. Auf philosophischem Wege konnte also Herr Schelling nicht weiter kommen als Spinoza, da nur unter der Form dieser beiden Attribute, Denken und Ausdehnung, das Absolute zu begreifen ist. Aber Herr Schelling verläßt jetzt den philosophischen Weg, und sucht durch eine Art mystischer Intuition zur Anschauung des Absoluten selbst zu gelangen, er sucht es anzuschauen in seinem Mittelpunkt, in seiner Wesenheit, wo es weder etwas Ideales ist noch etwas Reales, weder Gedanken noch Ausdehnung, weder Subjekt noch Objekt, weder Geist noch Materie, sondern ... was weiß ich!

Hier hört die Philosophie auf bei Herrn Schelling, und die Poesie, ich will sagen, die Narrheit, beginnt. Hier aber auch findet er den meisten Anklang bei einer Menge von Faselhänsen, denen es eben recht ist, das ruhige Denken aufzugeben, und gleichsam jene Derwisch Tourneurs nachzuahmen, die, wie unser Freund Jules David erzählt, sich so lange im Kreise herumdrehen, bis sowohl objektive wie subjektive Welt ihnen entschwindet, bis beides zusammenfließt in ein weißes Nichts, das weder real noch ideal ist, bis sie etwas sehen, was nicht sichtbar, hören, was nicht hörbar, bis sie Farben hören und Töne sehen, bis sich das Absolute ihnen veranschaulicht.

Ich glaube, mit dem Versuch, das Absolute intellektuell anzuschauen, ist die philosophische Laufbahn des Herrn Schelling beschlossen. Ein größerer Denker tritt jetzt auf, der die Naturphilosophie zu einem vollendeten System ausbildet, aus ihrer Synthese die ganze Welt der Erscheinungen erklärt, die großen Ideen seiner Vorgänger durch größere Ideen ergänzt, sie durch alle Disziplinen durchführt und also wissenschaftlich begründet. Er ist ein Schüler des Herrn Schelling, aber ein Schüler, der allmählich im Reiche der Philosophie aller Macht seines Meisters sich bemeisterte, diesem herrschsüchtig über den Kopf wuchs und ihn endlich in die Dunkelheit verstieß. Es ist der große Hegel, der größte Philosoph, den Deutschland seit Leibniz erzeugt hat. Es ist keine Frage, daß er Kant und Fichte weit überragt. Er ist scharf wie jener und kräftig wie dieser, und hat dabei noch einen konstituierenden Seelenfrieden, eine Gedankenharmonie, die wir bei Kant und Fichte nicht finden, da in diesen mehr der revolutionäre Geist waltet. Diesen Mann mit Herrn Joseph Schelling zu vergleichen, ist gar nicht möglich; denn Hegel war ein Mann von Charakter. Und wenn er auch, gleich Herrn Schelling, dem Bestehenden in Staat und Kirche einige allzubedenkliche Rechtfertigungen verlieh, so geschah dieses doch für einen Staat, der dem Prinzip des Fortschrittes wenigstens in der Theorie huldigt, und für eine Kirche, die das Prinzip der freien Forschung als ihr Lebenselement betrachtet; und er machte daraus kein Hehl, er war aller seiner Absichten eingeständig. Herr Schelling hingegen windet sich wurmhaft in den Vorzimmern eines sowohl praktischen wie theoretischen Absolutismus, und er handlangert in der Jesuitenhöhle, wo Geistesfesseln geschmiedet werden; und dabei will er uns weis machen, er sei noch immer unverändert derselbe Lichtmensch, der er einst war, er verleugnet seine Verleugnung, und zu der Schmach des Abfalls fügt er noch die Feigheit der Lüge!

Wir dürfen es nicht verhehlen, weder aus Pietät, noch aus Klugheit, wir wollen es nicht verschweigen: der Mann, welcher einst am kühnsten in Deutschland die Religion des Pantheismus ausgesprochen, welcher die Heiligung der Natur und die Wiedereinsetzung des Menschen in seine Gottesrechte am lautesten verkündet, dieser Mann ist abtrünnig geworden von seiner eigenen Lehre, er hat den Altar verlassen, den er selber eingeweiht, er ist zurückgeschlichen in den Glaubensstall der Vergangenheit, er ist jetzt gut katholisch und predigt einen außerweltlichen, persönlichen Gott, »der die Torheit begangen habe, die Welt zu erschaffen«. Mögen immerhin die Altgläubigen ihre Glocken läuten und Kyrie eleison singen, ob solcher Bekehrung – es beweist aber nichts für ihre Meinung, es beweist nur, daß der Mensch sich dem Katholizismus zuneigt, wenn er müde und alt wird, wenn er seine physischen und geistigen Kräfte verloren, wenn er nicht mehr genießen und denken kann. Auf dem Totenbette sind so viele Freidenker bekehrt worden – aber macht nur kein Rühmens davon! Diese Bekehrungsgeschichten gehören höchstens zur Pathologie und würden nur schlechtes Zeugnis geben für Eure Sache. Sie bewiesen am Ende nur, daß es Euch nicht möglich war, jene Freidenker zu bekehren, so lange sie mit gesunden Sinnen unter Gottes freiem Himmel umherwandelten und ihrer Vernunft völlig mächtig waren.

Ich glaube, Ballanche sagt: es sei ein Naturgesetz, daß die Initiatoren gleich sterben müssen, sobald sie das Werk der Initiation vollbracht haben. Ach! guter Ballanche, das ist nur zum Teil wahr, und ich möchte eher behaupten: wenn das Werk der Initiation vollbracht ist, stirbt der Initiator – oder er wird abtrünnig. Und so können wir vielleicht das strenge Urteil, welches das denkende Deutschland über Herrn Schelling fällt, einigermaßen mildern; wir können vielleicht die schwere, dicke Verachtung, die auf ihm lastet, in stilles Mitleid verwandeln, und seinen Abfall von der eigenen Lehre erklären wir nur als eine Folge jenes Naturgesetzes, daß derjenige, der an das Aussprechen oder an die Ausführung eines Gedankens alle seine Kräfte hingegeben, nachher, wenn er diesen Gedanken ausgesprochen oder ausgeführt hat, erschöpft dahinsinkt, dahinsinkt entweder in die Arme des Todes oder in die Arme seiner ehemaligen Gegner.

Nach solcher Erklärung begreifen wir vielleicht noch grellere Phänomene des Tages, die uns so tief betrüben. Wir begreifen dadurch vielleicht, warum Männer, die für ihre Meinung alles geopfert, die dafür gekämpft und gelitten, endlich wenn sie gesiegt hat, die Meinung verlassen und ins feindliche Lager hinübertreten! Nach solcher Erklärung darf ich auch darauf aufmerksam machen, daß nicht bloß Herr Joseph Schelling, sondern gewissermaßen auch Fichte und Kant des Abfalls zu beschuldigen sind. Fichte ist noch zeitig genug gestorben, ehe sein Abfall von der eigenen Philosophie allzu eklatant werden konnte. Und Kant ist der »Kritik der reinen Vernunft« schon gleich untreu geworden, indem er die »Kritik der praktischen Vernunft« schrieb. Der Initiator stirbt – oder wird abtrünnig.

Ich weiß nicht, wie es kommt, dieser letzte Satz wirkt so melancholisch zähmend auf mein Gemüt, daß ich in diesem Augenblick nicht im Stande bin, die übrigen herben Wahrheiten, die den heutigen Herrn Schelling betreffen, hier mitzuteilen. Laßt uns lieber jenen ehemaligen Schelling preisen, dessen Andenken unvergeßlich blüht in den Annalen des deutschen Gedankens; denn der ehemalige Schelling repräsentiert, eben so wie Kant und Fichte, eine der großen Phasen unserer philosophischen Revolution, die ich in diesen Blättern mit den Phasen der politischen Revolution Frankreichs verglichen habe. In der Tat, wenn man in Kant die terroristische Konvention und in Fichte das

Napoleonische Kaiserreich sieht, so sieht man in Herrn Schelling die restaurierende Reaktion, welche hierauf folgte. Aber es war zunächst ein Restaurieren im besseren Sinne. Herr Schelling setzte die Natur wieder ein in ihre legitimen Rechte, er strebte nach einer Versöhnung von Geist und Natur, er wollte beide wieder vereinigen in der ewigen Weltseele. Er restaurierte jene große Naturphilosophie, die wir bei den altgriechischen Philosophen finden, die erst durch Sokrates mehr ins menschliche Gemüt selbst hineingeleitet wird, und die nachher ins Ideelle verfließt. Er restaurierte jene große Naturphilosophie, die, aus der alten, pantheistischen Religion der Deutschen heimlich emporkeimend, zur Zeit des Paracelsus die schönsten Blüten verkündete, aber durch den eingeführten Cartesianismus erdrückt wurde. Ach! und am Ende restaurierte er Dinge, wodurch er auch im schlechten Sinne mit der französischen Restauration verglichen werden kann. Doch da hat ihn die öffentliche Vernunft nicht länger geduldet, er wurde schmählich herabgestoßen vom Throne des Gedankens, Hegel, sein Majordomus, nahm ihm die Krone vom Haupt, und schor ihn, und der entsetzte Schelling lebte seitdem wie ein armseliges Mönchlein zu München, einer Stadt, welche ihren pfäffischen Charakter schon im Namen trägt und auf Latein Monacho monachorum heißt. Dort sah ich ihn gespenstisch herumschwanken mit seinen großen blassen Augen und seinem niedergedrückten, abgestumpften Gesichte, ein jammervolles Bild heruntergekommener Herrlichkeit. Hegel aber ließ sich krönen zu Berlin, leider auch ein bißchen salben, und beherrschte seitdem die deutsche Philosophie.

Unsere philosophische Revolution ist beendigt. Hegel hat ihren großen Kreis geschlossen. Wir sehen seitdem nur Entwicklung und Ausbildung der naturphilosophischen Lehre.

(...)

Die deutsche Philosophie ist eine wichtige das ganze Menschengeschlecht betreffende Angelegenheit, und erst die spätesten Enkel werden darüber entscheiden können, ob wir dafür zu tadeln oder zu loben sind, daß wir erst unsere Philosophie und hernach unsere Revolution ausarbeiteten. Mich dünkt, ein methodisches Volk wie wir, mußte mit der Reformation beginnen, konnte erst hierauf sich mit der Philosophie beschäftigen, und durfte nur nach deren Vollendung zur politischen Revolution übergehen. Diese Ordnung finde ich ganz vernünftig. Die Köpfe, welche die Philosophie zum Nachdenken benutzt hat, kann die

Revolution nachher zu beliebigen Zwecken abschlagen. Die Philosophie hätte aber nimmermehr die Köpfe gebrauchen können, die von der Revolution, wenn diese ihr vorherging, abgeschlagen worden wären. Laßt Euch aber nicht bange sein, Ihr deutschen Republikaner; die deutsche Revolution wird darum nicht milder und sanfter ausfallen, weil ihr die Kantsche Kritik, der Fichtesche Transzendental-Idealismus und gar die Naturphilosophie vorausging. Durch diese Doktrinen haben sich revolutionäre Kräfte entwickelt, die nur des Tages harren, wo sie hervorbrechen und die Welt mit Entsetzen und Bewunderung erfüllen können. Es werden Kantianer zum Vorschein kommen, die auch in der Erscheinungswelt von keiner Pietät etwas wissen wollen, und erbarmungslos, mit Schwert und Beil, den Boden unseres europäischen Lebens durchwühlen, um auch die letzten Wurzeln der Vergangenheit auszurotten. Es werden bewaffnete Fichteaner auf den Schauplatz treten, die in ihrem Willens-Fanatismus, weder durch Furcht noch durch Eigennutz zu bändigen sind; denn sie leben im Geist, sie trotzen der Materie, gleich den ersten Christen, die man ebenfalls weder durch leibliche Qualen noch durch leibliche Genüsse bezwingen konnte; ja, solche Transzendental-Idealisten wären bei einer gesellschaftlichen Umwälzung sogar noch unbeugsamer als die ersten Christen, da diese die irdische Marter ertrugen, um dadurch zur himmlischen Seligkeit zu gelangen, der Transzendental-Idealist aber die Marter selbst für eitel Schein hält und unerreichbar ist in der Verschanzung des eigenen Gedankens. Doch noch schrecklicher als Alles wären Naturphilosophen, die handelnd eingriffen in eine deutsche Revolution und sich mit dem Zerstörungswerk selbst identifizieren würden. Denn wenn die Hand des Kantianers stark und sicher zuschlägt, weil sein Herz von keiner traditionellen Ehrfurcht bewegt wird; wenn der Fichteaner mutvoll jeder Gefahr trotzt, weil sie für ihn in der Realität gar nicht existiert: so wird der Naturphilosoph dadurch furchtbar sein, daß er mit den ursprünglichen Gewalten der Natur in Verbindung tritt, daß er die dämonischen Kräfte des altgermanischen Pantheismus beschwören kann, und daß in ihm jene Kampflust erwacht, die wir bei den alten Deutschen finden, und die nicht kämpft, um zu zerstören, noch um zu siegen, sondern bloß um zu kämpfen. Das Christentum – und das ist sein schönstes Verdienst – hat jene brutale, germanische Kampflust einigermaßen besänftigt, konnte sie jedoch nicht zerstören, und wenn einst der zähmende Talisman, das Kreuz, zerbricht, dann rasselt wieder empor die Wildheit der alten Kämpfer, die unsinnige Berserkerwut, wovon die nordischen Dichter so viel singen und sagen. Jener Talisman ist morsch, und kommen wird der Tag, wo er kläglich zusammenbricht. Die alten steinernen Götter erheben sich dann aus dem verschollenen Schutt, und reiben sich den tausendjährigen Staub aus den Augen, und Thor mit dem Riesenhammer springt endlich empor und zerschlägt die gotischen Dome. Wenn Ihr dann das Gepolter und Geklirre hört, hütet Euch, Ihr Nachbarskinder, Ihr Franzosen, und mischt Euch nicht in die Geschäfte, die wir zu Hause in Deutschland vollbringen. Es könnte Euch schlecht bekommen. Hütet Euch, das Feuer anzufachen, hütet Euch, es zu löschen. Ihr könntet Euch leicht an den Flammen die Finger verbrennen. Lächelt nicht über meinen Rat, den Rat eines Träumers, der Euch vor Kantianern, Fichteanern und Naturphilosophen warnt. Lächelt nicht über den Phantasten, der im Reiche der Erscheinungen dieselbe Revolution erwartet, die im Gebiete des Geistes stattgefunden. Der Gedanke geht der Tat voraus, wie der Blitz dem Donner. Der deutsche Donner ist freilich auch ein Deutscher und ist nicht sehr gelenkig, und kommt etwas langsam herangerollt; aber kommen wird er, und wenn Ihr es einst krachen hört, wie es noch niemals in der Weltgeschichte gekracht hat, so wißt: der deutsche Donner hat endlich sein Ziel erreicht. Bei diesem Geräusche werden die Adler aus der Luft tot niederfallen, und die Löwen in der fernsten Wüste Afrikas werden die Schwänze einkneifen, und sich in ihren königlichen Höhlen verkriechen. Es wird ein Stück aufgeführt werden in Deutschland, wogegen die französische Revolution nur wie eine harmlose Idylle erscheinen möchte. Jetzt ist es freilich ziemlich still: und gebärdet sich auch dort der Eine oder der Andere etwas lebhaft, so glaubt nur nicht, diese würden einst als wirkliche Akteure auftreten. Es sind nur die kleinen Hunde, die in der leeren Arena herumlaufen und einander anbellen und beißen, ehe die Stunde erscheint, wo dort die Schar der Gladiatoren anlangt, die auf Tod und Leben kämpfen sollen.

Und die Stunde wird kommen. Wie auf den Stufen eines Amphitheaters werden die Völker sich um Deutschland herumgruppieren, um die großen Kampfspiele zu betrachten. Ich rate Euch, Ihr Franzosen, verhaltet Euch alsdann sehr stille, und bei Leibe! hütet Euch, zu applaudieren. Wir könnten Euch leicht mißverstehen und Euch, in unserer unhöflichen Art, etwas barsch zur Ruhe verweisen; denn wenn wir früherhin, in unserem servil verdrossenen Zustande, Euch manchmal überwältigen konnten, so vermöchten wir es noch weit eher im Übermute des Freiheitsrausches. Ihr wißt ja selber, was man in einem solchen Zustande vermag, – und Ihr seid nicht mehr in einem solchen Zustande. Nehmt Euch in acht! Ich meine es gut mit Euch, und deshalb sage ich Euch die bittere Wahrheit. Ihr habt von dem befreiten Deutschland mehr zu befürchten, als von der ganzen heiligen Allianz mitsamt allen Kroaten und Kosaken. Denn erstens liebt man Euch nicht in Deutschland, welches fast unbegreiflich ist, da Ihr doch so liebenswürdig seid, und Euch bei Eurer Anwesenheit in Deutschland so viel Mühe gegeben habt, wenigstens der bessern und schönern Hälfte des deutschen Volks zu gefallen. Und wenn diese Hälfte Euch auch liebte, so ist es doch eben diejenige Hälfte, die keine Waffen trägt, und deren Freundschaft Euch also wenig frommt. Was man eigentlich gegen Euch vorbringt, habe ich nie begreifen können. Einst, im Bierkeller zu Göttingen, äußerte ein junger Altdeutscher, daß man Rache an den Franzosen nehmen müsse für Konradin von Staufen, den sie zu Neapel geköpft. Ihr habt das gewiß längst vergessen. Wir aber vergessen nichts. Ihr seht, wenn wir mal Lust bekommen, mit Euch anzubinden, so wird es uns nicht an triftigen Gründen fehlen. Jedenfalls rate ich Euch, daher auf Eurer Hut zu sein. Es mag in Deutschland vorgehen, was da wolle, es mag der Kronprinz von Preußen oder der Doktor Wirth zur Herrschaft gelangen, haltet Euch immer gerüstet, bleibt ruhig auf Eurem Posten stehen, das Gewehr im Arm. Ich meine es gut mit Euch, und es hat mich schier erschreckt, als ich jüngst vernahm, Eure Minister beabsichtigten, Frankreich zu entwaffnen. –

Da Ihr, trotz Eurer jetzigen Romantik, geborne Klassiker seid, so kennt Ihr den Olymp. Unter den nackten Göttern und Göttinnen, die sich dort, bei Nektar und Ambrosia, erlustigen, seht Ihr eine Göttin, die, obgleich umgeben von solcher Freude und Kurzweil, dennoch immer einen Panzer trägt und den Helm auf dem Kopf und den Speer in der Hand behält.

Es ist die Göttin der Weisheit.

9.
DER VORHANG FÄLLT, DAS STÜCK IST AUS
GEDICHTE (II)

Nicht nur Dichter werden im Alter resignativer. Wer Glück hat, kann sich noch an seine Jugendträume erinnern und nimmt sie als Geschenk, das es zu bewahren gilt. Es hinterlässt überdies bleibende Spuren, dieses Geschenk, denn wem es gelingt, sich über seine Erinnerungen ein Stück Jugendlichkeit zu bewahren, der sieht anders aus als jemand, der Alter als Verbitterungskunst vorführt und der Jugend fast alles neidet, vor allem die Jugend.

Auch Heine schlägt in seinen späten Gedichten einen eher resignativen Tonfall an, aber wer wollte es ihm verdenken: Er ist schwer krank, liegt in seiner »Matratzengruft«, auf der man ihm »längst das Maß genommen hat für den Sarg«, aber »ich sterbe so langsam, daß solches nachgerade langweilig wird für mich, wie für meine Freunde«. Diesem elendig langen Sterbeleben hat Heine, vielleicht nur aus Langeweile und um seinen Schmerzen etwas entgegenzusetzen (»die meinen armen Kopf in den schrecklichen Nächten hin- und herwerfen, und die Glöckchen der alten Kappe klingeln alsdann mit unbarmherziger Lustigkeit«), noch bedeutende Arbeiten abgerungen, darunter den Gedichtband »Romanzero« (1851), aus dem sich im Folgenden Auszüge aus dem Zyklus »Lazarus« finden.

Im Nachwort zum »Romanzero« gibt Heine ein abschließendes Glaubensbekenntnis ab: Nicht mehr als Pantheist sieht er sich nun (vgl. Kap. 8), sondern als Privatmann des Glaubens, der einen persönlichen Gott gefunden hat, von dem in der offiziellen Kirchenlehre nichts bekannt ist: »Das himmlische Heimweh überfiel mich und trieb mich fort durch Wälder und Schluchten, über die schwindligsten Bergpfade der Dialektik. Auf meinem Wege fand ich den Gott der Pantheisten, aber ich konnte ihn nicht gebrauchen. Dies arme träumerische Wesen ist mit der Welt ver-

Umschlagblatt der Erstausgabe des »Romanzero«, 1851.

webt und verwachsen, gleichsam in ihr eingekerkert, und gähnt dich an, willenlos und ohnmächtig (...). Wenn man nun« aber »einen Gott begehrt, der zu helfen vermag – und das ist doch die Hauptsache – so muß man auch seine Persönlichkeit, seine Außerweltlichkeit und seine heiligen Attribute, die Allgüte, die Allweisheit, die Allgerechtigkeit usw. annehmen. Die Unsterblichkeit der Seele, unsre Fortdauer nach dem Tode, wird uns dann gleichsam mit in den Kauf gegeben, wie der schöne Markknochen, den der Fleischer, wenn er mit seinen Kunden zufrieden ist, ihnen unentgeltlich in den Korb schiebt (...)«

Heine hat sich am Ende einen Gott in sein Leben geholt, den er sympathisch fand; was andere von diesem Gott hielten, der alle Attribute des Selbstausgedachten hatte (was aber vermutlich für jeden Gott gilt), war ihm herzlich egal. Auch den dazugehörigen Himmel, der eine Art Urheberschutz gewährt, stellte er sich freundlich vor: »Die Fortdauer nach dem Tode ist (...) kein idealer Mummenschanz, wo wir neue Jacken und einen neuen Menschen anziehen (...). In der anderen Welt (...) werden sich auch die armen Grönländer behaglich fühlen, die einst, als die dänischen Missionare sie bekehren wollten, an diese die Frage richteten: ob es im christlichen Himmel auch Seehunde gäbe? Auf die verneinende Antwort erwiderten sie betrübt: der christliche Himmel passe alsdann nicht für Grönländer, die nicht ohne Seehunde existieren könnten. – Wie sträubt sich unsere Seele gegen den Gedanken des Aufhörens unserer Persönlichkeit, der ewigen Vernichtung! Der horror vacui [Angst vor der Leere], den man der Natur zuschreibt, ist vielmehr dem menschlichen Gemüte angeboren. Sei getrost, teurer Leser, es gibt eine Fortdauer nach dem Tode, und in der anderen Welt werden wir auch unsere Seehunde wiederfinden (...)«

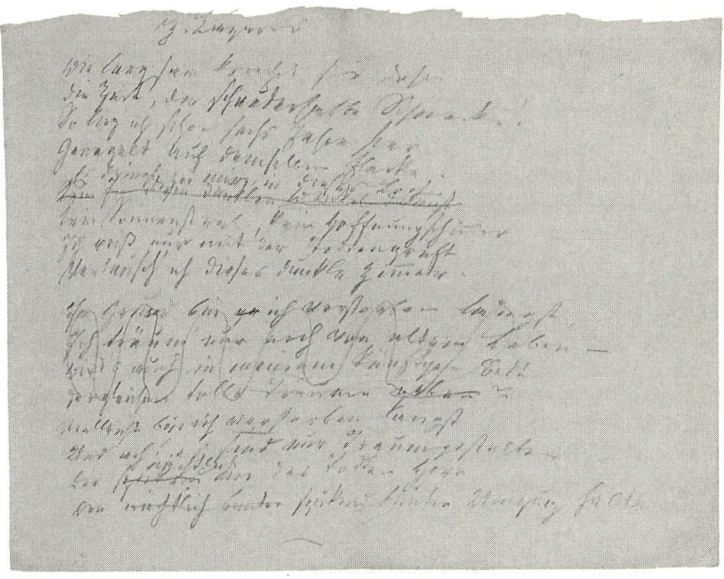

Gedichtmanuskript aus dem Zyklus »Zum Lazarus«, geschrieben etwa 1853.

Romanzero

Weltlauf

Hat man viel, so wird man bald
Noch viel mehr dazu bekommen.
Wer nur wenig hat, dem wird
Auch das wenige genommen.

Wenn du aber gar nichts hast,
Ach, so lasse dich begraben –
Denn ein Recht zum Leben, Lump,
Haben nur die etwas haben.

II
Rückschau

Ich habe gerochen alle Gerüche
In dieser holden Erdenküche;
Was man genießen kann in der Welt,
Das hab ich genossen wie je ein Held!
Hab Kaffee getrunken, hab Kuchen gegessen,
Hab manche schöne Puppe besessen;
Trug seidne Westen, den feinsten Frack,
Mir klingelten auch Dukaten im Sack.
Wie Gellert ritt ich auf hohem Roß;
Ich hatte ein Haus, ich hatte ein Schloß.
Ich lag auf der grünen Wiese des Glücks,
Die Sonne grüßte goldigsten Blicks;
Ein Lorbeerkranz umschloß die Stirn,
Er duftete Träume mir ins Gehirn,
Träume von Rosen und ewigem Mai –
Es ward mir so selig zu Sinne dabei,
So dämmersüchtig, so sterbefaul –
Mir flogen gebratne Tauben ins Maul,
Und Englein kamen, und aus den Taschen
Sie zogen hervor Champagnerflaschen –
Das waren Visionen, Seifenblasen –
Sie platzten – Jetzt lieg ich auf feuchtem Rasen,
Die Glieder sind mir rheumatisch gelähmt,
Und meine Seele ist tief beschämt.

Ach, jede Lust, ach, jeden Genuß
Hab ich erkauft durch herben Verdruß;
Ich ward getränkt mit Bitternissen
Und grausam von den Wanzen gebissen;
Ich ward bedrängt von schwarzen Sorgen,
Ich mußte lügen, ich mußte borgen
Bei reichen Buben und alten Vetteln –
Ich glaube sogar, ich mußte betteln.
Jetzt bin ich müd vom Rennen und Laufen,
Jetzt will ich mich im Grabe verschnaufen.
Lebt wohl! Dort oben, ihr christlichen Brüder,
Ja, das versteht sich, dort sehn wir uns wieder.

VIII
Fromme Warnung

Unsterbliche Seele, nimm dich in acht,
Daß du nicht Schaden leidest,
Wenn du aus dem Irdischen scheidest;
Es geht der Weg durch Tod und Nacht.

Am goldnen Tore der Hauptstadt des Lichts,
Da stehen die Gottessoldaten;
Sie fragen nach Werken und Taten,
Nach Namen und Amt fragt man hier nichts.

Am Eingang läßt der Pilger zurück
Die stäubigen, drückenden Schuhe –
Kehr ein, hier findest du Ruhe,
Und weiche Pantoffeln und schöne Musik.

XII
Gedächtnisfeier

Keine Messe wird man singen,
Keinen Kadosch wird man sagen,
Nichts gesagt und nichts gesungen
Wird an meinen Sterbetagen.

Doch vielleicht an solchem Tage,
Wenn das Wetter schön und milde,
Geht spazieren auf Montmartre
Mit Paulinen Frau Mathilde.

Mit dem Kranz von Immortellen
Kommt sie mir das Grab zu schmücken,
Und sie seufzet: Pauvre homme!
Feuchte Wehmut in den Blicken.

Leider wohn ich viel zu hoch,
Und ich habe meiner Süßen
Keinen Stuhl hier anzubieten;
Ach! sie schwankt mit müden Füßen.

Süßes, dickes Kind, du darfst
Nicht zu Fuß nach Hause gehen;
An dem Barrieregitter
Siehst du die Fiaker stehen.

XV
An die Engel

Das ist der böse Thanatos,
Er kommt auf einem fahlen Roß;
Ich hör den Hufschlag, hör den Trab,
Der dunkle Reiter holt mich ab –
Er reißt mich fort, Mathilden soll ich lassen,
O, den Gedanken kann mein Herz nicht fassen!

Sie war mir Weib und Kind zugleich,
Und geh ich in das Schattenreich,
Wird Witwe sie und Waise sein!
Ich laß in dieser Welt allein
Das Weib, das Kind, das, trauend meinem Mute,
Sorglos und treu an meinem Herzen ruhte.

Ihr Engel in den Himmelshöhn,
Vernehmt mein Schluchzen und mein Flehn:
Beschützt, wenn ich im öden Grab,
Das Weib, das ich geliebet hab;
Seid Schild und Vögte eurem Ebenbilde,
Beschützt, beschirmt mein armes Kind, Mathilde.

Bei allen Tränen, die ihr je
Geweint um unser Menschenweh,
Beim Wort, das nur der Priester kennt
Und niemals ohne Schauder nennt,

Bei eurer eignen Schönheit, Huld und Milde,
Beschwör ich euch, ihr Engel, schützt Mathilde.

XVIII
Sie erlischt

Der Vorhang fällt, das Stück ist aus,
Und Herrn und Damen gehn nach Haus.
Ob ihnen auch das Stück gefallen?
Ich glaub, ich hörte Beifall schallen.
Ein hochverehrtes Publikum
Beklatschte dankbar seinen Dichter.
Jetzt aber ist das Haus so stumm,
Und sind verschwunden Lust und Lichter.

Doch horch! ein schollernd schnöder Klang
Ertönt unfern der öden Bühne; –
Vielleicht daß eine Saite sprang
An einer alten Violine.
Verdrießlich rascheln im Parterr
Etwelche Ratten hin und her,
Und alles riecht nach ranzgem Öle.
Die letzte Lampe ächzt und zischt
Verzweiflungsvoll und sie erlischt.
Das arme Licht war meine Seele.

Zeittafel

1797 Am 13. Dezember (Datum unsicher) wird Harry Heine in Düsseldorf geboren. Eltern: Textilkaufmann Samson Heine aus Hannover (1764–1828) und Betty (Peira) van Geldern aus Düsseldorf (1771–1859). Geschwister: Charlotte (Sarah, ca. 1802–1899), Gustav (Gottschalk, ca. 1803–1886), Maximilian (Mayer, ca. 1804–1879). Kindheit und Schulbesuch in Düsseldorf.

1815 Aufenthalt in Frankfurt am Main: Kaufmännische Praktika im Bankhaus Rindskopf und bei einer Kolonialwarenhandlung.

1816 Als Lehrling im Bankhaus Heckscher & Co. des Onkels Salomon Heine (1767–1844) in Hamburg.

1817 Erste Gedichtveröffentlichungen in der Zeitschrift »Hamburgs Wächter«.

1818 Provisorische Aufnahme in die Jüdische Gemeinde. Eröffnung des Kommissionsgeschäfts »Harry Heine & Comp.« für in Düsseldorf nicht abgesetzte Waren.

1819 Liquidation der Firma, Rückkehr ins Elternhaus. Immatrikulation an der Universität Bonn (Jura und »Cameralia«), Aufnahme in die Burschenschaft.

1820 Exmatrikulation in Bonn und Immatrikulation an der Universität Göttingen. Einsemestriger Universitätsverweis durch das Universitätsgericht aufgrund einer Duellforderung. Aufenthalte in Hamburg und Oldesloe.

1821 Immatrikulation an der Universität Berlin. »Gedichte« (1822, Berlin, Maurersche Buchhandlung).

1822 Aufnahme in den »Verein für Cultur und Wissenschaft der Juden«. Reise ins preußische Westpolen.

1823 »Tragödien, nebst einem lyrischen Intermezzo« (erschienen bei Dümmler in Berlin). Übersiedlung nach Lüneburg. Aufenthalte in Hamburg, Cuxhaven und Ritzebüttel.

1824 Erneute Immatrikulation an der Universität Göttingen.

Vertieftes Studium der Jurisprudenz. Aufenthalt in Berlin. Harzwanderung.

1825 Juristisches Examen. Protestantische Taufe in Heiligenstadt auf den Namen Christian Johann Heinrich. Abschluss der Promotion zum Dr. juris (Gesamtnote: 3), anschließend nach Norderney, dann zu den Eltern nach Lüneburg. Übersiedlung nach Hamburg.

1826 »Reisebilder«, 1. Teil (erschienen bei Hoffmann und Campe in Hamburg). Aufenthalte in Cuxhaven und Ritzebüttel, dann auf Norderney. Aufenthalt in Lüneburg.

1827 Rückkehr nach Hamburg. Reise nach England. »Reisebilder«, 2. Teil (Hamburg, Hoffmann und Campe). Aufenthalte in Brighton, Margate und Ramsgate. Über Tilburg, Rotterdam, Leyden und Amsterdam nach Norderney. Rückkehr nach Hamburg. »Buch der Lieder« (Hamburg, Hoffmann und Campe). Übersiedlung nach München. Journalistische Tätigkeit für die »Neuen allgemeinen politischen Annalen« (als Mitredakteur) und andere Zeitschriften des Verlags J. G. Cotta.

1828 Durch Fürsprache des bayrischen Ministerialrats (späteren Innenministers) Eduard von Schenk und des Verlegers Cotta bei König Ludwig I. von Bayern betreibt Heine seine Anstellung als außerordentlicher Professor an der Universität München. Reise nach Italien u. a. mit den Stationen Innsbruck, Trient, Verona, Mailand, Genua, Livorno, Lucca, Florenz und Venedig. Tod des Vaters, Rückkehr nach München.

1829 Ankunft in Hamburg. Übersiedlung nach Berlin. Übersiedlung nach Potsdam. Rückkehr nach Hamburg. Auf Helgoland. »Reisebilder«, 3. Teil (Hamburg, Hoffmann und Campe).

1830 Übersiedlung nach Wandsbek. Auf Helgoland. Bemühung um eine Stelle als Ratssyndikus in Hamburg.

1831 »Nachträge zu den Reisebildern« (Hamburg, Hoffmann und Campe). Nach Zwischenaufenthalt in Frankfurt am Main Übersiedlung nach Paris. Aufenthalt in Boulogne-sur-Mer. Beginn der Korrespondententätigkeit für Cottas »Allgemeine Zeitung« (zunächst bis 1832).

1832 Aufenthalt in der Normandie. »Französische Zustände« (Hamburg, Hoffmann und Campe).

1833 »Zur Geschichte der neueren schönen Literatur in Deutschland«, I–II (Paris und Leipzig, Heideloff und Campe). »De la France« (Paris, Renduel). »Vorrede« zu den »Französischen Zuständen« (Paris, Heideloff und Campe). Aufenthalt in Boulogne-sur-Mer. »Der Salon«, Band 1 (Hamburg, Hoffmann und Campe).

1834 »Tableaux de Voyage«, I–II (Paris, Renduel). Beginn der engeren Beziehung zu Augustine Crescence Mirat (1815–1883), die als »Mathilde« Heines Lebensgefährtin und Ehefrau wird.

1835 »Der Salon«, Band 2 (Hamburg, Hoffmann und Campe). »De l'Allemagne«, I–II (Paris, Renduel). Aufenthalt in La Jonchère (bei Rueil) auf dem Schloss der Fürstin Belgiojoso. Aufenthalt in Boulogne-sur-Mer. »Die romantische Schule« (Hamburg, Hoffmann und Campe). Verbot der literarischen Avantgarde (»Junges Deutschland«) mit namentlicher Nennung von Heine, Laube, Gutzkow, Wienbarg, Mundt durch die Deutsche Bundesversammlung (an wesentliche Bedingungen geknüpfte Rücknahme im Februar 1842).

1836 Offener Brief »An eine hohe Bundesversammlung« mit Forderung nach Rücknahme des gegen ihn verhängten Veröffentlichungsverbots. Die Führung der katholischen Kirche setzt Heines Werke »De la France«, »De l'Allemagne« und »Reisebilder. Tableaux de Voyage« auf den Index der verbotenen Bücher.

1837 »Der Salon«, Band 3.

1840 Beginn einer erneuten Serie von Korrespondenzberichten für die »Allgemeine Zeitung« (bis 1848). Beginn der Jahrespension durch die französische Regierung (aus einem Geheimfonds des Außenministeriums) in Höhe von 4800 Francs (bis 1848). »Ludwig Börne. Eine Denkschrift« (Hamburg, Hoffmann und Campe). »Der Salon«, Band 4 (Hamburg, Hoffmann und Campe).

1841 Kirchliche Trauung mit Mathilde in St.-Sulpice, anschließend Ziviltrauung. Pistolenduell mit Salomon Strauß.

1843 Deutschlandreise über Lille und Brüssel, u. a. mit den Stationen Aachen, Köln, Hagen, Münster, Bremen. Aufenthalt in Hamburg. Über Celle, Hannover, Bückeburg, Minden, Münster, Hagen, Köln und Brüssel Rückkehr nach Paris.

1844 Eintritt in die Pariser Freimaurerloge »Trinosophes« (Mitglied bis 1847). Grenzhaftbefehl des preußischen Innenministers gegen Heine und drei weitere Mitarbeiter der »Deutsch-Französischen Jahrbücher«. Beginn der Mitarbeit am Pariser »Vorwärts«. Erneuter Grenzhaftbefehl gegen Heine und andere Mitarbeiter des »Vorwärts« (mehrfach wiederholt). Hamburgreise (per Dampfschiff von Le Havre), zunächst in Begleitung von Mathilde (die nach zwei Wochen nach Paris zurückkehrt). »Neue Gedichte« mit »Deutschland. Ein Wintermährchen«, danach auch als Separatdruck (Hamburg, Hoffmann und Campe). Rückkehr nach Paris über Amsterdam und Den Haag. Tod Salomon Heines in Hamburg. Das Testament sieht für Heine die einmalige Zahlung von 8000 Bankomark, nicht aber die Fortzahlung der Jahresrente vor. Beginn des Erbschaftsstreits (bis 1847). Erhebliche Verschlechterung von Heines Gesundheitszustand.

1845 Aufenthalt in Montmorency.

1846 Aufenthalt in Bagnères-de-Bigorre, Barèges und Tarbes.

1847 »Atta Troll. Ein Sommernachtstraum« (Hamburg, Hoffmann und Campe). Übersiedlung nach Montmorency (bis September).

1848 Zusammen mit Mathilde und der Gesellschafterin Pauline Rogue Aufenthalt in der Klinik seines Freundes Faultrier. Rapide Verschlechterung des Gesundheitszustandes (fortschreitende Lähmung; Krämpfe). Beginn der Bettlägerigkeit (»Matratzengruft«).
Vorübergehende Übersiedlung nach Passy.

1851 »Romanzero« und »Der Doktor Faust. Ein Tanzpoem« (Hamburg, Hoffmann und Campe). Heine errichtet sein rechtsgültiges Testament und beginnt mit Börsenspekulationen.

1854 »Vermischte Schriften« I–III (Hamburg, Hoffmann und Campe).

1855 »De l'Allemagne. Nouvelle édition«, I–II (Paris, Lévy). »Lutèce. Lettres sur la Vie politique, artistique et sociale en France« (Paris, Lévy). Bekanntschaft mit Elise Krinitz (»Mouche«), die ihn fortan häufig besucht. Neuerlicher Testamentsentwurf. »Poèmes et Légendes« (Paris, Lévy).

1856 Am 17. Februar stirbt Heinrich Heine in Paris. Drei Tage später wird er auf dem Montmartre-Friedhof beerdigt.

Literaturhinweise

Wilhelm Große, Heinrich Heine. Stuttgart 2000.

Wolfgang Hädecke, Heinrich Heine. Eine Biographie. München 1985.

Jan Christoph Hauschild/Michael Werner, Heinrich Heine. München 2002.

Heinrich Heine, Eine Auswahl aus seinen Werken. Hg. v. C. F. Reinhold. Berlin 1947.

Heinrich Heine, Briefe. Hg. v. Fritz Mende. Berlin und Weimar 1978.

Heinrich Heine, Mit scharfer Zunge. 999 Aperçus und Bonmots. Ausgewählt von Jan-Christoph Hauschild. München 1996.

Heinrich Heine, Sämtliche Schriften. Hg. v. Klaus Briegleb. München 1997.

Heinrich Heine. Sein Leben erzählt von Otto A. Böhmer. Zürich 2006.

Gerhard Höhn, Heine-Handbuch. Zeit, Person, Werk. Stuttgart 2004.

Joseph A. Kruse, Heine-Zeit. Stuttgart 1997.

Paul Konrad Kurz, Künstler, Tribun, Apostel. Heinrich Heines Auffassung vom Beruf des Dichters. München 1967.

Wolfgang Kuttenkeuler, Heinrich Heine. Theorie und Kritik der Literatur. Stuttgart 1972.

Jean Pierre Lefebvre, Der gute Trommler. Heines Beziehungen zu Hegel. Hamburg 1986.

Christian Liedtke, Heinrich Heine. Reinbek 1997.

Dagmar Matten-Gohdes, Heine ist gut. Ein Heine-Lesebuch. Weinheim und Basel 1997.

Henner Montanus, Der kranke Heine. Stuttgart und Weimar 1995.

Marcel Reich-Ranicki, Der Fall Heine. München 2000.

Dolf Sternberger, Heinrich Heine und die Abschaffung der Sünde. Hamburg und Düsseldorf 1972.

Michael Werner (Hrsg.), Begegnungen mit Heine. Berichte der Zeitgenossen. 2 Bde. Hamburg 1973.

Manfred Windfuhr, Rätsel Heine. Heidelberg 1997.

Edda Ziegler, Heinrich Heine. Leben – Werk – Wirkung. Zürich 1993.